BIBLIOTECA
DE LA LIBERTAD
FORMATO MENOR

LA MALDICIÓN
DE LOS RASCACIELOS

MARK THORNTON

LA MALDICIÓN DE LOS RASCACIELOS

[Y CÓMO LOS ECONOMISTAS
AUSTRIACOS PREDIJERON TODAS
LAS GRANDES CRISIS ECONÓMICAS
DEL SIGLO PASADO]

Unión Editorial
2025

Título original: *The Skyscraper Curse.*
And How Austrian Economists Predicted Every
Major Economic Crisis of the Last Century.

Publicado en 2018 por el INSTITUTO MISES.
518 West Magnolia Ave. Auburn, Ala. 36832
www.mises.org
contact@mises.org

© 2025 UNIÓN EDITORIAL, S.A.
c/ Hilarión Eslava, 21 • local • 28015 Madrid
Tel.: 913 500 228
Correo: editorial@unioneditorial.net
www.unioneditorial.es

Traducción de Mariano Bas Uribe

ISBN: 978-84-7209-941-8
Depósito legal: M-4.920-2025

Compuesto e impreso por EL BUEY LIBERAL, S.L.

Printed in Spain • Impreso en España

ÍNDICE

7

Prefacio

LOS ECONOMISTAS AUSTRIACOS PREDIJERON TODAS LAS GRANDES CRISIS DEL SIGLO PASADO

Por Michael Novak

En *La maldición de los rascacielos,* de Mark Thornton, se expone al lector el fenómeno único del Índice de Rascacielos y se le ofrece una visión general de la teoría austriaca del ciclo económico (TACE). El índice de rascacielos, como los lectores aprenden en las primeras páginas del libro, muestra una correlación entre el desarrollo de un nuevo edificio más alto del mundo y el ciclo económico. Después de exponer a los lectores al Índice de Rascacielos, Thornton explica con tacto cómo el Índice de Rascacielos ejemplifica la TACE, que postula que políticas como los tipos de interés artificialmente bajos, los rescates empresariales y el estímulo monetario y fiscal conducen a los auges y los declives económicos que se han convertido en parte de las economías modernas. Con el siguiente rascacielos más alto del mundo, la Torre Jeddah, actualmente en construcción, se ha emitido una nueva alerta de rascacielos, y no hay un libro más oportuno para revisar que *La maldición de los rascacielos.*

En los dos primeros capítulos del libro, Thornton describe todas las crisis económicas que se remontan a 1889 y muestra efectivamente que todas ellas ocurrieron poco después de que se construyera un rascacielos que batió récords. Andrew Lawrence creó el Índice de rascacielos en 1999 cuando observó una correlación entre la construcción de los edificios más altos del mundo y los ciclos económicos que se producían en los Estados Unidos (Lawrence 1999). Más concretamente, el índice afirma que cuando se realiza la ceremonia de colocación de la primera piedra de un nuevo rascacielos que bate récords, la economía está en auge, pero que cuando el edificio alcanza una altura récord, se produce en breve una crisis económica. Esto puede parecer un fenómeno inusual, pero la medida se ajusta a todas las crisis económicas del siglo pasado.

En el capítulo 3, Thornton, explica que el Índice de Rascacielos no se refiere tanto a edificios que rompen récords, sino que ejemplifica la teoría austriaca del ciclo económico. Thornton explica cómo los auges y los declives de la economía se producen «cuando el banco central reduce el tipo de interés del mercado por debajo del tipo de interés natural aumentando la oferta de dinero y crédito» (pág. 44). Es decir, cuando los tiempos son malos, los tipos de interés suelen fijarse artificialmente bajos, lo que aumenta la capacidad de los empresarios para acceder a fondos para inversiones. Esta política reside en la economía keynesiana y es la forma en que los políticos suelen hacer frente a las crisis económicas. Sin embargo, como Thornton procede a explicar, esto es exactamente lo que no se debe hacer durante las crisis económicas.

Además de los tipos de interés artificialmente bajos, Thornton señala que los efectos Cantillon juegan un papel importante en el fenómeno de los rascacielos. Richard Cantillon explicó cómo el aumento de dinero en el mercado tiene diferentes efectos dependiendo de quién lo reciba primero (Cantillon 2010). Como explica Thornton, si los empresarios recibieran primero el nuevo dinero, «el tipo de interés bajaría, pero si el nuevo dinero llegara a manos de los consumidores ese tipo de interés aumentaría» (pág. 62). Thornton hace que las implicaciones del efecto Cantillon en el desarrollo de los rascacielos sean totalmente evidentes al explicar los auges y los declives de la economía. Cuando hay períodos de deflación y/o los tipos de interés son bajos, el valor de la tierra aumenta y los proyectos a largo plazo parecen más rentables. Además, debido a los tipos de interés más bajos, las empresas pueden crecer más rápidamente, aumentar sus fusiones y adquisiciones y buscar la expansión en el extranjero. En lo que respecta a los rascacielos en desarrollo, los tipos de interés artificialmente bajos provocan un aumento de los precios de los terrenos, del tamaño de las empresas y de la demanda de espacio de oficinas.

El hecho de que se estén construyendo rascacielos que baten récords no explica los ciclos económicos, sino que más bien muestra las razones subyacentes de la evolución de los rascacielos. Cuando se publicó el libro de Thornton en 2018, la Reserva Federal mantenía los tipos de interés objetivo por debajo del 0,25 por ciento, que es extremadamente baja en base a la historia de la Reserva Federal. En el momento de escribir esto (septiembre de 2020) el actual tipo de interés objetivo sigue estando por debajo del 0,25 por ciento. Con tipos tan bajos, se alienta a los desarrolladores a gastar más y ahorrar menos. Como explica Thornton, el pensamiento racional se pierde durante los auges económicos, ya que los individuos se animan a gastar debido al acceso a dinero barato.

En el capítulo 8, se presenta a los lectores la Torre Jeddah, que está previsto que sea el próximo edificio más alto del mundo. Thornton menciona que se emitió una nueva alerta de rascacielos el 1 de enero de 2016 (p. 83). En el capítulo 9, explica que la fecha de inauguración de un rascacielos debe considerarse una alerta de rascacielos y que la fecha en que se alcance la altura récord debe considerarse la «señal de rascacielos» de que se avecina una recesión económica. Thornton sugiere que este modelo modificado tendría una mejor capacidad de previsión que el índice de rascacielos original.

En el capítulo 10, los lectores aprenden cómo los precios de la tierra aumentan más en los distritos comerciales centrales y cómo «la caída de los tipos de interés tiene un efecto inequívoco en las personas con salarios más altos y en las tierras más cercanas a los distritos comerciales centrales» (pág. 98). Los resultados de los tipos de interés más bajos alientan a la gente a acercarse a los distritos comerciales centrales, con lo que aumentan los precios de la tierra y se construyen edificios más altos. En el capítulo 11 se adopta una perspectiva única, que ilustra cómo se puede aplicar el índice de rascacielos a nivel estatal. Thornton muestra cómo la construcción de los edificios más altos en Michigan y Arkansas coincidió con los ciclos económicos. Finalmente, en el capítulo 12 Thornton resume la sección uno y cambia la dirección del libro hacia la TACE.

El ciclo económico austriaco

La sección dos del libro de Thornton se centra en la TACE y en cómo es una lente efectiva a través de la cual ver la economía. En el capítulo 13, los lectores aprenden sobre la publicación de Mises «*Estabilización monetaria y política cíclica*», escrita en 1928, que esbozaba una causa de preocupación en el mercado antes de que ocurriera la Gran Depresión en 1929. Al contrastar la obra de Mises con las ideas del economista principal Irving Fisher, Thornton produce un ejemplo temprano del éxito de un economista austriaco en la previsión de las crisis económicas. Mises fue uno de los primeros académicos en explicar que cuando el banco central intenta mantener los tipos de interés bajos para mantener un auge, la crisis correspondiente se agrava (Mises [1928] 2006). En el capítulo 14, los lectores aprenden sobre la economía keynesiana y cómo sus políticas de expansión monetaria se centran en la medición de la prosperidad económica a través de estadísticas como el producto nacional bruto y la tasa de desempleo. Además, los lectores aprenden que cuando se sacó a Estados Unidos del patrón oro y se adoptó un sistema de dinero fiduciario, la brecha de riqueza siguió creciendo porque un sistema fiduciario beneficia a los banqueros y a las personas endeudadas y perjudica a los trabajadores asalariados y a los ahorradores (pág. 128). Thornton utiliza el ejemplo del patrón oro para explicar cómo el dinero fiduciario y los bancos centrales tienden a ayudar a los ricos, perjudicar a los pobres y aumentar la brecha salarial.

El capítulo 15 presenta a los lectores a Murray Rothbard y su innovador trabajo sobre el ABCT en las décadas de los sesenta y setenta y al trabajo de F. A. Hayek sobre la teoría del ciclo económico que lo llevó a ganar el Premio Nobel de Economía en 1974. Lo más importante es que Thornton explica cómo el Instituto Ludwig von Mises fue fundado en 1982 con la misión primordial de «educar a la gente sobre los beneficios de un verdadero patrón oro como se describe en el informe de minoría de la Comisión del Oro» (p. 135).

En el capítulo 17 se ofrece a los lectores un amplio resumen de las previsiones de los principales economistas antes de la quiebra tecnológica de 2001, con un claro patrón que sale a la luz: muchas de las previsiones correctas fueron hechas por académicos de la escuela austríaca y se centraron en la tendencia de la Reserva Federal a seguir una política monetaria poco rigurosa de mantener las tasas por debajo de lo que habrían sido de otro modo. Además, en el centro de las predicciones correctas sobre el ciclo económico están los efectos Cantillon y más específicamente cómo el aumento de la oferta monetaria cambia los precios relativos.

Una de las áreas en las que los cambios de precios han sido especialmente frecuentes en los ciclos económicos es la de los precios de la vivienda. Los capítulos 19, 20 y 21 exponen a los lectores el papel de la Reserva Federal en la burbuja inmobiliaria y cómo los tipos de interés artificialmente bajos fijados por la Reserva Federal impulsaron a los inquilinos a convertirse en compradores y condujeron a la inflación de los precios. Thornton hace un gran trabajo al explicar a los lectores cómo la escuela de Chicago esencialmente niega la existencia de burbujas de mercado y cómo los keynesianos creen que las burbujas se deben a factores psicológicos. Los keynesianos también ven los ciclos económicos como un «flujo y reflujo de la conciencia y las emociones de las masas» (p. 189). En contraste con la escuela de Chicago y el keynesianismo, los austriacos creen que tanto los factores reales como los psicológicos juegan un papel en las burbujas financieras, pero que la causa de las burbujas finalmente vuelve a las políticas de la Reserva Federal. De acuerdo con los austriacos, cuando se introduce dinero nuevo en la oferta monetaria y se dirige a industrias específicas, se desarrollan burbujas. Thornton llega a sugerir que si la Reserva Federal no interviene en la economía a través de una política monetaria flexible, no se desarrollarán burbujas. Además, la burbuja no es el problema, sino más bien el Sistema de la Reserva Federal, que permite que los booms florezcan y se vuelvan insostenibles, algo de lo que se ha hecho eco Murry N. Rothbard (1972). Thornton muestra cómo la mala asignación de recursos a una industria se desarrolla bajo tasas artificialmente bajas y cómo la burbuja explota cuando esa asignación irracional se vuelve demasiado grande para ser soportada.

En los capítulos finales Thornton explica cómo las depresiones comienzan con un período de expansión monetaria seguido de una crisis. Las depresiones se prolongan por la intervención del gobierno a través de políticas que se utilizan para revertir la crisis económica. Los lectores también aprenden que muchos austriacos creen que durante una depresión el gobierno debería asumir un papel activo en la reducción del tamaño del gobierno y en el equilibrio del presupuesto, pero un papel pasivo en la política económica para permitir que la economía se recupere de la forma más natural posible. *Naturalmente* se utiliza a la ligera, ya que la intervención del gobierno que la gente experimenta en la economía a través de las acciones de la Reserva Federal hace imposible comprender lo que sucedería en ausencia de la intervención. Un enfoque de «laissez-faire» haría que el proceso de corrección durante una depresión fuera más rápido y sacaría a la economía de la desesperación más rápidamente.

Discusión y conclusión

Al final del libro se recuerda a los lectores las tres causas principales del malestar económico en los Estados Unidos: una gran acumulación de deuda, una tasa de ahorro personal que ha caído drásticamente y un aumento continuo de las cargas reglamentarias sobre la economía. Según Thornton, para que Estados Unidos superen sus actuales defectos económicos, es necesario que disuelvan el Comité federal de mercado abierto, que cierren la Reserva Federal, que cancelen las tenencias de bonos del gobierno por parte de la Reserva Federal, que eliminen los impuestos sobre las ganancias de capital de oro, plata y dinero nuevo (por ejemplo, la criptodivisa), que deroguen las leyes de moneda de curso legal y que eliminen el seguro federal de los depósitos a la vista. Thornton reconoce que esto es mucho para hacer a la vez y que probablemente causaría un doloroso proceso de ajuste en toda la economía. Por lo tanto, propone que EE.UU. comience con el desmantelamiento del Comité federal de mercado abierto y que permitan que las tasas de interés se determinen en el mercado abierto.

Los comentarios de Thornton sobre el papel de la Reserva Federal en la economía no apoyan en absoluto a la institución, pero sus argumentos hacen que sea difícil para los principales economistas refutar su postura. En la primera parte del libro, deja claro que aunque el Índice de rascacielos tiene un historial de correlación de la construcción de los edificios más altos del mundo con los ciclos económicos, los rascacielos no son el centro del asunto, sino las políticas fiscales de la Reserva Federal que promueven y fomentan el desarrollo de los rascacielos. En un artículo anterior, Thornton mencionó que es posible que el índice de rascacielos se vuelva obsoleto en el futuro (Thornton 2005). Sin embargo, aunque el índice se vuelva obsoleto, no cambia los argumentos de Thornton sobre el papel de la Reserva Federal en el ciclo económico.

Aunque los argumentos esbozados en *La maldición de los rascacielos* son adecuados para explicar el papel del índice de rascacielos y la capacidad de la TACE para predecir las crisis económicas, un área que podría haber sido más desarrollada es la explicación de que el verdadero problema de las crisis económicas no es la quiebra sino las medidas adoptadas por la Reserva Federal durante el auge. Thornton esboza numerosas veces cómo las políticas fiscales establecidas por la Reserva Federal conducen a una crisis económica, pero nunca se profundiza en ello. Rothbard (1963) dejó claro a los lectores que durante los tiempos de expansión económica, la Reserva Federal establece políticas que prolongan los auges económicos (por ejemplo, apoyando la expansión del crédito y reduciendo los tipos de interés) y hacen más larga la recuperación de las correspondientes quiebras. Si Thornton hubiera ofrecido más comentarios sobre el auge, habría hecho más convincentes sus argumentos sobre cómo los Estados Unidos pueden superar sus problemas económicos actuales.

En resumen, *La maldición de los rascacielos expone* el Índice de Rascacielos, que ha predicho todas las crisis económicas desde 1889 y cumple con la TACE, pero el libro trata más sobre la TACE y expone a los lectores a los inconvenientes de una Reserva Federal con una política monetaria poco rigurosa. Con los recientes acontecimientos de COVID-19 y la respuesta de la Reserva Federal de tipos de interés más bajas, rescates corporativos y pagos de estímulo individual, uno puede esperar que una recesión económica esté en el horizonte. El libro de Mark Thornton es una revisión oportuna de la teoría austriaca del ciclo económico y animo a todos a que lo lean para que puedan estar preparados para la próxima recesión económica.

PRÓLOGO

Por Thomas E. Woods, Jr.

Tras desatarse la crisis financiera de 2008, los economistas sufrieron un golpe muy duro en la reputación que pudieran haber tenido. Pero, al contrario que la mayoría de sus colegas, Mark Thornton se vio justificado por el 2008. Mark había sido una voz de sensatez en tiempos en que las salvajes intervenciones de la Reserva Federal hacían que personas en muchos sentidos sensatas perdieran la cabeza.

Una regla de oro que he adoptado es: cuando la idea de que el ciclo económico puede controlarse eternamente empieza a convertirse en común, la recesión está a la vuelta de la esquina.

Después de leer este libro, veréis por qué. Mark expone los muy distintos historiales de Irving Fisher y Ludwig von Mises en la década de 1920, con el primero diciendo (¡a finales de 1929!) que los precios de las acciones habían alcanzado una «meseta permanentemente alta» y Mises advirtiendo que toda la creación artificial de dinero de los bancos centrales mundiales significaba que estaba llegando un ajuste.

A finales de la década de 1960, el asesor económico presidencial, Arthur Okun, anunciaba que la sabia política fiscal y monetaria estaba haciendo que el auge y el declive fueran cosas del pasado. Un mes después de que se publicara su libro sobre el tema, Estados Unidos estaba oficialmente en recesión.

Imagino que sabéis qué pasó después.

La crisis financiera más reciente, que estuvo relacionada con una burbuja inmobiliaria especialmente destructiva, generó el mismo tipo de comentario absurdo: ¡caramba, los precios inmobiliarios *nunca* bajan!

Imagino que sabéis qué pasó después.

De hecho, Mark Thornton fue uno de los pocos economistas que advirtieron (ya en 2004) acerca de una burbuja inmobiliaria y sus consecuencias inevitables. Nadie quería en esos momentos oír las palabras «insostenible» o «burbuja» cuando comprar múltiples propiedades y aposentarse sobre ellas parecía ser el camino hacia una riqueza segura. Por supuesto, Mark era la voz que les habría hecho más bien si se hubieran preocupado con escucharla, porque podrían haber limitado así su riesgo ante el declive que indudablemente estaba llegando.

Pero cuando las supuestas voces respetables aseguran a todos que todo va bien, el hombre sabio es el que parece ser el raro.

Aunque Mark solo hubiera sido conocido por ser un historiador concienzudo de estos anteriores ciclos económicos y un pronosticador preciso del declive inmobiliario y la crisis financiera, esa habría sido razón más que suficiente como para considerarlo como un investigador digno de nuestra atención y respeto.

Pero, por supuesto, Mark ha hecho mucho más que eso. En este libro, por ejemplo, encontraréis la obra de Mark sobre la llamada «maldición de los rascacielos». No voy a desvelar aquí la tesis de Mark sobre el asunto, pues el autor de un prólogo tendría que saber cuál es su sitio y robar el protagonismo al autor es algo bastante impropio.

Por ahora, puedo decir esto: aunque ciertos escritores habían encontrado una correlación entre el establecimiento de récords en rascacielos por un lado y entradas en recesión por otro, la relación se había rechazado por lo general, considerándola como poco más que una coincidencia curiosa. Mark, por el contrario, ha mostrado cómo están relacionados ambos fenómenos: por supuesto, no es que mayores rascacielos causen un ciclo económico, sino más bien que encarnan numerosas características del periodo de auge descrito por la teoría austriaca del ciclo económico.

A su vez, la teoría austriaca del ciclo económico es probablemente la pieza más importante de información y comprensión económica que tienen que entender ahora mismo los estadounidenses y, en realidad, el mundo entero. De nuevo dejaré la exposición completa a Mark. Por ahora, lo que importa es que, de acuerdo con los economistas de la Escuela Austriaca, el patrón económico familiar de auge y declive no es una característica propia de la economía de mercado, sino el producto de la intervención en la economía por parte de la autoridad monetaria. Cuando el banco central rebaja los tipos de interés por debajo de los que habrían alcanzado en el mercado, pone en marcha una serie de respuestas por parte de inversores y consumidores que resultan ser incompatibles. El resultado es la recesión, que es el retorno de la economía a una sana normalidad: se desata una configuración insostenible de la economía y los recursos (incluida la mano de obra) se reasignan a líneas de producción que tienen sentido en términos de disponibilidad de recursos y preferencias de consumo.

En las páginas que siguen, Mark explica la teoría, la aplica a varios casos históricos (y actuales) y refuta las objeciones más comunes.

En resumen, esta recopilación sirve al valioso propósito de defender la economía de mercado frente a la visión convencional de que la libertad nos ha fallado y necesitamos aún más controles. Teníamos multitud de normas y funcionarios en vísperas de la crisis financiera. Nos vinieron muy bien. Prácticamente ninguno de ellos vio ningún problema en el horizonte y los fajos de normas y regulaciones iban en la dirección incorrecta: mientras el sector privado funcionaba en el equivalente a una novela de Kafka, la Reserva Federal era capaz de cometer sus errores sin impedimentos.

Un pensamiento loco: tal vez esta vez podamos considerar un mercado libre real, con moneda fuerte y tipo de interés de mercado y derogar de una vez por todas la gigantesca máquina de burbujas. Leed a Thornton y consideraréis este y otros pensamientos prohibidos.

THOMAS E. WOODS,
Jr. Harmony, Florida

PRESENTACIÓN

El Índice de los Rascacielos expresa la extraña relación entre la construcción de los rascacielos más altos del mundo y el inicio de grandes crisis económicas. La relación solo salió a la luz en 1999, cuando el analista de investigación Andrew Lawrence publicó un informe que señalaba la extraña relación entre edificios con récords de altura y crisis económicas notables, es decir, la maldición de los rascacielos, una relación que se remontaba a casi un siglo. Sin una teoría que la apoyara, la mayoría de los periodistas desdeñaron el informe de Lawrence considerándolo la broma del momento.

Sin embargo, desde el punto de vista de la teoría austriaca del ciclo económico o TACE, el informe de Lawrence era importante para entender el ciclo económico: auges y declives. La TACE es la teoría del ciclo económico desarrollada por los economistas de la Escuela Austriaca durante el principio del siglo XX.

En la década de 1860, el periodista financiero austriaco Carl Menger (1840- 1921) empezó a ponderar la actividad económica de la que estaba informando a la luz de la economía de la Escuela Clásica, es decir, Adam Smith (1723-90), David Ricardo (1772-1823), John Stuart Mill (1806-73) y otros. Encontró enormes defectos en la explicación de muchos conceptos básicos, como la oferta y la demanda. Para paliar esos defectos, desarrolló algunos elementos fundamentales de la economía moderna como el análisis marginal y los rudimentos del coste de oportunidad, la utilidad marginal y el valor subjetivo.

Sus alumnos de la Universidad de Viena aprendieron de él y desarrollaron sus ideas. Por ejemplo, Eugen von Böhm-

Bawerk (1851-1914), que fue ministro de finanzas del Imperio Austrohúngaro, desarrolló la obra de Menger para demostrar que la producción puede consumir más o menos tiempo o ser más o menos *indirecta*. Desde esta perspectiva, podemos ver que a los trabajadores se les paga muy rápidamente, mientras que a los capitalistas se les pagan *intereses* por retrasar sus recompensas hasta que el producto se acaba vendiendo. Böhm- Bawerk demostró que el interés se basaba en las *preferencias temporales* de trabajadores y capitalistas, ahorradores y prestatarios. El tipo de interés es un factor económico crítico, porque ayuda a determinar el tamaño y complejidad de la estructura de capital de una economía. La estructura de capital es sencillamente el mundo no natural que nos rodea: todos los activos empresariales relacionados con minas, granjas, fábricas, servicios públicos, transporte, almacenes, venta al por mayor y al por menor, etc. La economía austriaca ha sido calificada por Peter Klein como la *economía mundana*.[1]

Por ejemplo, una economía de mercado poblada por individuos con preferencias temporales bajas y tipos de interés bajos, a lo largo de un periodo prolongado, se caracterizaría por una gran acumulación de ahorro, que se convierte en grandes cantidades de capital en «ladrillo y cemento» y procesos de producción de tecnología avanzada. La división del trabajo estaría altamente especializada. La gente sería rica y tendría un alto nivel de vida.

Ludwig von Mises (1881-1973) fue un alumno de Böhm-Bawerk que extendió el análisis austriaco al área del dinero, resolviendo el problema de la Escuela Clásica de cómo relacionar el funcionamiento de la economía real con la economía monetaria. Lo logró con su teorema de la regresión, que se basaba en parte en la explicación de Menger del origen del dinero. Mises también formuló una teoría del ciclo económico basada en la interacción del tipo de interés con la asignación

---

[1] Peter G. Klein, «The Mundane Economics of the Austrian School», *Quarterly Journal of Austrian Economics* 11, n.º 3-4 (2008): 165-187.

de capital. Su aproximación se basaba en las distorsiones del tipo de interés del mercado. Su alumno Friedrich August von Hayek (1899-1992), desarrolló y extendió aún más la teoría de Mises, una contribución por la que le concedieron el premio Nobel de economía en 1974. Su teoría se conoce ahora como la teoría austriaca del ciclo económico. (Ver a Roger Garrison para una explicación técnica de la macroeconomía austriaca).[2] Inspirado por la TACE, mis reflexiones acerca de los rascacielos acabaron como un documento de trabajo académico, «Skyscrapers and Business Cycles» [«Rascacielos y ciclos económicos»]. Dicho documento fue rechazado de plano por varias revistas económicas formales. Las respuestas de los editores de las revistas incluían a menudo un explicación corta o críptica como «Este documento no tiene una hipótesis comprobable». El artículo[3] acabó publicándose en el *Quarterly Journal of Austrian Economics* en 2005. Usa la TACE para explicar cómo están ligados los récords de rascacielos a los ciclos económicos y sus crisis. En particular, recurría a las teorías económicas de Richard Cantillon (ca. 1680-1734), el primer teórico económico y un economista protoaustriaco, para establecer relaciones causales entre rascacielos y ciclos económicos.

Cantillon explicaba cómo el tipo de interés y la oferta monetaria pueden crear cambios y distorsiones en la economía, un fenómeno al que hoy se llama *efectos Cantillon*. El documento describe tres de esos efectos: (1) la relación entre el tipo de interés, los precios de los terrenos y la altura de las construcciones; (2) la relación entre el tipo de interés, el tamaño de las empresas y la demanda de espacio para oficinas y (3) la relación entre la altura de las construcciones y los

---

[2] Roger W. Garrison, «The Austrian School: Capital-Based Macroeconomics», en *Modern Macroeconomics: Its Origins, Development and Current State*, editado por Brian Snowden y Howard R. Vane (Aldershot: Edward Elgar, 2005).

[3] Mark Thornton, «Skyscrapers and Business Cycles», *Quarterly Journal of Austrian Economics* 8, n.º 1 (2005): 51-74.

mayores incentivos para las innovaciones tecnológicas avanzadas (o prematuras), tanto en diseño como en construcción. El periodo de tiempo de mi investigación sobre rascacielos y ciclos económicos fue crucial para mi identificación temprana de la burbuja inmobiliaria. En mi artículo de febrero de 2004, «"Bull" Market?» [«¿Mercado "al alza"?»] usaba una técnica de canal de tendencia para definir la etapa inicial de la burbuja. Posteriormente, en junio de 2004, escribí «Housing: Too Good to Be True» [«Vivienda: Demasiado bueno para ser verdad»], una explicación completa de cómo la política monetaria de la Reserva Federal había causado una burbuja inmobiliaria masiva. También empecé a hacer presentaciones en público sobre este tema.

Como consecuencia de esta actividad publicitaria, me invitaron en 2005 a contribuir con un capítulo en un libro, *Housing America: Building Out of a Crisis*, editado por Randall G. Holcombe y Benjamin Powell. Aporté el capítulo resultante, «The Economics of Housing Bubbles» [«La economía de las burbujas inmobiliarias»], a los editores en la primera semana de junio de 2006.

La editorial me pidió que eliminara algún texto que consideraban demasiado pesimista y amenazante con respecto a lo que podría suceder tras el declive de la vivienda. Acepté lo cambios, porque el libro iba a dirigirse a personas interesadas por las leyes urbanísticas, los códigos de edificación y la planificación urbana, no por el Armagedón económico. Sin embargo, más tarde, los editores me permitieron incluir ese texto eliminado, cuando, después de un largo retraso en su publicación, el libro acabó publicándose en 2009. En ese momento, mis predicciones pesimistas parecían más apropiadas. El texto eliminado se colocó en un epílogo en la publicación original. De hecho, los editores fueron tan amables como para mencionar mi capítulo de forma destacada al inicio de su prólogo:

La datación es notable porque la mayoría de los capítulos se completaron en 2006, cuando el auge de la vivienda en la mayoría del país estaba alcanzando su punto más alto. Un capítulo que merece especial atención a este respecto es el de Mark Thornton, porque estaba explicando el inevitable colapso de la burbuja del mercado inmobiliario en un momento en el que muchos observadores argumentaban que los precios de la vivienda podían continuar subiendo indefinidamente. El capítulo de Thornton hace un gran trabajo al explicar de antemano el colapso de los precios de la vivienda y merece la pena señalar que la previsión de Thornton era realmente una premonición: estaba hablando del colapso antes de que este se produjera en la realidad.[4]

Entre 2004 y 2007, audiencias y lectores en general se burlaban de mi análisis. Era un tiempo en el que las ideas aceptadas en la economía ortodoxa y el sector inmobiliario eran que «los precios de la vivienda nunca bajan» y «nunca puedes perder dinero en inmuebles». La *economía ortodoxa* o de la corriente principal se refiere a lo que se enseña en general en las universidades más conocidas y se asocia con la síntesis neoclásica, que combina microeconomía neoclásica y aproximaciones keynesianas a la macroeconomía.

Una de mis conferencias más provocativas, en torno a 2006, «Luxury Game Day Condominiums» se realizó ante alumnos de la Universidad de Auburn. Resultó que promotores inmobiliarios y banqueros locales se encontraban también entre la audiencia. La evidencia empírica que presenté se basaba en entrevistas a personas que habían comprado en complejos residenciales durante la burbuja inmobiliaria. Esas residencias se habían vendido a los seguidores del equipo de fútbol americano de la Universidad de Alabama que venían a Auburn para los seis o siete partidos locales de cada año.

---

[4] Randall G. Holcombe y Benjamin Powell, eds., *Housing America: Building* Out of a Crisis (New Brunswick, N.J.: Transactions Publishers, 2009), p. VII.

Cuando hice los cálculos, descubrí que los compradores podrían haberse quedado en el mejor hotel de la ciudad y hecho todas sus comidas en restaurantes de lujo y habrían ahorrado dinero. Entonces pregunté a los compradores: «¿Por qué compró la residencia?» A esto, la respuesta invariable era: «Siempre puedo venderla más tarde ganando dinero».

El absoluto declive de la vivienda no se había apreciado todavía, pero todos en la audiencia sabían que los precios de los complejos residenciales estaban bajando y que se habían cancelado algunos proyectos locales. Los estudiantes en la audiencia se reían ruidosamente con esas respuestas, pero los promotores y banqueros no estaban demasiado contentos. Por supuesto, no eran solo los promotores y banqueros locales los que querían que se mantuviera la burbuja. Para entonces, los funcionarios de la Reserva Federal estaban alabando públicamente la burbuja inmobiliaria y negando que existiera.[5]

Habría sido mejor que se informaran bien o al menos revisaran sus modelos. Después de todo, el sector inmobiliario medido por el Índice del Sector Bursátil de la Bolsa de Filadelfia llegó a su máximo el 30 de junio de 2005. El 8 de agosto de 2005 se publicó mi breve artículo «Is the Housing Bubble Popping?» [«¿Está estallando la burbuja inmobiliaria?»].[6] En el artículo mostraba gráficos que indicaban que los precios de las acciones de las constructoras podían caer mucho más y que los tipos de interés a corto y largo plazo podían subir. Ambas tendencias, que continuaban, anunciaban que la burbuja inmobiliaria podía acabar estallando.

En 2007, la maldición de los rascacielos volvió a actuar, la segunda vez que sucedía desde el informe de Lawrence

---

[5] Mark Thornton, «Transparency or Deception: What the Fed Was Saying in 2007», *Quarterly Journal of Austrian Economics* 19, n.º 1 (2016): 65-84. [Traducción al español como «Transparencia o engaño: Qué decía la Fed en 2007», mises.org, 10 de enero de 2018].

[6] Mark Thornton, «Is the Housing Bubble Popping?», LewRockwell.com, 8 de agosto de 2005.

de 1999. Esta vez sucedió en Oriente Medio, en la ciudad-estado de Dubái. Ubicada en los Emiratos Árabes Unidos, entre Arabia Saudita y Omán y separada de Irán por el golfo Pérsico, Dubái es una ciudad de fantasía. Su gobernante ha transformado su riqueza petrolífera en una ciudad muy dinámica con edificios muy altos y ornamentados, hoteles, el mayor centro comercial del mundo e incluso islas artificiales en el golfo Pérsico diseñadas con la forma de un mapa del mundo.

Fue en Dubái donde se empezó la construcción de la torre Burj Dubái en 2004. Estaba pensada para ser el rascacielos más grande el mundo en todos los sentidos, como altura, vivienda más alta, más pisos, etcétera. La siguiente «señal de los rascacielos» se produjo cuando la construcción llegó a un nuevo récord de altura a finales de julio de 2007. En agosto escribí:

Se está construyendo un nuevo rascacielos en los Emiratos Árabes Unidos que bate todos los récords. El Índice de los Rascacielos predice que se va a producir una depresión antes de que se termine.[7]

La torre fue renombrada como Burj Khalifa y se inauguró a principios de enero de 2010. Al edificio se le dio el nombre del gobernante de Abu Dabi que había aportado miles de millones de dólares en préstamos de urgencia para su primo en Dubái. Está claro que la maldición de los rascacielos había golpeado una vez más. El 8 de enero de 2010, Kevin Voigt, de CNN.com, informaba:

Cuando se inauguró oficialmente el pasado lunes el Burj Khalifa en Dubái, buena parte de la prensa mundial apreció la paradoja de que el edificio más alto del mundo abriera sus

---

[7] Mark Thornton, «New Record Skyscraper (and Depression?) in the Making», *mises.org blog*, 7 de agosto de 2007.

puertas solo unas semanas después de la quiebra de la deuda del emirato.

Pero un vistazo a la historia de los récords en rascacielos y los ciclos económicos sugiere otra cosa: la puesta de la primera piedra de cada edificio «más alto del mundo» en el siglo pasado ha coincidido con una recesión económica.

Una persona que no se ha visto sorprendida por los males económicos que han llevado a la dedicación del Burj Khalifa (al que se cambió el nombre de Burj Dubái en honor al jeque de Abu Dabi, que recientemente lanzó a Dubái un salvavidas de 10.000 millones de dólares) ha sido el economista de la Universidad de Auburn, Mark Thornton.

Este predijo tiempos duros para el emirato hace dos años en una entrada de un blog titulada «New Record Skyscraper (and Depression?) in the Making». En ella señalaba que normalmente se produce una depresión económica o un colapso del mercado inmobiliario antes de que se terminen estos rascacielos.[8]

Así que la «maldición» del Índice de los Rascacielos pronosticó correctamente todas las grandes crisis durante más de un siglo. La maldición de los rascacielos también ha tenido una gran cobertura de los medios de comunicación de masas, por lo que parecía que la teoría del Índice de los Rascacielos estaba en pleno vigor.

Fue así hasta que el 28 de marzo de 2015, cuando *The Economist* declaró que la maldición de los rascacielos había muerto. Al revisar el actual «auge de los rascacielos», en su editorial sin firma «Towers of Babel» señalaban lo siguiente:

¿Augura este frenesí constructivo males para la economía mundial? Varios académicos y expertos, muchos de ellos citados por *The Economist*, hace tiempo que lo argumentaban, pero nuevas investigaciones plantean dudas sobre ello.

---

[8] Kevin Voigt, «As skyscrapers rise, markets fall», CNN.com.

Haciendo un aparte, la mayoría de los grandes medios que escriben acerca de mi trabajo y este fenómeno evitan citarme como fuente, aunque está claro que han estado usando mis publicaciones. De los «varios académicos y expertos» la mayoría citan a Andrew Lawrence.[9] El artículo de *The Economist* no me incluía explícitamente en el texto, pero al menos si hacían referencia a mi artículo de 2005 como fuente.[10] Gracias.

The Economist basaba esta opinión en un nuevo artículo académico:

«Skyscraper Height and the Business Cycle: Separating Myth from Reality». El artículo lo habían escrito tres economistas de la Universidad de Rutgers: Jason Barr, Bruce Mizrach y Kusam Mundra. Se publicó en la revista académica *Applied Economics* en 2015.

Su artículo demuestra que los rascacielos no *causan* (en un sentido técnico económico) ciclos económicos medidos en cambios en la actividad económica general, es decir, en el PIB. Su análisis estadístico demuestra que la construcción de rascacielos y la actividad económica general se mueven al tiempo, teniendo una causa o tendencia común. También encontraban difícil encontrar una correlación entre las fechas el anuncio de la construcción de un rascacielos y su finalización con cambios en el PIB.

Dejemos esto meridianamente claro. La construcción de rascacielos no *causa* ciclos económicos. La evidencia estadística presentada en *Applied Economics* en realidad apoya la teoría del Índice de los Rascacielos.

Debería estar claro a partir de mi «Skyscrapers and Business Cycles» que hay un tercer factor actuando. Los rascacielos son esencialmente parte de la fase de auge del ciclo. La causa de ambos son los tipos artificialmente muy bajos

---

[9] Andrew Lawrence, «The Skyscraper Index: Faulty Towers!» *Property Report*, 15 de enero de 1999 y «The Curse Bites: Skyscraper Index Strikes», *Property Report*, 3 de marzo de 1999.

[10] Thornton, «Skyscrapers and Business Cycles».

y las condiciones de crédito artificialmente muy laxas. Esta *causa* genera récords en rascacielos, un auge en la economía y finalmente una crisis económica grave: la maldición de los rascacielos.

Inmediatamente escribí una carta al editor de *The Economist* para informarles del error en el artículo de 2015 y pedirles que cambiaran la fecha que habían dado a mi artículo de 2004 a 2005. La carta nunca se publicó y la fecha de mi documento nunca se corrigió. Sí recibí un correo electrónico tres meses después que decía que la revista había extraviado mi carta. También envié un comentario (con Lucas Engelhardt) sobre el artículo publicado en *Applied Economics*. Sorprendentemente, los editores de *Applied Economics* lo rechazaron. Por eso este libro está dedicado en parte a los editores de *Applied Economics* y *The Economist*.

Lo importante del Índice de los rascacielos y la maldición resultante es que da a la gente un ejemplo tangible y concreto de lo que está sucediendo en la economía durante un ciclo económico. La TACE es necesariamente vaga en algunos puntos y no dice nada en otros. Por ejemplo, se refiere al capital, la estructura de producción y los bienes de orden superior e inferior sin ser específica. La teoría presenta puntos, como los tipos de interés que son artificialmente bajos en relación con los determinados por el mercado, sin proporcionar a los lectores un mecanismo para calcular si son aplicables en la práctica y cuándo lo son.

Esto no significa que la TACE no sea realista, difícil de entender o difícil de aplicar. Los economistas austriacos siempre han tratado de ser realistas acerca de la economía y los límites de la teoría económica, pero eso impone necesariamente limitaciones en el análisis y nos obliga a introducir cautelas importantes en nuestras conclusiones. Por ejemplo, los economistas austriacos no pueden «predecir» en el sentido científico más estricto del término. Especulamos acerca del futuro, con la advertencia del *ceteris paribus* (es decir, en igualdad de condiciones) y sin sufrir la ilusión de que la teoría económica puede ayudarnos a determinar el plazo y la magnitud de los acontecimientos futuros.

Sin embargo, podemos hacer «predicciones de patrón» basadas en teoría económica y en una valoración de los hechos. Por el contrario, cuando los economistas ortodoxos se enfrentan con la complejidad de las economías reales o con la escasez de datos, recurren a supuestos no realistas, simplificaciones cuestionables y datos inapropiados. Para la mayoría de los economistas ortodoxos, su *sine qua non* es predecir el futuro. Sin embargo, las teorías ortodoxas sobre el ciclo económico, como la teoría del ciclo real y diversas teorías keynesianas no pueden predecir nada acerca del futuro, porque, desde su punto de vista, el ciclo se genera por sacudidas económicas que no pueden preverse. Solo pueden predecir en el sentido de que usan datos históricos en sus modelos, estrategias de *backtesting* del mercado bursátil. Practican la retrodicción, raramente la predicción.

El gran beneficio de este libro es, por tanto, que muestra lo que ven los economistas austriacos con ayuda de su teoría del ciclo económico. La TACE muestra qué causa y qué ocurre durante el ciclo económico y demuestra que el auge debe acabar inevitablemente en un declive o crisis económica. El valor de los recursos se desperdicia en el proceso y la gente se ve perjudicada. La teoría austriaca puede asimismo mostrar cuál es la mejor manera de abordar el declive, qué evitar y cómo reparar permanentemente el problema acabando con el ciclo económico o al menos minimizando su impacto.

En la sección 2 presento evidencias que demuestran la utilidad de la TACE en el mundo real al demostrar que los economistas austriacos han previsto correctamente casi todas las grandes crisis económicas durante más de un siglo. También presento evidencias de que los economistas ortodoxos tienen un mal historial en la predicción de ciclos económicos y han hecho algunas predicciones muy malas.

Para ser justo, ha habido algunos economistas ortodoxos que han predicho correctamente crisis económicas, pero su número es pequeño comparado con el de los economistas austriacos, especialmente considerando que Vedder y Gallaway[11] han estimado que hay aproximadamente cien economistas ortodoxos por cada economista de la Escuela Austriaca. Evidentemente, no todas las predicciones de los economistas austriacos se han hecho realidad puntualmente, incluyendo las de este autor.

Antes de dejar la sección 2, dejadme que sea perfectamente claro en un punto clave. Los economistas austriacos han usado la TACE para hacer sus predicciones acerca de auges y declives desde los tiempos de Böhm-Bawerk, hace más de un siglo. Pero como el concepto del Índice de los Rascacielos es relativamente nuevo, no ha sido parte del instrumental de los economistas austriacos. La idea del Índice de los Rascacielos se descubre en 1999 y la justificación teórica para relacionarlo con la TACE solo se considera desde 2005.

Antes de acabar esta presentación, se plantea una pregunta: ¿qué dicen los economistas austriacos acerca de la economía y la política pública actuales? Los economistas austriacos han hablado en contra de las políticas fiscales y monetarias actuales y muchos han argumentado que la política ha sido anticonvencional y extremista incluso para los patrones ortodoxos. Los economistas austriacos han recomendado cambios drásticos en las políticas actuales y han especulado con que las consecuencias económicas de la próxima crisis serán verdaderamente terribles. Evidentemente, hay diferencias de opinión, pero la Escuela Austriaca está unida en contra del actual régimen de políticas.

Ya se ha lanzado una alerta de rascacielos, pues se ha realizado una ceremonia de puesta de primera piedra y se ha iniciado la construcción de la Torre Yeda en Arabia Saudita, un rascacielos que batirá récords. Si se envía una señal de

---

[11] Richard Vedder y Lowell Gallaway, «The Austrian Market Share in the Marketplace for Ideas, 1871-2025», *Quarterly Journal of Austrian Economics* 3, n.º 1 (primavera de 2000): 33-42.

un rascacielos, es porque la altura de ese proyecto superará el actual récord mundial.

En conclusión, el libro proporciona un remedio para tratar de la mejor manera posible la próxima crisis económica.

Al autor le gustaría reconocer la ayuda y apoyo de muchas personas y se disculpa porque sin duda se olvida de la ayuda de muchos otros a lo largo de este dilatado proyecto.

Ante todo, me gustaría agradecer el apoyo del personal, los miembros y donantes del Instituto Mises que hicieron posible este libro. También me gustaría dar las gracias a Paul Cwik, Harry David, David Gordon, Lucas Engelhardt, Jörg Guido Hülsmann, Roger Garrison, Karl-Friedrich Israel, Floy Lilly, Greg Kaza, Jonathan Newman, Patrick Newman, Shawn Ritenour, Louis Rouanet, Joseph Salerno, Susan Schroeder, Judy Thommesen, Paul Wicks y todos los maestros económicos que he tenido a lo largo de los años. Me gustaría dar las gracias especialmente a Robert B. Ekelund, Jr.

SECCIÓN 1

LA MALDICIÓN DE LOS RASCACIELOS

CAPÍTULO 1

¿QUÉ ES LA MALDICIÓN DE LOS RASCACIELOS?

El rascacielos, esa fiesta única del capitalismo secular y sus valores, nos desafía a todos los niveles. Ofrece oportunidades únicas para un análisis exhaustivo en los términos más amplios del arte, la humanidad y la historia del siglo XX.

— Ada Louisa Huxtable, *The Tall Building Artistically Reconsidered*

La gente ha tratado de descubrir la causa de los ciclos económicos desde la aparición del capitalismo. Desde hace mucho más tiempo, la gente ha estado mirando una bola mágica de cristal para predecir el futuro. Este libro proporciona algunas ideas sobre ambas cosas.

El rascacielos es la gran contribución arquitectónica del capitalismo moderno, a la par con los canales y ferrocarriles que transformaron la economía del siglo XIX. Sin embargo, nadie pensó nunca en relacionarlos con la quintaesencia característica del capitalismo moderno: el ciclo económico. James Grant[1] sí estableció una clara relación entre inmuebles y rascacielos por un lado y el ciclo económico por otro en *The Trouble with Prosperity* y ese libro pudo haber servido de inspiración para Andrew Lawrence.

En 1999, Lawrence publicó su Índice de los Rascacielos, que pretendía demostrar que la construcción de los rascacielos más altos coincide con auges económicos. En concreto, demostraba que la construcción del rascacielos más alto del mundo es un buen indicador de la llegada de una gran crisis económica: la

---

[1] James Grant, *The Trouble with Prosperity: The Loss of Fear, the Rise of Speculation, and the Risk to American Savings* (Nueva York: Random House, 1996).

37

maldición de los rascacielos. Su índice no es aplicable a los vaivenes irregulares de la economía, solo a crisis económicas importantes.

Lawrence es un analista de inversión cuyo Índice de los Rascacielos registra la historia de rascacielos que baten el récord mundial y las grandes crisis económicas. De acuerdo con su índice, cuando hay una ceremonia de puesta de primera piedra de un rascacielos que bate un récord mundial, la economía está en auge, pero cuando se alcanza el récord de altura le sigue una crisis económica importante. La «maldición» es la crisis económica, que es normalmente evidente para cuando se produce la inauguración. El misterio es cómo pueden estar relacionados los rascacielos que baten récords con las crisis económicas.

¿Representa esto una relación de causa y efecto? ¿Puede la construcción de un rascacielos causar ciclos económicos? La historiadora de la arquitectura Carol Willis describe un enigma empírico muy similar:

> En la especulación sobrecalentada de la década de 1920, mientras aumentaban los precios de los terrenos, las torres se hacían cada vez más altas. ¿O el orden debería ser: a medida que los rascacielos se hacían más altos aumentaba el precio de los terrenos? Las variables que contribuyeron a los ciclos inmobiliarios fueron incluso más complejas que el enigma de «el huevo y la gallina».[2]

¿Cuál es la naturaleza y relación entre la construcción de rascacielos y el ciclo económico? Sin duda, construir el edificio más alto del mundo no *causó* el colapso económico. Está igual de claro que hay relaciones económicas entre auges constructivos y declives financieros. ¿Qué relaciones teóricas pueden entonces establecerse entre rascacielos y ciclos económicos?

---

[2] Carol Willis, *Form Follows Finance: Skyscrapers and Skylines in New York and Chicago* (Nueva York: Princeton Architectural Press, 1995), p. 88.

Lawrence consideraba el exceso de inversión, la expansión monetaria y la especulación como posibles explicaciones para la relación que revelaba su índice, pero no las investigaba en profundidad ni llegaba a una conclusión definitiva. Por el contrario, acababa con la idea de que su Índice de los Rascacielos era una correlación poco saludable de cien años. Sin una relación o teoría establecida para el Índice de los Rascacielos, había fuertes razones para dudar de su utilidad.

Por ejemplo, con la destrucción de las Torres Gemelas en Nueva York y la creciente amenaza de terrorismo, el Índice de los Rascacielos podría haber perdido ya su utilidad para la predicción. Sin embargo, Edward Glaeser y Jesse Shapiro[3] no encontraron una relación estadísticamente significativa entre terrorismo y número de rascacielos construidos. También indican que, debido a las intervenciones públicas (por ejemplo, los códigos de construcción), así como a razones psicológicas, como el deseo de fama personal de un constructor, el número de rascacielos puede no estar determinado por el mercado.

La prensa económica informó sobre el Índice de los Rascacielos de Lawrence, pero sin muchas alharacas. *Investors' Business Daily*[4] parecía simpatizar algo con sus «impresionantes» evidencias, pero se preguntaba: «¿Cómo puede traer algo malo el rascacielos más alto del mundo? Después de todo, más grande es mejor. Tener el edificio más grande de la tierra puede ser una fuente de orgullo nacional».

También *Barron's* era positiva, ya que parecía estar de acuerdo en que era una «excelente herramienta de pronóstico para desequilibrios económicos y financieros».[5] *Business*

---

[3] Edward L. Glaeser y Jesse M. Shapiro, «Cities and Welfare: The Impact of Terrorism on Urban Form», documento de trabajo del NBER 8696 (Cambridge, MA: National Bureauof Economic Research, 2001), p. 15.

[4] *Investors' Business Daily*, «Edifice Complex», 6 de mayo de 1999.

[5] William Pesek, Jr., «Want to Know Where the Next Disaster Will Hit? Look Where the World's Biggest Skyscraper's Going Up», *Barron's*, 17 de mayo de 1999, MW11.

Week planteaba la pregunta de cómo relacionar los rascacielos con las crisis económicas tal y como describía el Índice de los Rascacielos.[6] El primer informe y el más preocupado provino de la *Far Eastern Economic Review*, que señalaba que China estaba planeando batir el récord del edificio más alto del mundo y estaba construyendo tres de los diez edificios más altos del planeta, que se completarían en 2010.[7]

La principal razón para la callada como respuesta al Índice de los Rascacielos por parte de la prensa económica es que la mayoría de los indicadores económicos han acabado fallando como el tiempo. Ha habido numerosos indicadores ideados para ayudarnos a predecir el ciclo económico y los mercados bursátiles, pero no han pasado la prueba del tiempo. Como dice la ley de Goodhart[8]: «Cualquier regularidad estadística observada tenderá a colapsar una vez que se ejerza presión sobre ella a efectos de control». Este es también un destino probable para el Índice de los Rascacielos.

Por ejemplo, el indicador de la Super Bowl predice que si el equipo campeón de la National Football Conference (la antigua NFL) gana al equipo campeón de la American Football Conference (la antigua AFL) en el partido de la Super Bowl será un buen año para la bolsa y por tanto para la economía. Es un caso clásico de «indicador de coincidencia». Este tipo de indicador de coincidencia (sin relaciones causales) debería diferenciarse del tipo tradicional de indicadores económicos de coincidencia que siguen los cambios en el ciclo económico. Por ejemplo, las estadísticas de nóminas están claramente ligadas a la actividad económica a lo largo del tiempo. Si

---

[6] Gene Koretz, 1999. «Do Towers Rise before a Crash?» *Business Week*, 17 de mayo de 1999, p. 26.

[7] Alkman Granitsas, «The Height of Hubris: Skyscrapers Mark Economic Bust», *FarEastern Economic Review* 162, n.º 6 (11 de febrero de 1999): 47.

[8] Charles A.E. Goodhart, «Problems of Monetary Management: The U.K. Experience», en *Inflation, Depression, and Economic Policy in the West*, editado por Anthony S. Courakis (Lanham, MD: Rowman & Littlefield, 1981), p. 116.

aumentan las nóminas, hay más actividad económica y PIB. Hay una razón real por la que esperamos que ambas estadísticas cambien más o menos al unísono.

Cuando se advirtió por primera vez esta relación de la Super Bowl en la década de 1970 por el periodista deportivo Leonard Koppett era casi perfecta.[9] Desde entonces ha perdido mucha de su credibilidad, con un historial de aproximadamente el 80%, pero solo en torno al 50% durante los últimos quince años. Por tanto, el éxito temprano del indicador de la Super Bowl manifestaba solo una coincidencia y una ilusión estadística, como reconocía el propio Koppett.

También hay indicadores estacionales como el «efecto enero», que afirma que, si los mercados bursátiles suben en enero, aumentarán igualmente todo ese año. Sin embargo, este efecto ha tenido múltiples justificaciones, como los bonus de final de año y las estrategias para evitar impuestos. Tampoco está claro si el efecto enero se basa en el rendimiento de la bolsa durante la primera semana de enero o durante todo el mes. Tampoco está claro si se aplica solo a acción de pequeñas empresas o a todo el mercado bursátil. El efecto enero también sufre por el hecho de que una vez todos son conscientes de ello, se prevé y, por tanto, ya no ofrece un consejo u orientación fiable de inversión en la economía. Como consecuencia, esos indicadores no tienen un historial fiable como para predecir la bolsa o los ciclos económicos.

Los indicadores políticos de la economía se basan en teoría del ciclo económico político. Esta teoría sostiene que los políticos usarán la política monetaria y fiscal, junto con otras medidas políticas a su disposición, para estimular la economía, el crecimiento en el empleo y la bolsa antes de unas elecciones para mejorar la probabilidad de ser reelegidos. Después de las elecciones, retirarán esas políticas, creando una recesión. A pesar de su atractivo intuitivo, la teoría del

---

[9] Jason Zweig, «Super Bowl Indicator: The Secret History», *Wall Street Journal*, 28 de enero de 2011.

ciclo económico político ha encontrado poco apoyo empírico consistente. Este fracaso puede ser el resultado de la dificultad de saber qué coalición gobernante estará realmente al frente del gobierno o cómo están interactuando lo distintos niveles del gobierno sobre sus respectivos ciclos de elecciones. Estos y otros problemas dejan a la teoría con solo una débil relación entre política y economía.

Según Paul Cwik,[10] los indicadores con buenos enlaces causal-económicos para la economía incluyen la curva de rendimientos invertidos. Cuando los tipos de interés a corto plazo aumentan por encima de los tipos de interés a largo plazo, la curva de rendimientos queda *invertida* y esto indica problemas futuros para la economía. Tipos altos de préstamos a corto plazo pueden indicar que los prestatarios buscan fondos desesperadamente y los prestamistas son reticentes a prestar debido a una percepción de un mayor riesgo. El Índice de Principales Indicadores Económicos fue en su momento la bola de cristal de la economía. Sin embargo, en años recientes, ha tenido menos éxito a la hora de predecir cambios en ella. Otros dos indicadores que uso para tomar la temperatura de la economía global son el precio del petróleo y el Índice Báltico de Fletes Marinos, que mide el coste del transporte oceánico. Cuando ambos son altos, es una indicación de una expansión económica global, un auge o una burbuja. Cuando ambos son bajos, es una indicación de una contracción económica, un declive o una crisis económica. Sin embargo, todos estos indicadores son propensos al error y generalmente solo proporcionan un aviso anticipado limitado acerca de un cambio de ciclo. Esos indicadores sin duda no pueden generar alertas lo suficientemente anticipadas como para ser útiles para las grandes decisiones de inversión de capital.

---

[10] Paul Cwik, «The Inverted Yield Curve and the Economic Downturn», *New Perspectives on Political Economy: A Bilingual Interdisciplinary Journal* 1, n.º 1 (2005): 1- 35.

El economista Richard Roll explicaba que los indicadores económicos solo tienen un valor cuestionable o fugaz para la inversión en el mundo real:

> No soy solo un académico, sino también un hombre de negocios. (...) sin duda podemos hacerlo mucho mejor para nuestros clientes en el negocio de la gestión monetaria de lo que lo estamos haciendo hasta ahora. Personalmente, he tratado de invertir dinero, de mis clientes y mío, en todos los dispositivos predictivos y de detección de anomalías que se han ideado académicamente. (...) He tratado de aprovechar las llamadas anomalías de fin de año y de adoptar toda una amplia gama de estrategias supuestamente documentadas por la investigación académica. Y todavía no he ganado ni un solo centavo con ninguna de estas supuestas ineficiencias del mercado.[11]

Los problemas de los indicadores económicos y bursátiles son muchos. Algunos tienen un pobre historial en sus predicciones, mientras que otros ofrecen uno bueno, pero no tienen justificación racional y, por tanto, ofrecen poca confianza al permitir pensar que son solo anomalías estadísticas.

Por el contrario, el Índice de los Rascacielos sí tiene un buen historial a la hora de predecir recesiones importantes en la economía. Este índice es un indicador económico importante. El anuncio de planes de construcción (y en particular, de ceremonias de puesta de primera piedra) normalmente se producen durante expansiones económicas mucho antes de que aparezca una crisis económica.

La cuestión más importante en relación con el Índice de los Rascacielos es por qué ha tenido un historial tan bueno de éxito predictivo. ¿Por qué funciona? ¿Por qué puede decirnos algo acerca de la estructura de la economía durante

---

[11] Richard Roll, «Volatility in U.S. and Japanese Stock Markets: A Symposium», *Journal of Applied Corporate Finance* 5, n.º 1 (Primavera de 1992): 29-30.

el curso de un ciclo económico? Antes de responder a estas preguntas, examinemos primero el historial de éxitos del índice a la hora de predecir la maldición.

Capítulo 2

REVISIÓN DE LA MALDICIÓN DE LOS RASCACIELOS

Probablemente se pueda ir atrás en la historia y encontrar ejemplos de la maldición de los rascacielos en estructuras como las pirámides de Egipto y las catedrales medievales. Aquí la revisión se limita a los edificios modernos, pero expandiremos nuestro horizonte temporal para examinar récords anteriores y posteriores al Índice de Rascacielos original (1907-1999). También revisaremos el único edificio récord, el Woolworth Building, que Andrew Lawrence consideraba un fallo en el índice, porque no se cumplió la maldición. Como veremos tras esta revisión, el Índice de Rascacielos resulta más fiable de lo que parecía previamente.

Esta revisión considerará edificios modernos construidos con estructuras de acero. Los criterios principales para proyectos récord son el número de pisos de espacio habitable y la altura de la construcción, sin contar adiciones como antenas o chapiteles. Este tipo de adornos no son complicados en coste o tecnología, comparados con las dificultades de construir edificios más altos con más espacio habitable, que tienen requisitos para ello, como ascensores, fontanería y control de temperaturas.

Las dos invenciones importantes que hicieron viable la construcción de rascacielos fueron el ascensor y la técnica de construcción con vigas de acero. Antes de la introducción de los ascensores en la década de 1850, la construcción se limitaba normalmente a edificios de cuatro plantas. Antes de la intro-

45

ducción de los ascensores, los pisos inferiores se valoraban más y los superiores se valoraban menos, debido al tiempo y esfuerzo adicionales de subir más escaleras. Esto limitaba la demanda de construir más alto. Con los ascensores, los pisos más altos se empezaron a valorar más, con la excepción de los espacios comerciales de la planta baja. La introducción de la construcción con vigas de acero a finales del siglo XIX hizo mucho más eficiente en costes construir estructuras más altas. La construcción con vigas de acero soporta la carga y el peso de edificios más altos y las obras pueden realizarse más rápidamente. Por el contrario, la construcción de albañilería requiere una base cada vez mayor para soportar la carga de edificios más altos.

El Equitable Life Assurance Building de Nueva York se considera por muchos el primer rascacielos. Su construcción se completó a principios de 1870 y el edificio se inauguró el 1 de mayo. Sirvió como sede central de la Equitable Life Assurance Society y fue el primer edificio de oficinas con ascensores hidráulicos para personas. Tenía siete pisos y estableció una nueva altura récord de 40 metros.

Antes de su inauguración y aproximadamente cuando estableció el récord de altura, se produjo el primer Viernes Negro el 24 de septiembre de 1869. Jay Gould y James Fisk trataron de acaparar el mercado del oro de Nueva York, pero los funcionarios del Tesoro de EE.UU. acabaron con su plan vendiendo grandes cantidades de oro. Aun así, la economía se vio afectada de forma adversa, ya que el precio del oro primero se disparó y luego se vino abajo. Tras esto, las acciones cayeron un 20% y las exportaciones agrícolas, el ingreso clave de la economía de EE.UU., disminuyeron un 50%. Según Robert Kennedy,[1] hubo varias quiebras de impresas de intermediación «y graves perturbaciones en la economía

---

[1] Robert C. Kennedy, «Gold at 160, Gold at 130», *Harper's Weekly*, 16 de octubre de1869.

nacional durante meses». Las consecuencias se han calificado como un pánico y como una recesión, pero no importante.

El Home Insurance Building se complete en 1884 en Chicago. Se elevaba a una altura de diez pisos y 42 metros. Curiosamente, en 1890 se añadieron dos pisos más. El edificio se relaciona con el pánico de 1884 y la depresión de 1882-85. Aunque el pánico financiero fue real, la depresión que se produjo se debió sobre toda la deflación y a una burbuja ferroviaria. Según Victor Zarnowitz, [2] su medición de la actividad económica indica que la depresión fue menos grave que los pánicos de 1873 y 1893 y la depresión de 1920-21.

El Auditorium Building en Chicago estableció un récord de diecisiete pisos y 73 metros hasta el piso superior a finales de 1889. Poco después, el New York World Building, también conocido como Pulitzer Building, se completó en 1890 con entre dieciséis y veinte pisos (dependiendo de cómo se midiera) y tenía 94 metros de altura, estableciendo un nuevo récord mundial.

Este grupo de rascacielos récord puede ligarse al pánico de 1890. También llamado la crisis Baring, implicó la casi insolvencia de la Banca Baring en Londres. La crisis fue de ámbito internacional, pero su impacto más grave no afectó a la economía estadounidense. Hay que tener en cuenta que Estados Unidos se estaba convirtiendo en la locomotora económica del mundo, transformándos de una economía principalmente agraria a una economía de manufacturas y servicios. Al desplazarse los granjeros a las ciudades, asumían empleos, no solo en las fábricas, sino también en los servicios, como vendedores de seguros y máquinas de coser. El sector servicios era un componente importante de la demanda de espacio de oficina y, por tanto, de rascacielos.

El Manhattan Life Insurance Building se completó en 1894, con dieciocho pisos y 106 metros de alto, estableciendo un

---

[2] Victor Zarnowitz, *Business Cycles: Theory, History, Indicators, and Forecasting* (Chicago: University of Chicago Press, 1992), pp. 221-226.

Edificio	Anuncio	Récord	Inauguración	Crisis económica
Auditorium Building – Chicago		1889		Crisis Baring – Pánico de 1890
Pulitzer (New York World)	Jun 1889	1890	Dic 1890	Crisis Baring – Pánico de 1890
Masonic Temple – Chicago		1892		Pánico de 1893
Manhattan Life	Feb 1892	1894	May 1894	Pánico de 1893
Park Row	Mar 1896	1899	Abr 1899	Sin crisis
Singer Building	Feb 1906	1908	May 1908	Pánico de 1907
Metropolitan Life	Ene 1907	1909	Ene 1910	Pánico de 1907
Woolworth	Jul 1910	1913	Abr 1913	Primera Guerra Mundial 1914
40 Wall Street	Mar 1929	1930	May 1930	La Gran Depresión
Chrysler	Oct 1928	1930	Abr 1930	La Gran Depresión
Empire State	Ago 1929	1931	Abr 1931	La Gran Depresión
Torres Gemelas	Ene 1964	1970-1971	Dic 1970 / Ene 1972	Bretton Woods – Estanflación, patrón oro
Torre Sears	Jul 1970	1973	Sep 1973	Bretton Woods – Estanflación, patrón oro
Torres Petronas	Ago 1991	Mar 1996	Sep 1999	Crisis financiera asiática
Taipei 101	Oct 1997	2004	Dic 2004	Crisis financiera asiática – Burbuja tecnológica
Burj Khalifa	Feb 2003	Jul 2007	Ene 2010	La Gran Recesión

nuevo récord. También se completaron en esa época el American Surety Building con veinte pisos y 103 metros de alto en 1895 y el Masonic Temple con diecinueve pisos y 92 metros en 1892, pero no todos los consideran rascacielos récord. Aun así, este grupo de rascacielos construidos coincidió con la mayor contracción de la historia de EE.UU., culminando con el mayor declive trimestral en el PIB de su historia e incluyendo el pánico de 1893, que se piensa que empezó seis años de desempleo en dobles dígitos, aunque estas estadísticas se siguen debatiendo entre los historiadores económicos.

El edificio Park Row se completó en 1899. Tenía veintiséis pisos completos y al menos 94 metros de altura: si se incluyen sus cúpulas de tres plantas, su altura es de 119 metros, lo que lo hacía en aquel entonces el rascacielos más alto del mundo. La inauguración del edificio vino precedida por el cuarto mayor declive trimestral del PIB real a lo largo del periodo de 1875 a 1918.

El siguiente grupo de rascacielos se construyó entre 1904 y 1909. Es el ciclo en el que Lawrence inicia su documentación del Índice de los Rascacielos. Incluía el Singer Building, que, con cuarenta y siete pisos y una altura total de 187 metros, se convirtió en el rascacielos más alto del mundo cuando se completó en 1908. La Metropolitan Life Insurance Company Tower estableció otro récord en 1909 con cincuenta pisos y 213 metros de altura. Ambos proyectos se iniciaron antes del pánico de 1907 y estaban llegando a alturas de récord cuando se produjo dicho pánico. El pánico se produjo en un momento en el que factores estacionales relacionados con las cosechas de otoño coincidieron con factores cíclicos en los mercados del crédito. Se disparó en octubre cuando un banco regulado bajo la Ley Bancaria Nacional rechazó conceder fondos a la Knickerbocker Trust Company, un banco no regulado. El resultado fueron multitud de corridas bancarias y una de las recesiones más agudas en la historia de EE.UU. Este episodio es históricamente importante y de relevancia continua, porque se considera de forma generalizada como el acontecimiento clave que llevó a la aprobación de la Ley de la Reserva Federal en 1913.

Merece la pena señalar que el pánico de 1907, como muchos pánicos del siglo XIX, se considera por lo general que fue causado por la estructura regulatoria impuesta por las leyes bancarias nacionales (de 1863 y 1864). Según Howden,[3]

---

[3] David Howden, «A Pre-History of the Federal Reserve», en *The Fed at One Hundred: A Critical Review on the Federal Reserve System*, editado por David Howden y Joseph T. Salerno (Nueva York: Springer, 2014).

la inestabilidad financiera en este periodo no fue el resultado de una falta de regulación o de un capitalismo descontrolado. Según Michael Bordo, Peter Rappoport y Anna J. Schwartz,[4] las leyes bancarias nacionales crearon un sistema que se «caracterizaba por la inestabilidad monetaria y cíclica, cuatro pánicos bancarios, frecuentes desplomes bursátiles y otras perturbaciones financieras». El bajo rendimiento de la Reserva Federal posteriormente adoptada ha llevado a muchos economistas a poner en cuestión la idoneidad de un banco central para resolver los problemas causados por las leyes bancarias nacionales.

El Woolworth Building fue el siguiente rascacielos de récord en 1913. Cuando se completó, tenía cincuenta y siete pisos y 241 metros de altura. Lawrence veía al Woolworth Building como una excepción o un error en su Índice de los Rascacielos, porque no hubo ninguna maldición, en el sentido de que no hubo ninguna crisis económica importante que coincidiera con el edificio. No hay ningún pánico o depresión conocidos en los libros de texto de historia. Por tanto, parece que el Índice de los Rascacielos falló en este caso.

Sin embargo, sería erróneo considerar al Woolworth Building como una evidencia en contra del Índice de los Rascacielos. El proyecto del Woolworth Building se anunció en marzo de 1910, pero al principio estaba planeado para ser un edificio modestamente alto. En noviembre de 1910 se aumentó su altura prevista, pero seguía estando clasificado como el tercer edificio más alto del mundo. En enero de 1911 se cambió la planificación del edificio para convertirlo en uno de los edificios más altos del mundo con 228 metros, pero esta cifra posteriormente se aumentó a más de 241 metros de alto.[4] Las ceremonias de inauguración del Woolworth

---

[4] Michael D. Bordo, Peter Rappoport y Anna J. Schwartz, «Money versus Credit Rationing: Evidence for the National Banking Era, 1880–1914», en *Strategic Factors in Nineteenth-Century American Economic Growth*, editado por Claudia Goldin y HughRockoff (Chicago: University of Chicago Press, 1992), p. 189.

Building se llevaron a cabo el 24 de abril de 1913, aunque no se completó del todo hasta después de esa fecha.[6]

De hecho, la economía de EE.UU. llegó a un máximo y empezó a contraerse en el primer trimestre de 1913, antes de las ceremonias de apertura. La economía continuó contrayéndose hasta el cuarto trimestre de 1914. Esta contracción incluyó el tercer peor declive trimestral en el PIB real entre 1875 y 1918 y fue peor que cualquier resultado trimestral entre 1946 y 1983. Kaza[7] informa de que la ceremonia de inauguración del edificio se produjo durante una contracción de veintitrés meses entre enero de 1913 y diciembre de 1914. Esto cualifica claramente este periodo como una recesión grave.

La única razón por la que los libros de texto de historia estadounidense no se refieren a la depresión de 1913 o algo similar fue que la Primera Guerra Mundial ya se estaba gestando en Europa y las hostilidades estallarían a mediados de 1914. La Primera Guerra Mundial fue la mayor conflagración de la historia de la humanidad, con un resultado de más de veinte millones de bajas de todo tipo. Sin embargo, en Estados Unidos, la guerra creó un inmenso aumento en la demanda desde Europa de productos agrícolas, producción de metal y armamentos, así como mano de obra de EE.UU.. El acontecimiento por sí solo proporcionó una estabilización a la economía estadounidense y la llevó a la expansión, no a una recuperación normal. Mientras que los historiadores económicos ahora saben que la Segunda Guerra Mundial no sacó a Estados Unidos de la Gran Depresión,[8] la Primera

---

[5] Sara Bradford Landau y Carl W. Condit, *Rise of the New York Skyscraper: 1865-1913* (New Haven, CT: Yale University Press, 1996), pp. 382-384.

[6] Ibíd., p. 390.

[7] Greg Kaza, «Note: Wolverines, Razorbacks, and Skyscrapers», *Quarterly Journal of Austrian Economics* 13, n.º 4 (invierno de 2010): 74-79.

[8] Robert Higgs, «Wartime Prosperity? A Reassessment of the U.S. Economy in the 1940s». *Journal of Economy History* 52, n.º 1 (marzo de 1992): 41-60.

Guerra Mundial parece haber impedido que Estados Unidos cayera en una.

Por tanto, parece que el Woolworth Building no debería considerarse una excepción o error en el Índice de los Rascacielos. Sencillamente, la Primera Guerra Mundial en Europa no dio tiempo suficiente para que la caída económica en Estados Unidos se agudizara y justificara un nombre histórico, como la depresión de 1913.

Una reevaluación de las evidencias anteriores a su exposición sugiere que el Índice de los Rascacielos es una herramienta de previsión aún mejor que cuando la presentó Lawrence por primera vez. Primero, hemos demostrado que la maldición de los rascacielos se produjo varias veces a finales del siglo XIX. Segundo, el único ejemplo de un error en el Índice de los Rascacielos original, en el que no se cumplía la maldición, tenía una explicación sencilla. Nuestro examen de este periodo temprano también deja claro que las causas detrás tanto de que los rascacielos lleguen a nuevas alturas como de que aparezcan crisis económicas están relacionadas con la intervención pública en los mercados crediticios.

El siguiente grupo de edificios más altos del mundo se produjo al empezar la Gran Depresión. A finales de la década de 1920 se anunciaron tres rascacielos récord, cuando el auge bursátil se vio acompañado por auges en la construcción residencial y comercial, así como en las manufacturas. En mayo de 1930 se completó el rascacielos ubicado en 40 Wall Street (ahora Trump Building) con una altura de setenta pisos y 283 metros. A este le siguió el Chrysler Building en 1930, con setenta y siete pisos y una altura de 274 metros (282 metros hasta la terraza y 319 metros hasta lo más alto del chapitel). El Empire State Building se concluyó un año después, en mayo de 1931, con 102 pisos y 373 metros. Está claro que hubo un auge orientado al capital en la construcción de edificios cada vez más altos antes de la Gran Depresión.

Los economistas han ofrecido muchas explicaciones distintas para la Gran Depresión y Robert Lucas[8] incluso ha afirmado que desafía a cualquier explicación. Lo que está claro es que hubo un aumento sustancial en las existencias monetarias desde la fundación de la Reserva Federal y el desastre de la bolsa, una reestructuración sustancial en la banca y la regulación bancaria, un declive sustancial en la oferta monetaria después del desastre, a pesar de todos los esfuerzos de la Fed por detenerla,[10] un número sustancial de quiebras bancarias y diversos otros factores importantes que contribuyeron a la iniciación y duración de la depresión, incluyendo el arancel Smoot-Hawley y las políticas de New Deal de los presidentes Hoover y Roosevelt.[11]

También merece la pena advertir que Ben Bernanke,[12] Milton Friedman y Anna Schwartz[13] y Murray Rothbard,[14] todos culpan de la Gran Depresión a la Reserva Federal, pero por diferentes razones. Bernanke cree que el problema fue que la Reserva Federal no rescató bancos sistemáticamente importantes en la década de 1930. Friedman y Schwartz creen que el problema fue que la Fed no consiguió impedir una caída en las existencias de dinero en la década de 1930. Rothbard, usando la TACE, encontraba que la causa fue la política monetaria expansionista de la Fed en la década de 1920. Estas tres teorías serán reexaminadas más delante en este libro.

---

[9] Robert E. Lucas, Jr., *Models of Business Cycles* (Nueva York: Basil Blackwell, 1987). [Publicado en España como *Modelos de ciclos económicos* (Madrid: Alianza Editorial, 1988)].

[10] Joseph T. Salerno, «Money and Gold in the 1920s and 1930s: An Austrian View», *Freeman* (Octubre de 1999): 31-40. Reimpreso en Joseph T. Salerno, *Money Sound and Unsound* (Auburn, AL: Mises Institute, 2010), pp. 431-449.

[11] Murray N. Rothbard, *America's Great Depression*, 5.ª ed. (1963; Auburn, AL: Mises Institute, 2000). [Trad. en esp.: *La Gran Depresión* (Madrid: Unión Editorial, 2013)].

[12] Ben S. Bernanke, *Essays on the Great Depression* (Princeton, NJ: Princeton University Press, 2004).

[13] Milton Friedman y Anna J. Schwartz, *The Great Contraction, 1929-1933* (Princeton, NJ: Princeton University Press, 1965).

[14] Rothbard, *America's Great Depression* [*La Gran Depresión*].

El siguiente gran grupo de récords de rascacielos se produjo a principios de la década de 1970. De nuevo la economía estaba saliendo de un auge fuerte y sostenido en la actividad económica durante la década de 1960. En el punto máximo del auge de 1960, los trabajadores de la construcción en Nueva York y Chicago estaban ocupados construyendo el siguiente grupo de los edificios más altos del mundo. Romperían los récords establecidos en los primeros días de la Gran Depresión. El World Trade Center (las Torres Gemelas) se completó en 1972 y se inauguró en abril de 1973. Ambas Torres Gemelas tenían 110 pisos, con el World Trade Center 1 con 417 metros de altura y el World Trade Center 2 con 415 metros de altura. Posteriormente se completó la Torre Sears en Chicago en 1974, que asimismo tenía 110 pisos, pero alcanzaba una altura de 442 metros.

La recesión económica de principios de la década de 1970 señalo el inicio de una crisis económica de más de una década con la entonces extraña coincidencia de altas tasas tanto de inflación como de desempleo. La quiebra del sistema monetario de Bretton Woods, abandonando los últimos vestigios del patrón oro, los controles de salarios y precios, las escaseces de gasolina y varias recesiones se fueron sucediendo entre 1970 y 1982. Hubo varios meses seguidos a principios de la década de 1980 en los que el desempleo estuvo en dobles dígitos y los tipos de interés excedieron el 15%. La bolsa de EE.UU. entre 1970 y 1982 cayó en valor un 50% ajustado a la inflación. La maldición de los rascacielos para este periodo se conoce como a estanflación de la década de 1970. Esto indica que hubo una depresión general en la economía de EE.UU. entre 1970 y 1982. La experiencia desacreditó completamente la entonces dominante Escuela Keynesiana de economía, al menos temporalmente.

El siguiente ciclo de rascacielos dio paso en 1997 a la crisis financiera asiática y la burbuja punto com. Los países de la costa asiática del Pacífico, como Hong Kong, Malasia, Singapur, Vietnam y Corea del Sur experimentaron un gran crecimiento económico durante las décadas de 1980 y 1990. Japón era la economía más importante de la región, pero estuvo en recesión durante buena parte de la década de 1990. Los observadores llamaron a las economías más pequeñas de la región los Tigres Asiáticos. Se consideraban economías milagrosas, porque eran fuertes y duraderas, a pesar de ser pequeñas y volátiles. La burbuja en Asia Oriental se basó en la tecnología y la exportación de manufacturas, pero se vio alimentada por una expansión del dinero y el crédito, en buena medida dinero extranjero en busca de altas rentabilidades para «inversores sin fronteras». El flujo de entrada de dinero en inversión extranjera llevó a grandes aumentos en la oferta monetaria y el préstamo bancario nacionales.

La Torres Petronas se completaron en Kuala Lumpur, la capital de Malasia, estableciendo un récord del edificio más alto del mundo. Solo tienen ochenta y ocho pisos, pero 452 metros de altura, lo que batía el antiguo récord en 10 metros. Las dos Torres Petronas se completaron solo unos meses antes de que la maldición de los rascacielos golpeara a mediados de 1997. Señaló el inicio de la enorme caída de la bolsa de Malasia y las que la rodeaban en la región, la rápida depreciación de las divisas locales e incluso disturbios sociales por toda la región, un fenómeno conocido como el contagio asiático o, más en general, como la crisis financiera asiática. La consiguiente contracción del crédito aumento las quiebras y creó condiciones similares a un pánico.

Al mismo tiempo, con tipos superiores de interés en EE.UU. y un dólar más fuerte, Estados Unidos se convertía en un entorno de inversión más atractivo en comparación con Asia Oriental. A partir de principios de 1996, esto empezó a dañar las exportaciones asiáticas a estados Unidos. Estos acontecimientos transfirieron esencialmente la burbuja tecnológica de Asia a Estados Unidos y en menor medida a Singapur y Taiwán, que al principio se vieron aislados de la crisis.

El siguiente plan para batir el récord empezó en 1997. En 1999 se inició la construcción del Taipei 101 en la ciudad de

Taiwán, la capital de la República de China (también conocida como Taiwán). El edificio de 101 pisos estableció un nuevo récord si se considera la altura del espacio habitable de 508 metros. Esta altura sobrepasaba la de las Torres Petronas y el Taipei 101 se convirtió en el primer rascacielos que superaba el medio kilómetro de altura. La azotea se completó en junio de 2003, pero no estamos seguros de cuándo se estableció el nuevo récord. Aun así, su construcción fue muy en paralelo al estallido de la burbuja punto com y tecnológica. Fue el primer ciclo de rascacielos que se produjo en países en desarrollo y el primero en el que un récord, el de las Torres Petronas, fue alcanzado al inicio de una crisis y el otro, el del Taipei 101, se completó al final de la crisis (es decir, la burbuja punto com y tecnológica). Un comodín en este caso fue la burbuja tecnológica, que esencialmente se trasladó de los países del contagio asiático a Estados Unidos y a países asiáticos no contagiados, como Taiwán y Corea del Sur. Taipei 101 es la primera adición al Índice de los Rascacielos después de Lawrence.[15]

El siguiente rascacielos en batir el récord fue la torre Burj Dubái, que empezó a construirse en 2004 en Dubái, en los Emiratos Árabes Unidos. En ese momento, yo tenía claro que en Estados Unidos había lo que se acabaría llamando la burbuja inmobiliaria. La torre estableció el récord en el verano de 2007, justo al acabar la burbuja inmobiliaria y empezar a vislumbrarse una crisis financiera. El edificio se abrió al público en enero de 2010 en lo más profundo de la crisis financiera, con Dubái en bancarrota y habiendo necesitado un rescate de varios miles de millones de dólares de un emirato vecino. El rescate hizo que el nombre del edificio cambiara de torre Burj Dubái a torre Burj Khalifa. Es otra adición al Índice de los Rascacielos después de Lawrence.[16]

---

[15] Andrew Lawrence, «The Skyscraper Index: Faulty Towers!» *Property Report*, 15 deenero de 1999.
[16] Ibíd.

Estos ciclos de rascacielos contienen de manera fiable características comunes. Un ciclo empieza con un largo periodo de dinero y crédito baratos. Esto lleva a una expansión de la economía y un auge en el mercado bursátil. En particular, la disponibilidad relativamente sencilla de crédito alimenta un aumento sustancial en gasto de capital. Los gastos de capital empiezan a fluir en dirección a las nuevas tecnologías, que a su vez crean nuevos sectores y transforman los existentes. Es entonces cuando se empiezan los edificios más altos del mundo. En algún momento posterior hay una marcha atrás necesaria. Muchas cosas pueden iniciar ese cambio de dirección. La marcha atrás a menudo tiene la apariencia de un pánico y un desorden psicológico masivo, pero a la gente le asustan cosas reales, como no llegar a las expectativas y proyecciones de beneficios, los aumentos en los tipos de interés y los problemas de alcanzar las proyecciones de ventas, controlar los costes y recobrar las cuentas pendientes de cobro. Finalmente, aumenta el desempleo, particularmente en sectores intensivos en capital y tecnología. Aunque este análisis se concentra en la economía de EE.UU., el impacto de estas crisis tiene a menudo implicaciones internacionales.

El rascacielos tiene muchas de las características que desempeñan papeles críticos en diversas teorías del ciclo económico. Estas características hacen de los rascacielos indicadores importantes de los ciclos económicos del siglo XX, es decir, el patrón recurrente de errores empresariales en una fase de auge que se revelan posteriormente como malas inversiones durante una fase de declive.

Sería muy fácil rechazar el Índice de los Rascacielos como pronosticador del ciclo económico, igual que lo fueron los indicadores e índices de otros grandes avances empresariales, como canales, ferrocarriles y fábricas. El rascacielos del siglo XX sustituyó a las fábricas y ferrocarriles, igual que los sectores de la información y los servicios han reemplazado a la industria pesada y la manufactura como los sectores más prominentes en la actual economía de EE.UU..

No debería ser sorprendente que el rascacielos, una importante manifestación del ciclo económico del siglo XX e indicador del capitalismo y el comercio globales se vea reemplazado de la misma forma en el futuro por una nueva inversión desconocida intensiva en capital y tecnología.

Este capítulo ha demostrado que el Índice de los Rascacielos de Lawrence puede extenderse atrás y adelante en el tiempo y que el único ejemplo en el que se pensó que había fallado la materialización del Índice de los Rascacielos tiene una explicación perfectamente lógica. Ahora dirigiremos nuestra atención a la pregunta de qué hace que funcione el Índice de los Rascacielos.

Capítulo 3
¿TIENES UNA TEORÍA?

En realidad, no sabemos qué inicia
las burbujas especultvas.

— Jesse Abraham y Patric Hendershott,
«Bubbles in Metropolitan Housing Prices»

El Índice de los Rascacielos se basaba en los ciclos económicos más notables del siglo XX y puede explicarse usando la teoría austriaca del ciclo económico (TACE). Por el contrario, no hay consenso dentro de la economía ortodoxa acerca de una teoría del ciclo económico. Los keynesianos tienen varias versiones, pero todas se caracterizan por la psicología o los cambios en la demanda agregada. Esto incluiría a los economistas financieros conductistas como Robert Shiller, que cree que los mercados bursátiles son irracionales. Hay también teorías del ciclo económico expuestas por Irving Fisher, Hyman Minsky y Joseph Schumpeter. Está la Teoría Real del Ciclo Económico (TRCE), que se asocia a la Escuela de Chicago e incluye el papel de las sacudidas externas. Hay una teoría política del ciclo económico basada en los ciclos electorales y hay también algunas teorías marxistas.

El problema de la mayoría de las teorías de los ciclos económicos es que solo son descripciones de los ciclos en lugar de teorías económicas de los ciclos. Cada descripción destaca características concretas que se elevan luego al estatus de fuerzas causales. Cada etapa del ciclo económico se caracteriza por varios rasgos: por ejemplo, especulación, oferta monetaria inestable, cambios en la demanda agregada, cambios en el entorno social y factores reales externos, como sacudidas. Como consecuencia, las teorías del ciclo económico podrían calificarse como perspectivas en las que el economista ha identificado características concretas de la economía a las que culpar, junto con sus soluciones preferidas.

Como tales, los ciclos económicos son secuencias recurrentes de diversa duración de expansiones, recesiones, contracciones y repuntes en muchos tipos de actividades económicas, como la producción, el empleo, las rentas, las ventas, los inicios de construcciones de viviendas, el dinero, el crédito y los precios. Los tipos de interés, las existencias, el capital fijo y los préstamos en vigor tienen a ser procíclicos. Las teorías keynesianas tienden a destacar que los ciclos económicos deben combatirse con políticas públicas agresivas, como gasto en déficit, rescates, proyectos de obras públicas y estímulos monetarios. Los teóricos del ciclo económico real adoptan la postura contraria de dejar que el gobierno y la economía absorban el impacto de las sacudidas externas.

La teoría austriaca tiene importantes ventajas sobre las teorías ortodoxas:

Primero, mientras que las teorías ortodoxas creen que la causa de los ciclos económicos es psicológica o tecnológica, la TACE identifica una causa del ciclo económico que es de naturaleza económica, que son los tipos de interés artificialmente bajos, que inician una cadena de acontecimientos que puede entenderse usando herramientas económicas sencillas, como oferta y demanda.

Segundo, las teorías ortodoxas ignoran las complejidades de la economía del mundo real, mientras que la TACE incorpora la complejidad en su análisis.

Tercero, la TACE incorpora las características psicológicas y tecnológicas de las teorías ortodoxas y demuestra que son predecibles, en lugar de ser sacudidas fortuitas e inesperadas.

Cuarto, al identificar una causa económica del ciclo económico, la TACE revela una solución para acabar con dicho ciclo y el ciclo eterno de sacudidas psicológicas y tecnológicas y desperdicio de recursos.

Para la TACE la causa de los auges y los consiguientes declives está en el momento en que el banco central reduce el tipo de interés del mercado por debajo del tipo natural de interés, al aumentar la oferta de dinero y crédito. El tipo natural de interés es el tipo de interés del mercado fijado por prestamistas y prestatarios en ausencia de intervención por parte del banco central y se ajusta tanto al riesgo como a la inflación de precios. Por tanto, este tipo indica la preferencia temporal general de la sociedad. Los tipos de interés artificialmente bajos no son calculables porque no podemos saber cuál sería el tipo natural del mercado, salvo con mediciones indirectas, como la cantidad de operaciones de mercado abierto realizadas por la Fed: es decir, sus compras netas de bonos públicos. Sin embargo, podemos entender el impacto de los tipos de interés artificialmente bajos atendiendo a otro ejemplo, más directo de un control público de precios: en este caso, un precio máximo fijado por leyes de control de precios de alquileres. Leyes de este tipo mantienen artificial-

Mercado de préstamo de fondos

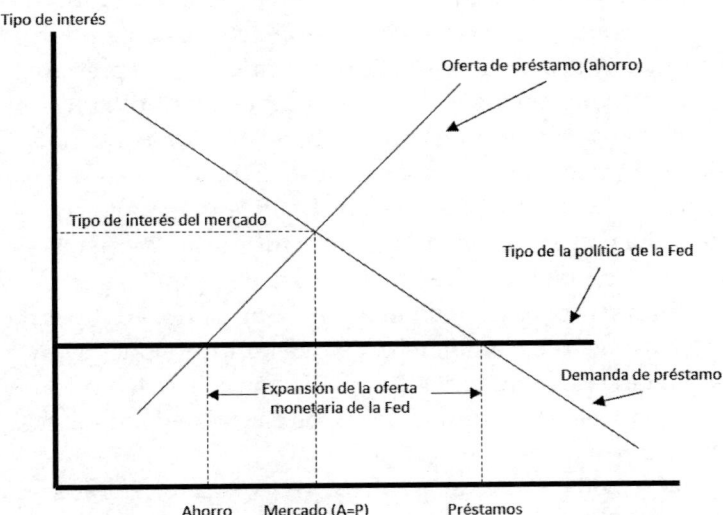

mente bajos los precios de los alquileres de pisos. Estas leyes llevan a la escasez de pisos y apartamentos, la depreciación física de los edificios de viviendas y a la mala asignación de estas. Por ejemplo, con leyes de control de rentas, se puede encontrar a una gran familia ocupando un apartamento de un dormitorio y a una persona sola viviendo en un piso de tres habitaciones debido a la escasez de viviendas. La diferencia clave con los tipos de interés artificialmente bajos en el mercado de préstamo de fondos es que la Fed puede ocultar todas las deficiencias e impedir una escasez imprimiendo dinero a partir de la nada.

Antes de la implicación de la Fed, la cantidad de ahorro y dinero prestado son iguales en el tipo de interés determinado por el mercado. Los tipos reales de interés de los préstamos varían de un préstamo a otro, basándose en la combinación del tipo base, la prima de riesgo y los costes de procesado. Después de que la Fed haya reducido ese tipo a niveles artificialmente bajos, crea una escasez de fondos para prestar, que luego se corrige comprando bonos públicos a bancos a cambio de efectivo. Ahora los bancos tienen más efectivo, que pueden usar para dar préstamos. Las consecuencias directas de esta política son la reducción del ahorro, el aumento en el préstamo y la deuda y requisitos inferiores para el préstamo, de forma que personas con peores condiciones para recibir créditos consiguen préstamos y personas con condiciones mejores pueden obtener préstamos mayores.

Para los consumidores, esto significa una mayor carga deudora y una reducción de la renta futura, debido al menor ahorro y rentabilidad del interés. Para los empresarios, esto significa que pueden pedir más dinero prestado. Los tipos de interés más bajos también hacen que las inversiones a largo plazo parezcan más rentables en relación con las inversiones a corto plazo. Por ejemplo, los tipos bajos pueden inducir a un granjero a pasar de producir maíz, con una sola cosecha anual, a cultivar manzanas, un proyecto para varias décadas. Los tipos de interés más bajos inducen a los silvicultores a dejar que sus árboles crezcan más, a los viticultores a dejar que sus vinos añejen más tiempo y a las editoriales a hacer tiradas más grandes para sus libros. También inducen a los empresarios a hacer que sus estructuras de producción sean más indirectas.

El ejemplo más sencillo de producción indirecta es el de una persona aislada que captura peces a mano y obtiene un pez diario. Si esa persona dedica un día a no pescar y en su lugar fabrica una red, esa persona podría obtener tres o cuatro peces diarios. Pescar a mano es una producción directa, mientras que fabricar la red y luego pescar es más indirecto.

Para un ejemplo más moderno, examinemos las maneras alternativas por las que podemos comunicarnos unos con otros. La manera más directa de comunicarse con alguien es ir a su encuentro y empezar a hablar. Un método más indirecto sería poner primero una línea telefónica entre nuestra ubicación y la suya y usar teléfonos para comunicarnos. Usar teléfonos para comunicarse implica la existencia previa de una enorme variedad de bienes de capital para la fabricación de cables, aparatos telefónicos, postes y demás. La cantidad y complejidad de los bienes de capital para la telefonía móvil es todavía más abrumadora. Por tanto, los teléfonos son un medio más indirecto que el de «ir y hablar», pero son mucho más productivos. Los economistas austriacos se centran en este proceso de cambio tecnológico. La inversión en procesos de producción más indirectos significa que los inversores invierten en nuevas formas de hacer las cosas que previamente estaban disponibles, pero no eran viables o de uso general. Gastar dinero en investigación y desarrollo es invertir en nuevas tecnologías para que estén disponibles en el futuro. Estas tecnologías generalmente implican procesos de producción todavía más indirectos. De esta manera, la TACE demuestra cómo el tipo de interés desempeña un papel directo en las llamadas sacudidas tecnológicas de la TRCE.

La TACE también trata de entender la complejidad de la economía en lugar de ignorarla. Las teorías ortodoxas generalmente tienen un modelo matemático que manipula estadísticas agregadas, como consumo, inversión y gasto público. La aproximación ortodoxa trata el capital como un factor homogéneo de producción, que puede reordenarse y reubicarse usando una varita mágica.

Por el contrario, la TACE examina estructuras que van del descubrimiento de materias primas al producto disponible para la venta en las tiendas. Hay muchas etapas en toda estructura de producción y cada etapa emplea mano de obra cualificada y sin cualificar y bienes de capital específicos y genéricos. Por ejemplo, una refinería contiene multitud de bienes de capital que son muy específicos para el refinado del petróleo, pero también bienes de capital como tuberías y camiones cisterna que son bienes genéricos de capital, porque se pueden usar para transportar muchas cosas distintas. A estos, los empresarios añaden mano de obra muy cualificada (por ejemplo, ingenieros petroquímicos), mano de obra poco o nada cualificada (como los conductores de camiones) y otras entradas de otras etapas de producción (como el crudo) para fabricar gasolina, un bien de consumo. Por tanto, la TACE puede demostrar que el capital genérico y la mano de obra no cualificada pueden reubicarse más fácilmente si las condiciones del mercado de la gasolina se deterioran, pero el capital y la mano de obra muy específicos son mucho más difíciles de reubicar. O el valor de mercado de las refinerías de petróleo y los salarios de los ingenieros petroquímicos tienen que caer drásticamente, o deben quedarse sin empleo.

La estructura de producción de todos los bienes y servicios es muy compleja. Es tan compleja que la economía ortodoxa la ignora. Incluso siendo compleja, podemos saber algo acerca de ella y algo que la afecta. La estructura de producción de un nuevo producto empieza con una estructura corta y directa. Por ejemplo, con la invención del automóvil, cientos de pequeñas empresas empezaron a fabricar sus propias piezas a mano y ensamblando coches de uno en uno.

Mi primera computadora «portátil» me la construyó un técnico informático comprando los distintos componentes y fue la primera del pueblo. Este «portátil» tenía el tamaño de una maleta que a duras penas entraba en el compartimento superior de un avión y pesaba casi el doble que una maleta completamente llena. Con el paso del tiempo, las estructuras de producción tienden a ser más largas y el número de empresas que venden el producto final de consumo a menudo disminuye.

Por ejemplo, los recambios producidos en masa y la técnica de realización de ensamblado en línea de los automóviles aparecieron y se adoptaron rápidamente. Estas tecnologías hacían la fabricación más eficiente y aumentaban la especialización del trabajo. También hacían más indirecta la estructura de producción: había que crear máquinas para hacer recambios y líneas de ensamblado, había que crear tecnologías para replicar esas máquinas y así sucesivamente. Hoy encontramos una estructura del sector del automóvil increíblemente compleja, con miles de empresas por todo el planeta. Estas empresas proporcionan todo, desde software de diseño gráfico y diseño de nuevos automóviles a tapas para las válvulas de aire de los neumáticos. Las piezas se llevan a las fábricas de ensamblado y luego los automóviles se llevan a los concesionarios. Para los economistas ortodoxos, la idea de la competencia perfecta es el caos inicial de miles empresas automovilísticas individuales, mientras que para los austriacos todo el proceso del caos inicial evolucionando con el tiempo en un pequeño número de grandes fabricantes de automóviles es competencia. La forma del mercado ideal para la economía ortodoxa requiere un gran número de compradores y vendedores, información perfecta, un producto homogéneo y otras varias condiciones. Para los economistas austriacos, el único requisito para la competencia es la ausencia de barreras públicas para los empresarios que entren o salgan del sector.

Otra diferencia entre economistas austriacos y ortodoxos se refiere al papel del dinero. Para los economistas ortodoxos, el dinero es neutral y similar a su visión del capital. Puede inyectarse dinero en cualquier lugar de la economía y no causará perturbaciones, distorsiones ni redistribuciones de riqueza. En otras palabras, el dinero nuevo no afecta a la economía real o a los precios relativos. Para ellos, solo aumenta el llamado nivel de precios y reduce el poder adquisitivo del dinero. Desde el punto de vista ortodoxo, el dinero se filtra constantemente a través de la economía, sin generar ningún cambio relevante en demanda, precio relativo o producción.

Por el contrario, los austriacos basan su análisis en el impacto real que puede tener el dinero en la economía. Pensemos en el ejemplo de doblar la oferta monetaria en la economía, como hizo Cantillon en 1730. Concluía que el nuevo dinero no podía ser neutral y luego daba varios ejemplos de nuevo dinero y como perturbaría a una economía y causaría redistribuciones. Sus ejemplos incluían el descubrimiento de minas de plata y una gran cantidad de emigrantes ricos mudándose a una nación con su dinero. Demostraba que el nuevo dinero cambia los precios y la producción para atender las nuevas demandas de dueños de minas ricos, mineros y nuevos inmigrantes.

Nuestro ejemplo es un banco central que desea hacer un experimento con dinero recién imprimido. Después de conseguir cuidadosamente los nombres de todos los entusiastas de las rancheras y la NASCAR en la economía, da un crédito de 10 millones de dólares a cada uno de ellos en forma de cuentas de crédito. Los economistas austriacos esperarían ver aumentar drásticamente los precios de las entradas para las 500 millas de Daytona y podrían especular con la creación de las 1000 millas de Daytona, pero los economistas ortodoxos no esperarían ningún cambio. Los economistas austriacos esperarían que aumentara el precio del Ford F-450, la ranchera más cara hoy en el mercado, y que Ford fabricara mayores cantidades de esas rancheras y hasta construyera una nueva fábrica de ensamblado o incluso diseñara versiones más caras de su gama de rancheras.

Los entusiastas de las rancheras y la NASCAR, las 500 millas de Daytona y los fabricantes de rancheras ganarían en comparación con todos los demás. Sin embargo, cuando se gastara todo el dinero, ¿qué ocurriría con el nuevo capital que hayan invertido las 500 millas de Daytona y Ford? Los economistas ortodoxos nos dicen no habría efectos en rentas, riqueza, producción y nuevos productos o que esa perturbación solo sería de corta duración y sin importancia.

En años recientes, el uso de la Fed de las políticas de tipos cero de interés (ZIRP, por sus siglas en inglés) y de flexibilización cuantitativa (QE, por sus siglas en inglés) han hecho posible que los gestores de fondos de inversión, banqueros de Wall Street y mediadores de bonos se vuelvan extraordinariamente ricos. Como consecuencia de esta inmensa riqueza, los precios inmobiliarios en Manhattan han aumentado drásticamente y se han construido muchos nuevos rascacielos de lujo en condominio. La experiencia de las subastas de arte nos cuenta algo similar. El precio de obras de artistas del género del arte contemporáneo actualmente de moda, como Jean-Michel Basquiat, Christopher Wool y Jeff Koons, se ha disparado a millones de dólares, mientras que obras menores de artistas tan famosos como el impresionista Pierre-Auguste Renoir pueden llegar a comprarse por menos de 100.000$.

En realidad, con la política monetaria convencional hay algunas formas directas con las que la economía se distorsiona por tipos de interés artificialmente bajos. Hay más préstamo e inversión y los empresarios tienden a favorecer medios de producción más indirectos a largo plazo. Por ejemplo, en el entorno actual de tipos de interés extremadamente bajos, especialmente para las grandes empresas, Amazon ha encontrado rentable usar robots en lugar de empleados para atender los pedidos de sus clientes, a pesar del entorno de bajos salarios. La forma más directa de atender pedidos es hacer que los empleados lean las órdenes, recojan los productos y los empaqueten para su envío. Un método más indirecto sería diseñar y construir robots para reemplazar a los empleados; crear software para robots para atender pedidos; reorganizar los almacenes y centros de atención de pedidos para que funcionen con robots y formar a algunos empleados para mantener e interactuar con los robots.

Al ver moverse los robots por las instalaciones de Amazon, uno podría tener la sensación de que la empresa está engañando de alguna manera a sus diversos competidores. Adicionalmente, cuando se mira el precio de la acción de Amazon se podría suponer que la empresa está obteniendo enormes ganancias, como si fuera un monopolio mundial. Las ventas en 2015 sumaron la enorme cantidad de 35.700 millones de dólares, un 22% más que en 2014. Los beneficios también aumentaron un asombro 125% con 482 millones de dólares en 2015. Sin embargo, esto significa que solo están obteniendo aproximadamente un 1% de ganancia sobre las ventas. Amazon tiene una capitalización de mercado de 300.000 millones de dólares y una relación entre precio y ganancias por encima de 500.[1] En otras palabras, los inversores no pueden imaginar que anda vaya mal en la empresa. Wilson[2] informa de que un analista predice que la empresa valdrá 3 billones de dólares en menos de diez años.

Algunas de las perturbaciones convencionales causadas por una mayor oferta monetaria incluyen una redistribución de la riqueza de ahorradores a prestatarios porque estos últimos obtienen préstamos a tipos más bajos, los ahorradores obtienen réditos menores y el valor de ahorros y deuda disminuyen por la inflación de precios. El mayor beneficiario de esta redistribución es el gobierno federal, que tiene billones de dólares de deuda. La otra redistribución importante derivada de una mayor oferta monetaria es la redistribución de la gente asalariada o que vive de rentas fijas a la gente

---

[1] David Goldman, «Amazon Shares Plummet as Profit Disappoints», CNN.com, 28 de enero de 2016.
[2] David Wilson, «Cisco, Apple Fail to Reach $1 Trillion. Is Amazon Next?»Bloomberg.com, 9 de mayo de 2016.

con rentas variables, sobre todo, pero no exclusivamente, en el sector financiero.

Las teorías keynesianas del ciclo económico se basan en factores psicológicos, mientras que la teoría real del ciclo económico se basa en sacudidas externas como cambios tecnológicos. La TACE incorpora tanto la psicología como la tecnología. Con tipos de interés artificialmente bajos, la economía experimentará mayor inversión y consumo. El precio de los activos aumentará y el desempleo disminuirá, incluso por debajo del llamado nivel natural de desempleo. Salarios, rentas y beneficios aumentarán. Durante este auge, los austriacos esperan que la psicología de inversores y empresarios sea altamente positiva. Las cuentas de jubilación en acciones aumentarán considerablemente, los trabajadores con rentas variables en la economía de servicios, como camareros y fisioterapeutas, ganarán más dinero y los novatos ganarán rentas extraordinarias con trabajos como la intermediación inmobiliaria y la inversión en bolsa a corto plazo. Si pensamos en lo que hemos contado antes acerca de Amazon, tampoco sorprendería a los austriacos que apareciera una buena cantidad de nueva tecnología: de hecho, es lo que cabría esperar con la TACE. La misma naturaleza de hacer una economía más indirecta implica nuevas recetas para la producción y la introducción de nuevas tecnologías. Así que hay una justificación interna para una revolución tecnológica durante un auge.

Todo auge llega a su culminación y entonces la economía entra en una fase correctiva o declive. Las razones para la transición son importantes y las explicaremos, pero por ahora limitemos nuestro ejemplo a la fase de declive: para las teorías ortodoxas del ciclo económico, en buena parte es solo una inversión de los aspectos de la fase de auge. El precio de los activos caerá y la tasa de desempleo aumentará por encima de la tasa natural. Salarios, rentas y beneficios disminuirán y las rentas de los trabajadores del sector servicios también. Los intermediarios inmobiliarios se desplomarán.

Naturalmente, la psicología positiva del auge desaparecerá y el humor social se volverá triste. Los austriacos esperan que pase todo esto. Nos sorprendería que no pasara. En términos de cambio tecnológico, es difícil deshacerse de la tecnología una vez se ha adoptado, así que los austriacos generalmente esperan grandes pérdidas donde haya habido las mayores inversiones en nueva tecnología, los inmuebles relacionados con esa nueva tecnología y la gente que la financió. Algunos teóricos de la TRCE argumentan que la tecnología financiera usada en la burbuja inmobiliaria fue responsable tanto del auge como del declive. Culparon a los nuevos instrumentos financieros, como las obligaciones colateralizadas de deuda, los valores con respaldo inmobiliario y los valores con respaldo de activos. Para la TRCE, esta tecnología financiera fue al tiempo una sacudida positiva en 2007 y una sacudida negativa después. De hecho, la tecnología financiera es la principal razón, aunque no la única, de la que fue, después de todo, una burbuja *inmobiliaria*. Sin estos nuevos productos financieros, Fannie Mae, Freddie Mac, la Ley de Reinversión en la Comunidad y las ventajas fiscales de tener una vivienda en propiedad, habría sido simplemente una burbuja generalizada en toda la economía, en lugar de una burbuja específica de la vivienda.

Por ahora, veamos primero el proceso de crecimiento económico y comparémoslo con el ciclo económico desde la perspectiva de la TACE. Es importante saber que el verdadero crecimiento económico depende de la existencia de una mayor cantidad de ahorro. Cuando la gente gasta menos de su renta en bienes de consumo y ahorra su dinero, deja más recursos en la economía para que otros los usen, En compensación, tendrá más ahorro y rentas de interés, de forma que en el futuro puede aumentar su consumo por encima de sus ingresos o incluso dejar de trabajar completamente.

Los empresarios necesitan ahorros, ya sea adquiridos mediante préstamos bancarios, venta de acciones y bonos o retención de ganancias de sus empresas. Necesitan dinero para adquirir bienes de capital, contratar mano de obra y pagar otros gastos. Las empresas usarán los ahorros para mantener su capital frente a la depreciación física e invertirán en nuevos bienes de capital que presenten mejores oportunidades de beneficio debido a sus ventajas tecnológicas. Harán las estructuras de producción más indirectas, eficientes y productivas. Más ahorro hace posible cosas como más salario a los empleados y existencias antes de que el consumidor acabe pagando el producto final. En otras palabras, todos los recursos adquiridos y usados, desde la adquisición de materias primas hasta el ensamblado final y la venta de bienes de consumo tienen que financiarse de alguna manera. Mas ahorro supone mayor productividad y producción.

Comparemos ahora el crecimiento económico con el ciclo económico. En lugar de una mayor preferencia por el ahorro y los ingresos futuros, ahora el tipo de interés inferior y la fuente de nuevos fondos prestables son el resultado de la política monetaria del banco central. Con un tipo de interés más bajo, la gente ahorrará menos, no más. Consumirá más. La inversión aumentará, especialmente a largo plazo, en tecnologías de producción más indirectas, pero también para fines de consumo.

Reducir el ahorro y aumentar el consumo y la deuda hace a los consumidores menos ricos y los pone en una posición económica más precaria. La inversión en procesos de producción más indirectos también pone en riesgo para los empresarios. Por ejemplo, en lugar de dos empresarios construyendo dos fábricas para la producción de nuevos chips informáticos, se proponen y financian cuatro proyectos de ese tipo debido a los tipos de interés artificialmente bajos. Los empresarios estudian sus proyectos, que no son idénticos, pero sí muy similares, para determinar dónde construir esas fábricas y cuáles son los mejores lugares para encontrar trabajadores de la construcción, ingenieros, científicos y trabajadores para la fábrica. También cuáles son los mejores proveedores de bienes de capital muy concretos, como máquinas de fabricación de chips y tecnologías de ambiente estéril. Al venderse los chips existentes mejor de lo esperado debido a un mayor consumo en la economía y ante las promesas de la llegada de un nuevo chip más avanzado y financiado a tipos bajos de interés, el precio de la acción de estas empresas sube mucho. Al producirse estas actividades en muchos sectores, la economía está en auge.

Ahora dirijamos nuestra atención a los problemas de oferta y demanda, ya que los empresarios empiezan a toparse con algunas circunstancias imprevistas. Con el doble del número normal de fábricas en construcción, el precio del terreno más apropiado para las fábricas es más caro de lo esperado. La disponibilidad de mano de obra (primero de obreros de la construcción, pero más tarde de ingenieros, científicos y trabajadores para la fábrica) es menor que la prevista y por tanto los salarios e incentivos son más altos que cuando se planificaron. La demanda de las modernas máquinas de fabricación de chips y tecnologías de ambiente estéril es también más alta de lo esperado. Como hay cuatro fábricas en lugar de dos, el coste de los cuatro proyectos será mayor de lo previsto. Algunos componentes de los proyectos podrían pedirse por adelantado para evitar esos aumentos de costes, pero no todos.

Al irse abriendo las fábricas e ir empezando a producir, aparecen otros problemas. La oferta de chips modernos en todo el sector es mucho mayor de la que los empresarios previeron. Como consecuencia, el precio de esos chips baja y es menor que el previsto cuando se iniciaron los proyectos. El resultado de tener cuatro proyectos en lugar de dos es que precios e ingresos son menores de los previstos. Los chips informáticos pueden también venderse por adelantado, pero esa cobertura solo proporciona protección a corto plazo.

Hoy se puede ver el impacto de los tipos de interés artificialmente bajos en el auge de los órdenes superiores de los bienes de capital: los récords en las bolsas y la debilidad general de los bienes de orden inferior, los bienes de consumo.

Los banqueros centrales han usado enfebrecidamente su única herramienta de impresión de dinero, pero solo han creados burbujas de activos, malas inversiones y debilidades relativas en el Índice de Precios del Consumo, que es lo que prevé la TACE. Cuando los banqueros centrales renuncien y dejen a un lado su herramienta, los precios de los activos se desplomarán, las malas inversiones se harán visibles y los precios de los bienes de consumo se volverán *relativamente* fuertes.

Algunos podrían preguntarse ahora acerca de la consideración austriaca de los empresarios. ¿Cómo puede la misma gente que es capaz de idear esas formas tan asombrosas de mejorar la economía y sus estructuras de producción verse engañada una y otra vez por la Fed? Sí, los economistas austriacos sí ven al empresario como un actor protagonista en la economía, pero los empresarios no son omniscientes y esperamos que fracasen de forma periódica, limitados y controlados por la competencia, el sistema de pérdidas y ganancias y sus respaldos capitalistas. Engelhardt[3] demuestra cómo las condiciones de crédito barato proporcionan a empresarios de baja calidad acceso a créditos a los que no habrían accedido bajo unas condiciones crediticias más estrictas.

En pocas palabras, la TACE avisa de que los tipos de interés artificialmente bajos crean malas inversiones y un auge o burbuja en la economía. Esto prepara necesariamente el escenario para una recesión, declive o crisis económica cuando se revelan los múltiples errores empresariales. Es una teoría del ciclo económico empresarial, aunque prevé e incorpora las sacudidas tecnológicas y la inestabilidad psicológica de las teorías ortodoxas alternativas. La TACE nos muestra cómo los mayores errores políticos por parte del banco central generan crisis económicas y maldiciones de los rascacielos y más entradas en el Índice de los Rascacielos.

---

[3] Lucas Engelhardt, «Expansionary Monetary Policy and Decreasing Entrepreneurial Quality», *Quarterly Journal of Austrian Economics* 15 n.º 2 (verano de 2012): 172-194.

Capítulo 4

CÓMO CONSEGUIR LECHE

Los economistas entienden muy poco acerca de cómo se produce el progreso tecnológico.

— Alan Greenspan,
«Testimony of Chairman Alan Greenspan»

Antes de abandonar el tema de los problemas y ventajas de la producción indirecta y la estructura de producción, será muy útil ver un ejemplo natural y concreto de ellas en acción. Después, será más fácil entender los casos no naturales que se refieren a las malas inversiones y la maldición de los rascacielos.

Hacer más indirectos los procesos de producción genera una mayor producción en términos de cantidad producida y un menor coste por unidad. Los empresarios no querrían hacer más indirectos los procesos de producción si no pensaran obtener más beneficios con ello. Una producción indirecta requiere más tiempo, más pasos y una división del trabajo más extensiva. También usa nueva tecnología.

Los empresarios cometen errores, por supuesto, pero los únicos errores sistemáticos que cometen se producen cuando se les engaña para reordenar la producción debido a tipos de interés artificialmente bajos y condiciones de crédito barato. Cuando el banco central rebaja sus tipos de interés objetivos también hace que las condiciones de crédito sean más fáciles, en el sentido de que los bancos aumentarán el volumen de sus préstamos, lo que significa que rebajarán sus condiciones de préstamo para facilitar un mayor volumen de estos.

Un buen ejemplo de un proceso muy directo de producción, frente a uno más indirecto es un granjero que va al establo, ordeña una vaca y luego vuelve a casa y alimenta a su familia con la leche.

Un ejemplo de un proceso de producción más indirecto, aunque todavía muy directo es el que recuerdo de mi infancia. Yo vivía a las afueras de un pueblo pequeño. Más allá de nuestra casa había campo y graneros. El ganado pastaba en los campos. Luego volvía a los establos y se ordeñaba. Después la leche se transportaba una corta distancia (unos tres kilómetros) en un pequeño camión cisterna a una de las tres pequeñas lecherías de mi pueblo. Allí se procesaba y envasaba la leche. A primera hora de la mañana siguiente, un hombre con un traje blanco llegaba a nuestra casa y depositaba varias botellas de leche en una caja aislante fuera de nuestra puerta trasera y se llevaba las botellas vacías que habíamos dejado allí. Si queríamos un helado, teníamos que ir a la lechería en su horario de ventas.

Cuando acabé el bachillerato, todo el sistema había cambiado. Las pequeñas granjas lecheras habían sido reemplazadas en buena parte por granjas más grandes. Los camiones cisterna de cuatro ruedas habían sido reemplazados por grandes camiones de dieciocho ruedas. Un camión cisterna de dieciocho ruedas llevaba la leche cruda de las granjas a la fábrica de leche a más de cuarenta kilómetros de nuestra casa y otro camión cisterna refrigerado de dieciocho ruedas traía envases de leche y helado, así como cajas de mantequilla, al supermercado. Las tres pequeñas lecherías de mi pequeño pueblo acabaron cerrando. Fueron reemplazadas por lechería mucho mayores, del tamaño de fábricas, a muchos kilómetros de nuestra casa. En lugar de recibir las botellas de leche directamente en casa, ahora comprábamos los productos lácteos en el supermercado, una institución que era también un fenómeno relativamente nuevo.

El sistema de fábrica de leche es un proceso de producción mucho más indirecto. Toma más tiempo. La leche hace un viaje de más de ochenta kilómetros en lugar de los menos de seis de los viejos tiempos. Hay implicada una mayor cantidad de capital, así como tecnología avanzada y asimismo mucho menos trabajo por unidad de leche. El coste total de la leche es inferior y, con la competencia entre grandes productores de lácteos y supermercados, lo mismo pasa con el precio.

Para llegar a un proceso de producción más indirecto hay varios requisitos. Requiere empresarios que puedan ver la acción más rentable de entre todas las posibles. Requiere inversión en más bienes de capital y nueva tecnología. Por supuesto, toda esta redistribución de la producción va a tomar una gran cantidad de tiempo e incluso más tiempo aún para que sea rentable.

Por tanto, los empresarios necesitan tener acceso al ahorro. Necesitan, o bien tener sus propios ahorros, o bien los ahorros de otros sobre una base a largo plazo para proceder. Por tanto, debe haber más ahorro total en una economía para lograr una producción indirecta y todos los beneficios que conlleva. Los ahorradores deben tener preferencias temporales más bajas y estar dispuestos a retrasar algún consumo en la actualidad. Los ahorradores se verán recompensados con intereses, con los cuales podrán hacer un número mayor de compras en el futuro y a precios más bajos, debido al aumento en la producción de bienes. Todo el proceso se regula por medio del tipo de interés, el sistema de precios y el sistema de pérdidas y ganancias.

A este proceso se le llama a veces creación de economías de escala. Pero advirtamos que, aunque hay economías de escala en este ejemplo, *todo* ha cambiado con respecto al proceso de producción. La aproximación más exitosa no estuvo preordenada o fue conocida en el pasado. Toda la receta o tecnología de la producción ha cambiado. Todos los bienes de capital (incluyendo las máquinas ordeñadoras, los camiones y la maquinaría dentro de las empresas lácteas) son distintos.

Advirtamos además que el cambio en el sector lácteo va a introducir cambios en otros, incluyendo la tecnología y la inversión en el sector de las máquinas ordeñadoras mecánicas. Todo esto requiere una sincronización cuidadosa del proceso, lo que queda evidentemente más allá del ámbito de la planificación centralizada. El proceso está dirigido por el tipo de interés. Así que ahora veremos qué pasa cuando el tipo de interés induce a error y genera un declive económico y, en casos graves, la maldición de los rascacielos.

Capítulo 5

EFECTOS CANTILLON

Es bastante indiferente cómo se inyecta el nuevo dinero.

— Scott Sumner, *TheMoneyIllusion*

En los capítulos anteriores he descrito el crecimiento y desarrollo económicos como un proceso por el que la rebaja en las preferencias temporales lleva a una acumulación de ahorro que se invierte en procesos de producción más indirectos, lo que, a su vez, aumenta las posibilidades de consumo futuro, productividad laboral y salarios y rentas.

Ahora dirigiremos nuestra atención a lo que ocurre con un aumento en la oferta monetaria, en lugar de un aumento en el ahorro. Esto tiene una importancia crítica. La idea mercantilista de que aumentar la oferta monetaria aumenta la prosperidad fue denunciada como un error hace siglos por Richard Cantillon.[1] Sin embargo, los economistas ortodoxos modernos, incluyendo los monetaristas, keynesianos de diversos tipos y los ahora de moda monetaristas de mercado, han adoptado sin reservas la idea de que imprimir dinero es algo necesario para la prosperidad.

De hecho, los grandes bancos centrales del mundo se han embarcado en una política sin precedentes de expansión monetaria antes y después de la crisis de 2008. Estos bancos centrales están dirigidos por personas con grandes títulos en «economía» y tienen grandes equipos de investigación con doctores en economía ortodoxa. El resultado es una guerra mundial de divisas en la que cada divisa se imprime intentando conseguir

---

[1] Richard Cantillon, *Essai sur la Nature du Commerce en Général*, traducido y editado en inglés por Henry Higgs (1755; Londres: Cass, 1931), cap. 1.

una expansión económica de pauperización del vecino, otra idea ampliamente desacreditada.

La política de pauperización del vecino implica imprimir dinero para reducir el valor de nuestra divisa nacional frente a las demás divisas. Reducir el valor de tu divisa reduce el precio relativo de tus exportaciones y hace a los productos extranjeros relativamente más caros, de forma que se aumentan las exportaciones y los bienes de producción nacional y se reducen las importaciones. El problema es que también se aumenta el precio de las importaciones y se reduce la eficiencia. Al final, esta política no funciona: al final no hace más que empeorar las cosas.

¿Qué ocurre cuando aumenta la oferta monetaria? Uno de los primeros en examinar esta pregunta fue Richard Cantillon, que escribía en la década de 1730, después de las burbujas del Mississippi y de la Compañía del Mar del Sur. Murray Rothbard escribió que Cantillon debería haber sido reconocido como el primer economista:

> El honor de ser llamado «padre de la economía moderna» corresponde, por tanto, no a su usual receptor, Adam Smith, sino a un mercader, banquero y aventurero irlandés afrancesado, que escribió el primer tratado sobre economía más de cuatro décadas antes de la publicación de *La riqueza de las naciones*. Richard Cantillon (ca. 1680-1734) es uno de los personajes más fascinantes de la historia del pensamiento social o económico.[2]

He escrito en otro lugar acerca de emplear las contribuciones de Cantillon contemplándolas a través de una lente moderna y contemporánea.[3]

---

[2] Murray N. Rothbard, *Economic Thought before Adam Smith: An Austrian Perspective on the History of Economic Thought* (Brookfield, VT: Edward Elgar, 1995), vol. 1, p. 345. [Trad. esp.: *Historia del pensamiento económico 1. El pensamiento económico hasta Adam Smith* (Madrid: Unión Editorial, 1999)]

[3] Mark Thornton, «Richard Cantillon and the Origins of Economic Theory», *Journal of Economics and Humane Studies* 8, n.º 1 (marzo de 1998): 61-74.

El *Essai sur la Nature du Commerce en Général* se terminó poco antes de que Cantillon fuera asesinado en 1734. Debido a las leyes de censura francesas, no se publicó hasta 1755 y bajo circunstancias misteriosas. El libro fue al principio muy influyente. Se cree que escribió el *Essai* para explicar las burbujas del Mississippi y de la Compañía del Mar del Sur, pero acabó creando todo un aparato teórico y describiendo lo que hoy llamamos efectos Cantillon.

Cantillon investigaba varias posibles causas de un aumento en la oferta nacional de dinero, incluyendo su importación de otros países y el descubrimiento de nuevas minas de oro y plata. Su idea más importante era que el efecto de este nuevo dinero dependía de quién tuviera el control de este y dónde se inyectara en la economía. El dinero nuevo tiene un impacto disruptivo sobre una economía y puede causar lo que hoy llamamos un ciclo económico.

Los economistas ortodoxos normalmente limitan la explicación de los efectos Cantillon a la redistribución de riqueza que acompaña a un aumento en la oferta monetaria.[4] Los primeros receptores del dinero experimentan un aumento en su riqueza, mientras que los que no lo reciben experimentan una disminución de la riqueza.[5] Rouanet ofrece una extensa evidencia empírica del efecto Cantillon en términos de cambios en la distribución de ingresos.[6] Sin embargo, esta redistribución de riqueza es solo el primer paso en el análisis mucho más profundo de Cantillon de los efectos de un aumento en la moneda.

---

[4] Andreas Marquart y Philipp Bagus, *Blind Robbery! How the Fed, Banks, and Government Steal Our Money* (Múnich: FinanzBuch Verlag, 2016).

[5] Mark Thornton, «Cantillon on the Cause of the Business Cycle», *Quarterly Journal of Austrian Economics* 9, n.º 3 (otoño de 2006): 45-60.

[6] Louis Rouanet, «Monetary Policy, Asset Price Inflation and Inequality». Tesis de máster, Escuela de Asuntos Públicos, Institut d'Etudes Politiques de Paris, 2017.

Por ejemplo, si el nuevo dinero viene de nuevas minas de plata, el dinero estará en manos de los dueños de las minas y los propios mineros. Cantillon especulaba que esta gente ahora rica consumiría más carne y vino, en lugar de pan y cerveza. Esto a su vez aumenta el precio de la carne y vino y disminuye el precio del cereal. Como consecuencia de estos cambios en los precios los granjeros aumentarían el terreno dedicado a criar ganado y cultivar viñedos, en lugar de cereal. Estos son cambios estructurales en la economía y evidentemente los dueños de minas y mineros salen ganando. Los campesinos que vivían del pan y la cerveza pierden porque la menor producción de cereal significaría precios más altos para el pan y la cerveza. Cantillos además teorizaba que los flujos monetarios, precios y cambios estructurales que se puedan producir por ello podrían invertirse y que diversos negocios podrían arruinarse como consecuencia de esto mismo.

Los economistas ortodoxos rechazan todos estos cambios reales en una economía, diciendo que son cambios de primera hora. No creen que haya ningún impacto importante en la economía real por un aumento en la oferta monetaria y, si se producen alteraciones menores, solo llevarían a cambios temporales y sin consecuencias en la estructura de producción y la distribución de rentas.

Para destacar la importancia de dónde se inyecta el nuevo dinero en una economía, Cantillon advertía que, si el nuevo dinero llegaba a las manos de emprendedores, el tipo de interés caería, pero si el nuevo dinero llegaba a las manos de consumidores, el tipo de interés aumentaría. Si los empresarios y emprendedores se encontraran con el doble de dinero del que tenían previamente, demandarían menos préstamos para financiar sus compras de materias primas y pagar a sus trabajadores. Por tanto, el tipo de interés sería menor. Si, por el contrario, el nuevo dinero doblara la cantidad de dinero en posesión de los consumidores, esto aumentaría sus compras de bienes. Esto haría que los empresarios tomaran prestado más para atender la mayor demanda de bienes, lo que ocasionaría un mayor tipo de interés. Cualquier vía de aumento en la cantidad monetaria presionaría los precios al alza. En ambos casos, el grupo que recibe primero el dinero es el que primero se beneficia, mientras que quienes lo reciben más tarde, o no lo reciben en absoluto, se ven perjudicados por los precios más altos.

Además, Cantillon fue el primero en desarrollar la teoría del mecanismo del flujo de precios en metálico. La teoría demuestra que un país que recibe un botín de nuevo dinero acabará experimentando precios más altos. Algunos tipos de bienes pueden producirse nacionalmente o importarse de otros países. Como el nuevo dinero hace que suban los precios nacionales, hay una tendencia creciente a que la gente importe bienes y, por tanto, el dinero se envía a otros países. De esta manera, Cantillon demostraba que las industrias nacionales que se benefician y expanden debido a la oferta aumentada de dinero acaban arruinándose porque su capacidad expandida ya no sería rentable a la vista de la competencia exterior con precios más bajos.

La forma general de un efecto Cantillon es que hay más dinero entrando en una economía desde algún sitio. Los primeros receptores se benefician. Lo gastan de acuerdo con sus preferencias y esto causa que ciertos precios aumenten. Los vendedores de estos bienes se benefician del nuevo dinero, mientras que otros que se enfrentan a los nuevos precios se ven perjudicados. Los empresarios responden a los precios más altos aumentando su capacidad para producir esos bienes adquiriendo bienes concretos de capital, materias primas y trabajo. Al irse moviendo la economía hacia un equilibrio monetario, los bienes de capital específicos de un sector dejan de ser rentables y, si es difícil reutilizarlos para usos alternativos, el proceso de ajuste amenaza a esos empresarios con la quiebra. Lo importante del análisis general de Cantillon es que cambios en dinero generan cambios en precios relativos, que cambian los planes de producción y generan un patrón distinto de inversión fija, de forma que el nuevo dinero cambia la economía real y genera ganadores y perdedores.

El análisis de Cantillon con respecto a la inyección de nuevo dinero fue adoptado y extendido por Ludwig von Mises y F. A. Hayek como base para la teoría austriaca del ciclo económico (TACE). En la teoría moderna, el aumento en la oferta monetaria normalmente se limita a una expansión de las reservas bancarias por parte del banco central y a una expansión de los préstamos bancarios. En la TACE, esto reduce el tipo de interés por debajo del tipo natural e inicia un auge en los precios de los bienes de capital, así como en las acciones de las empresas y los inmuebles. Esto, a su vez, lleva a la producción de bienes fijos de capital que posteriormente resultarán ser malas inversiones, que llevarán a quiebras, si no a una maldición de los rascacielos.

Capítulo 6

EFECTOS CANTILLON EN LOS RASCACIELOS

El dinero hace posible las cosas buenas de la vida: nuestra capacidad de comerciar entre nosotros y nuestra capacidad de trabajar para fines benéficos, así como el ahorro, la inversión, el crecimiento económico y el desarrollo. Sin alguna forma de dinero, la sociedad avanzada sería imposible. Sin embargo, como vimos en capítulos anteriores, los aumentos en la oferta monetaria, que ahora los economistas ortodoxos consideran indispensables, son en realidad la fuente de muchos males de la vida económica.

Los aumentos en la oferta monetaria generan precios superiores en los bienes de consumo, un proceso que hoy se conoce como *inflación*. Esto significa que mucha gente con empleo sufre una disminución del poder adquisitivo de sus salarios a lo largo del tiempo. Los historiadores económicos hace tiempo que están de acuerdo en que dicha inflación en enemiga del empleo. Las monedas del libre mercado, como el oro y la plata, normalmente aumentan de valor con el tiempo, lo que beneficia al trabajo asalariado y estimula el empleo y el ahorro, ya que el poder adquisitivo de salarios y ahorros tiende a aumentar con el tiempo.

Aumentar la oferta monetaria causa una redistribución no natural de la riqueza. La gente que recibe el dinero primero se hace más rica, porque lo gasta ante de que los precios hayan subido. La gente que recibe el dinero después o no lo recibe

85

en absoluto se hace más pobre, pues paga precios más altos. En el caso de dinero proveniente de la Reserva Federal, los mayores ganadores son el gobierno de EE.UU. y sus grandes contratistas, como los fabricantes de armas, los grandes bancos y Wall Street. Como consecuencia, el sector financiero de la economía de EE.UU. ha crecido enormemente y la desigualdad económica, medida en términos de renta y riqueza ha aumentado drásticamente desde que Estados Unidos abandonó el patrón oro en 1971. El sector de los servicios financieros ha aumentado desde aproximadamente el 4% de la economía de EE.UU. de entonces a más del 8% actualmente. Thomas Piketty,[1] como todo el mundo sabe, ha demostrado que la desigualdad de rentas y riqueza ha aumentado enormemente en Estados Unidos y otros lugares. Sin embargo, todo el aumento de la desigualdad ha llegado después de 1970 y la abolición del patrón oro de Bretton Woods. El periodo previo, cuando teníamos el patrón oro, fue de creciente igualdad.

Los grandes perdedores reciben el dinero después de que los precios ya han subido. Los perdedores incluyen a los trabajadores del sector privado y los pensionistas o la gente con rentas fijas: en otras palabras, la clase trabajadora. La inflación también perjudica a ahorradores e inversores en bonos, así como a contribuyentes que se encuentran en tramos impositivos más altos cuando los salarios se adecúan a la inflación de precios. Dicho de forma sencilla y parafraseando al senador Phil Gramm, de Texas, la gente que tira del carro se ve perjudicada y reducida en número, mientras que la gente sentada en el carro se ve beneficiada y aumentada en número.

Finalmente, inflar la oferta monetaria causa el ciclo económico y este es el aspecto menos comprendido del incremento de la oferta monetaria por parte de la Fed. No son

---

[1] Thomas Piketty, *El capital en el siglo XXI* (Madrid: Fondo de Cultura Económica de España, 2014).

solo vaivenes naturales en la economía: es algo artificial, que desperdicia recursos y arruina vidas. Esto lo veremos con el caso de la construcción de rascacielos.

Inflar la oferta monetaria está directamente relacionado con la manipulación del tipo de interés. Cuando la Fed compra bonos públicos a los bancos, les da dólares, que pueden reinvertir en más bonos públicos, hipotecas, préstamos comerciales y préstamos al consumo. Este proceso reduce artificialmente los tipos de interés. También completa el movimiento de los bonos públicos del Tesoro de EE.UU. a los grandes bancos y al balance de la Fed. Pueden quedarse ahí hasta su vencimiento, momento en el que la Fed puede comprar más bonos públicos. La Fed está obligada a devolver cualquier interés restante de esos bonos al Tesoro de EE.UU., así que este proceso equivale a un préstamo sin interés. Asimismo, como la expansión monetaria se convierte en inflación de precios y rebaja el valor del dólar, reduce en la práctica el valor de la deuda nacional, un proceso al que se llama *monetización de la deuda nacional*. Es un proceso enrevesado, pero se puede ver por qué los que se benefician de este no quieren reformarlo. Es un gran fraude que favorece a los políticos, los grandes bancos y sus bien pagados representantes en la Fed. Este es el proceso que genera alteraciones artificiales en los tipos de interés y crea efectos Cantillon y ciclos económicos.

Lo efectos Cantillon que podemos ver en los rascacielos récord son síntomas de lo que está pasando en la economía, solo que es más difícil señalar algún proyecto o nueva tecnología concretos y afirmar que es una mala inversión causada por la Reserva Federal o los tipos de interés artificialmente bajos. Así que tenemos que recordar que los rascacielos por sí mismos no causan ciclos económicos: los causa la Fed.

Mucha gente considera al rascacielos una forma de arte, pero su construcción es esencialmente un negocio que debe responder a incentivos y limitaciones. Por tanto, puede esperarse que la construcción de rascacielos siga de cerca incluso a pequeñas variaciones en precios relativos. Al reevaluar artísticamente los primeros rascacielos, Ada Louise Huxtable[2] señalaba:

Esencialmente, los primeros rascacielos fueron un fenómeno económico en el que el negocio era el motor que dirigía la innovación. El promotor era el banquero inversor y la musa era la eficiencia en el coste. El diseño estaba ligado a la ecuación empresarial y el estilo resultaba secundario con respecto a los factores principales de inversión y uso. (...) Las prioridades de los hombres que pusieron en pie estos edificios eran la economía, la eficiencia, el tamaño y la velocidad.

Esto no quiere decir que los primeros rascacielos no tengan valor artístico o que las estructuras posteriores no mejoraran artísticamente, sino todo lo contrario. Aun así, los rascacielos posteriores a la Primera Guerra Mundial continuaron centrándose en los beneficios y la tecnología. El primer rascacielos tomaba la tecnología existente y se consideraba un motor de innovación. Incluso en tiempos modernos, el diseño continúa creciendo y evolucionando, pero, para Helmut Jahn,[3] la «justificación estructural de una estructura tan alta es técnica y económicamente ineludible». Para Huxtable,[4] «La arquitectura sencillamente no cuenta. (...) Con lastimosamente pocas excepciones en el pasado, los rascacielos de Nueva York nunca han logrado nada más que dinero». Arte, tecnología, regulaciones públicas e incluso ego deben considerarse factores, pero el rascacielos es esencialmente cautivo de las fuerzas y motivos económicos. Por tanto, cuando a los arquitectos se les pregunta qué motiva los superrascacielos, las fuerzas económicas se consideran

---

[2] Ada Louise Huxtable, *The Tall Building Artistically Reconsidered: The Search for a Skyscraper Style* (Berkeley: University of California Press, 1992).
[3] Citado en ibíd., p. 117.
[4] Ibíd., p. 105.

predominantes. Los factores psicológicos relacionados con el ego se crean en el auge motivado por el crédito.

En este contexto, es importante recordar que los cambios en los precios del suelo, los materiales de construcción y los tipos de interés tendrán implicaciones importantes para la construcción de rascacielos. Los cambios en el tipo de interés tienen tres efectos Cantillon distintos sobre los rascacielos. Los tres efectos se refuerzan entre sí y están interconectados para la transformación de la economía hacia procesos de producción más indirectos. Cuando el tipo de interés se reduce artificialmente, los tres efectos contribuyen al deseo de construir estructuras más altas. Los edificios más altos del mundo se construyen generalmente cuando el tipo de interés se reduce sustancialmente por debajo del tipo natural durante un periodo prolongado de tiempo. Por el contrario, cuando se fuerza el tipo de interés por encima del tipo natural, los efectos económicos reducen el valor de las estructuras existentes y la demanda de edificios altos. La construcción puede paralizarse completamente.

El primer efecto Cantillon es el impacto del tipo de interés sobre el precio del terreno. La causa más evidente de este resultado es que los tipos más bajos de interés reducen el coste de oportunidad de tomar prestado para comprar el terreno y construir estructuras. En consecuencia, los dueños de terrenos e inmuebles experimentan un aumento en su riqueza. Esta relación la confirman Jeremy Atack y Robert Margo,[5] quienes examinaron el mercado de terrenos en la ciudad de Nueva York durante el siglo XIX. Sus evidencias sugieren que los valores de los terrenos tienden a aumentar durante los periodos deflacionistas, cuando los tipos de interés tienden a ser bajos, pero menos durante los periodos inflacionistas, cuando los tipos de interés tienden a ser más

---

[5] Jeremy Atack y Robert A. Margo, «"Location, Location, Location!" The Market for Vacant Urban Land: New York 1835-1900». *NBER Historical Paper* 91, National Bureau of Economic Research (Cambridge, MA, agosto de 1996).

altos, debido a la prima de inflación en los tipos de interés. Paul Cwik[6] demuestra que el tipo de interés tiene un impacto sobre el valor presente neto del capital laboral y el capital fijo más duradero. Como observación casual, cuando los tipos de interés son artificialmente bajos, se tiende a ver más carteles de «terreno en venta» a lo largo de carreteras y autovías, porque los precios de los terrenos son más altos en general.

Un tipo de interés más bajo también tiende a aumentar al valor del terreno, porque los empresarios usan el tipo de interés como indicador del tipo de descuento. Al evaluar cualquier proyecto de inversión, los empresarios estiman el valor presente neto de un proyecto fijándose en el flujo previsto de ingresos para la inversión a lo largo de un periodo largo de tiempo y ajustándolo a los pagos de intereses a lo largo del tiempo. Los ingresos en el primer año no tienen que descontarse mucho en total, es decir, solo los costes de intereses de un año, pero ese mismo ingreso en el año veinticinco tiene que descontar veinticinco años de gasto en intereses y puede no valer nada en términos de valor presente neto. El valor presente neto de un flujo de ingresos tiene que exceder el coste ajustado al riesgo de una inversión para que se inicie el proyecto. Los tipos altos de interés llevan a fuertes descuentos en los flujos de ingresos mientras que los tipos bajos de interés llevan a un descuento más moderado, lo que hace que los proyectos a largo plazo parezcan relativamente más rentables.

Por ejemplo, consideremos un proyecto de inversión que se espera que produzca un millón de dólares de ingresos por encima de los costes operativos anuales durante diez años. En el décimo año de operación, si el tipo de descuento es del 4%, el valor presente neto calculado del ingreso neto de un millón de dólares de ese año es de 675.000$. Sin embargo,

---

[6] Paul Cwik, «Austrian Business Cycle Theory: Corporate Finance Point of View», *Quarterly Journal of Austrian Economics* 11, n.º 1 (2008): 60-68.

si el tipo de descuento es del 8%, entonces el valor presente neto calculado del ingreso neto de ese año es solo de 463.000$.

A partir de esto, podemos ver que el valor de los terrenos aumenta porque los tipos más bajo de interés reducen el coste de oportunidad, o el precio total, de poseer terrenos e impulsa al alza el valor presente neto de los flujos de ingresos del uso de los terrenos. Tratando al tipo de interés como la causa, una reducción en el tipo de interés aumentará la demanda de terrenos y generará un aumento en los precios de los terrenos. El impacto de los tipos de descuento más bajos tenderá a favorecer proyectos de inversión a plazo más largo usando terrenos, como pasa con los proyectos de rascacielos.

A menudo se ha dicho que las tres cosas más importantes de los inmuebles con la ubicación, la ubicación y la ubicación. Cuando está bajando el tipo de interés, el terreno más apropiado para la aplicación de los métodos de producción a más largo plazo, más intensivos en capital y más indirectos aumenta de precio en relación con el terreno más apropiado para métodos de producción a más corto plazo y más directos. Para que aumenten los precios de los terrenos, debe también aumentar el rendimiento que se necesita de cualquier terreno para hacer rentable su propiedad. Combinado con un coste inferior de capital producido por un tipo inferior de interés, los dueños de terrenos tratarán de construir estructuras más intensivas en capital y, marginalmente, esto causará que los terrenos se dediquen a usos alternativos.

En los distritos empresariales centrales, esto significa un uso más intensivo del terreno y, por tanto, edificios más altos. Los precios más altos de los terrenos reducen la relación del coste por piso de los edificios más altos frente a los más bajos y así crea incentivos para construir edificios más altos para distribuir el coste del terreno en un mayor número de pisos y más espacio para alquiler. Así es como los precios más altos de los terrenos llevan a edificios más altos. En mi ciudad natal, hay diversas estructuras de uno o dos pisos que actualmente se están demoliendo para dejar espacio a la construcción de estructuras con múltiples pisos. Estos proyectos se ven estimulados por los tipos de interés artificialmente bajos y la búsqueda de rendimientos de los fondos de inversión. De esta manera, el aspecto de la altura de los proyectos se ve condicionado por los precios de los terrenos. El segundo efecto Cantillos de los tipos bajos de interés es el impacto sobre el tamaño de las empresas. Un coste menor de capital anima a las empresas a crecer en tamaño y aprovechar las economías de escala, como en el ejemplo de la transición del sector lácteo. En este caso, las empresas que se expanden basándose en tipos de interés artificialmente bajos se benefician, al menos temporalmente, a costa de empresas que no pueden hacerlo y abandonan el sector. Como parte de este proceso de producción a mayor escala y más indirecto, las empresas amplían sus oficinas o sedes centrales para sus departamentos de contabilidad, gestión, mercadotecnia, recursos humanos y desarrollo de productos. Esto aumenta la demanda de espacio de oficina en los distritos empresariales del centro de las poblaciones. Esta demanda a su vez aumenta los alquileres y estimula la construcción de edificios de oficinas más altos dentro del distrito empresarial del centro.

El fenómeno de las empresas creciendo en tamaño y ámbito en respuesta a tipos de interés artificialmente bajos puede verse en la historia de las olas de fusiones empresariales. Las fusiones de dos empresas se producen cuando ambas creen que pueden beneficiarse de la combinación de sus operaciones. Adquisiciones y absorciones se producen cuando una empresa cree que puede gestionar los activos combinados de las empresas de una manera más rentable. Los tipos de interés más bajos reducen el coste de capital para comprar la parte de los inversores de la otra empresa. Las fusiones y adquisiciones se han producido en grupos u oleadas durante periodos de tipo bajos de interés y condiciones de crédito baratas (el auge) y, como a menudo empiezan a funcionar como una empresa unida durante el declive, su historial de éxitos no ha sido bueno.

Saravia[7] demuestra que las oleadas de fusiones y adquisiciones que se han experimentado en el pasado se corresponden con la teoría austriaca del ciclo económico (TACE). Los tipos bajos de interés no solo ayudan a financiar fusiones y especialmente adquisiciones, sino que la demanda de esos tratos empresariales es un reflejo de la «contracción de recursos» de la TACE, como se veía en el ejemplo anterior de la expansión del sector de los chips informáticos. Ekelund, Ford y Thornton[8] demuestran que cuando las fusiones se retrasan por el «papeleo» del gobierno, las adquisiciones y fusiones resultantes tienden a no ser rentables, porque a menudo se completan durante una recesión económica. Thornton[9] ha llevado más allá la explicación de por qué muchas fusiones y adquisiciones resultan estar mal calculadas.

El tercer efecto Cantillon es el impacto de los tipos de interés sobre la tecnología de construcción de edificios récord de altura. Los rascacielos récord requieren innovación y nuevas tecnologías para ser rentables. Los edificios que alcanzan nuevas alturas plantean numerosos problemas económicos y de ingeniería relacionados con asuntos como la creación de unos cimientos suficientemente sólidos, ventilación, calefacción, refrigeración, iluminación, transporte (por ejemplo, ascensores, escaleras y estacionamiento), comunicación, energía eléctrica, fontanería, protección frente a incendios y sistemas de seguridad, así como resistencia al viento, integridad estructural e incluso limpieza de ventanas. También hay varios problemas públicos relacionados con el aumento de la densidad del empleo que producen las estructuras

---

[7] Jimmy A. Saravia, «Merger Waves and the Austrian Business Cycle Theory», *Quarterly Journal of Austrian Economics* 17, n.º 2 (verano de 2014): 179-196.

[8] Robert B. Ekelund, George Ford y Mark Thornton, «The Measurement of Merger Delay in Regulated and Restructuring Industries», *Applied Economics Letters* 8, n.º 8 (2001): 535-537.

[9] Mark Thornton, «Review of The Synergy Trap: How Companies Lose the AcquisitionGame, by Mark L. Sirower», *Quarterly Journal of Austrian Economics* 2, n.º 1 (primavera de 1999): 85-86.

altas, como la congestión en el transporte y los problemas medioambientales. Sukkoo Kim[10] mostraba cómo el aumento en la construcción de rascacielos, y especialmente las mejoras en la tecnología de los rascacielos llevan a aumentos en la densidad del empleo. En este caso, las empresas de tecnología avanzadas se benefician a costa de las empresas normales de tecnología.

Más allá de la mera tecnología que se necesita para construir el edificio más alto del mundo, toda barra vertical, tubo, cable, cañería o poste en un edificio disminuye el espacio alquilable de cada piso construido y cuantos más pisos tenga la estructura, mayor será la capacidad requerida de cada sistema en el edificio, ya sea de su fontanería, ventilación o ascensores. Así que diseñadores, arquitectos y contratistas no pueden limitarse a aumentar el tamaño de cada sistema para aumentar su capacidad. Deben idear nuevos sistemas más eficientes para llegar a alturas de récord. Por consiguiente, hay un enorme deseo de innovar tecnológicamente para ahorrar en el tamaño de estos sistemas del edificio o aumentar su capacidad. Por tanto, a medida que aumenta la altura de la construcción, los suministradores deben volver a la mesa de diseño y reinventarse a sí mismos, sus productos y sus procesos de producción.

M. Ali y Kyoung Sun Moon[11] describen cómo diseñadores e ingenieros tienen una enorme necesidad de innovar para ahorrar en requisitos de sistemas de construcción. Por ejemplo, un hueco de ascensor con su espacio de suelo de 2x2 metros ocuparía el espacio equivalente a diez apartamentos de tamaño eficiente en un edificio de cien pisos. A velocidades normales llevaría unos diez minutos llegar al último piso

[10] Sukkoo Kim, «The Reconstruction of the American Urban Landscape in the Twentieth Century», NBER Working Paper 8857, National Bureau of Economic Research (Cambridge, MA, abril de 2002).

[11] M. Ali y Kyoung Sun Moon, «Structural Developments in Tall Building: Current Trends and Future Prospects», *Architectural Science Review* 50, n.º 3 (septiembre de 2007): 205-223.

de la torre Burj Khalifa, más el tiempo que lleva al ascensor llegar a tu piso y cualquier otra parada adicional en el camino a tu destino. Ames [12] informa de que los ingenieros de KONE Corporation han creado un nuevo cable de ascensor que pesa menos del 7% del peso de los cables tradicionales, que pesan cada uno más de veinte toneladas para un edificio de 400 metros. Evidentemente, un cable de veinte toneladas requeriría una enorme cantidad de energía para funcionar. Por tanto, al aumentar las alturas de los edificios, la tecnología debe avanzar para conservar el área de construcción del sistema.

Otro ejemplo de este tipo de efecto tecnológico está en los sistemas de calefacción y refrigeración para rascacielos especialmente altos. Los rascacielos récord requieren una enorme capacidad de calentar y enfriar y, tradicionalmente, el aire y agua calientes y fríos tendrían que inyectarse a largas distancias, lo que resulta al tiempo ineficiente y requiere una gran cantidad de espacio para los elementos de conducción y tuberías. Una solución reciente para este problema es un sistema llamado zonificación variable del flujo refrigerante y los sistemas de división sin conductos. En lugar de transportar enormes cantidades de aire o agua a través de un edificio, solo se mueve el refrigerante (por ejemplo, el freón) a cada zona. Se transporta en unas tuberías pequeñas de cobre en lugar de conductos voluminosos o tuberías de agua, que ocupan tanto espacios horizontales entre pisos como espacio vertical. Cada zona puede tener su propia temperatura y el flujo de refrigerante es variable, de acuerdo con las necesidades, en lugar de estar solo activado o desactivado. La cantidad total de equipo es menor, es más fácil de mantener y se dice que energéticamente es un 25% más eficiente. Sin duda es un gran invento, pero no hubiera aparecido tan pronto como lo hizo en la época de los megarrascacielos. En otras palabras, se gastaron enormes cantidades de recursos

---

[12] Nick Ames, «Elevator Installation Prep Begins at Kingdom Tower», ConstructionWeek-Online.com, 10 de mayo de 2015.

para obtener pequeñas ganancias en eficiencia debido a la demanda artificialmente alta para construir rascacielos altos. Cuando llegue la próxima crisis económica, la demanda de estas tecnologías avanzadas podría colapsar, ya sea porque nadie vaya a construir esos rascacielos o porque solo se construyan edificios mucho más pequeños.

También deben reinventarse sistemas de construcción para encarar nuevos proyectos de construcciones récord. Por ejemplo, inyectar cemento más arriba para construir estructuras más altas requiere innovación en tecnología de inyección de cemento; lo mismo puede decirse de las grúas y el transporte de trabajadores desde o hacia su lugar de trabajo en el edificio. De nuevo, en la crisis económica consiguiente estos sistemas y combinaciones de capital que los apoyan podrían, o bien dejar de usarse, o usarse a niveles muy disminuidos.

Los tres efectos Cantillon que resultan de los tipos de interés más bajos están interrelacionados y se refuerzan entre sí. Los tres son por lo general percibidos por la gente implicada en las construcciones de grandes edificios de oficinas, incluyendo arquitectos, banqueros, contratistas, especialistas en diseño, ingenieros, empresarios, reguladores públicos, a menudo los propios inquilinos y los especialistas financieros, como los intermediarios de bonos.

Los tipos de interés más altos desaniman la construcción de edificios más altos y la construcción en general, porque el capital es escaso y el terreno tiene menos demanda y está menos disponible a precios más bajos. Los tipos de interés más altos también crean dificultades financieras para los dueños de estructuras existentes, debido a la menor demanda de espacio de oficina y condominios. Las empresas dedicadas a la construcción y sus proveedores se enfrentan a una disminución de la demanda de sus servicios, cuyo impacto recae más duramente sobre aquellas empresas que se especializan en la producción de los edificios más altos y los proveedores de los sistemas de construcción especializada y los sistemas de construcción para construcciones ultraaltas.

En otras palabras, las tecnologías y capacidades industriales que se indujeron mediante los tipos de interés artificialmente bajos se ven ahora muy incapacitados y en su mayoría ociosos. Los propios edificios es probable que tengan exceso de capacidad, con demasiados pocos inquilinos y precios de alquiler por debajo de los esperados.

El tipo de interés es lo que hace, en parte, que el negocio de la construcción sea tan especulativo. Los constructores hacen casas sin comprador y se enfrentan al riesgo de no encontrarlos a un precio rentable. Los promotores hacen edificios especulativos de oficinas, que, frente a muchas sedes centrales corporativas, son inversiones que se basan en un flujo incierto de ingresos por alquileres. Diferenciar a los ganadores de los perdedores no es tanto un asunto de avaricia como de tiempo y cálculo. La experta en rascacielos Carol Willis explicaba la diferencia entre tiempos normales y tiempos de auge:

En tiempos normales, cuando el coste de terrenos, materiales y construcción son previsibles, los promotores usan fórmulas ya experimentadas para estimar la economía de un proyecto. Estos cálculos se basan en el concepto de capitalización del ingreso neto. Este valor tiene en cuenta el ingreso neto para treinta o cuarenta años. (...) Las fórmulas convencionales del mercado y el concepto de altura económica eran ampliamente conocidos y aplicados en el sector. La mayoría de los edificios especulativos no tenía riesgos, al ser conservadores en sus cálculos y ser muy sensibles a los deseos del mercado.[13]

Todos estos cálculos normales que ayudan a garantizar los beneficios y evitar las pérdidas no son sin embargo fiables durante la fase de auge del ciclo económico.

---

[13] Carol Willis, *Form Follows Finance: Skyscrapers and Skylines in New York and Chicago* (Nueva York: Princeton Architectural Press, 1995), p. 157.

En los auges, no se tiene en cuenta la llamada base racional de los valores de los terrenos y la respuesta a la pregunta: «¿Cuál es el valor del terreno?» se convierte en «Lo que alguien está dispuesto a pagar». Algunos especuladores estiman el valor sobre nuevos supuestos de alquileres más elevados y otros sencillamente planean vender una propiedad para obtener un beneficio rápido. (...) Pero, debido al carácter cíclico del sector inmobiliario, los plazos de un proyecto son cruciales para su éxito y la cantidad que produce en rentas o venta una propiedad depende de en qué parte de un ciclo se completa o entra en el mercado.[14]

Construir el edificio más alto del mundo ha sido un asunto de plazos particularmente erróneos para los empresarios e incluso aunque fueran capaces de robar suficientes inquilinos de entre los existentes, el problema económico para la sociedad sería que se habrían perdido recursos valiosos en el proceso de construir edificios que son malas inversiones y están infrautilizados. Ver Patric Hendershott y Edward Kane,[15] que estimaban que se habían desperdiciado más de 130.000 millones de dólares en el auge de la construcción comercial de la década de 1980. El Empire State Building fue apodado como el Empty State Building[16] debido a su alta tasa de desocupación hasta después de la Segunda Guerra Mundial.

Sin embargo, lo que falla no es la fórmula del empresario, sino que aparece un fallo en todo el sistema que se ha producido periódicamente a lo largo del siglo XX y antes y se conoce como ciclo económico. Hoyt[17] descubrió que el ciclo constructivo era un «movimiento de un orden con-

---

[14] Ibíd., pp 158-158.

[15] Patric H. Hendershott y Edward J. Kane, «Causes and Consequences of the 1980s Commercial Construction Boom», *Journal of Applied Corporate Finance* 5, n.º 1 (primavera de 1992): p. 68.

[16] Juego de palabras intraducible. «Empty» quiere decir «vacío» (N. del t.).

[17] Homer Hoyt, *One Hundred Years of Land Values in Chicago: The Relationship of theGrowth of Chicago to the Rise in Its Land Values, 1830-1933* (Chicago: University of Chicago Press, 1933).

creto» que duraba de media dieciocho años, de máximo a máximo. Willis planteaba el problema clave en relación con los rascacielos:

De hecho, una pregunta clave acerca de los ciclos es: si su patrón es tan predecible, ¿por qué no prevé la gente ese declive inevitable? Tal vez a este enigma se pueda responder mirando más de cerca la dinámica de la especulación y un proyecto típico de un rascacielos.

Hoyt sugería que el ciclo es tan largo que la gente olvida las lecciones del ciclo anterior y por eso no es capaz de aplicarlas al siguiente. Sin embargo, el ciclo de construcción es mucho más volátil e impredecible de lo que parece sugerir esta media de dieciocho años. Junto con el impacto de las condiciones económicas locales y la intervención pública, la combinación de factores difumina cualquier utilidad del simple conocimiento de que los ciclos económicos existen y tienen una duración media. De hecho, la gente que experimenta un ciclo económico a menudo no es ni siquiera la misma gente que experimenta el siguiente. Como señalaba Willis:

Después de colapso de un mercado inflado, es fácil mirar atrás y ver los graves errores de juicio que precedieron al desastre, aunque los indicadores básicos de la economía de los años veinte parecían prometer un crecimiento sin trabas. La demanda contenida de espacio de oficina después de la Primera Guerra Mundial, las cifras en expansión de la mano de obra administrativa y la creciente media por persona de espacio de oficina alimentaron conjuntamente el sector de la construcción. Cada año, los resúmenes de las cifras anuales de construcción reportaban cantidades récord. [18]

---

[18] Ibíd, p. 64.

Willis identificaba correctamente que «la financiación barata está en el origen de todos los auges», pero esto no resolvía su enigma, porque la financiación fácil y los tipos bajos de interés están también en el núcleo del verdadero crecimiento económico. El problema de los empresarios es que los cálculos de beneficios no pueden mostrar con seguridad si los tipos de interés se mantendrán bajos y los proyectos tendrán éxito (es decir, si habrá crecimiento económico) o si los tipos aumentarán y los proyectos fracasarán (es decir, actuará el ciclo económico). Además, debería quedar claro que en la TACE los tipos bajos de interés y la «financiación barata» son términos que no se definen basándose en sus magnitudes, sino en relación con sus tipos naturales, que, por supuesto, no se pueden calcular fuera de un mercado libre.

Capítulo 7

LA MALDICIÓN ELUDE NUEVA YORK. ¿ES AUBURN, ALABAMA, LA SIGUIENTE?

En noviembre de 2013 era oficial. Nueva York había conseguido el título de tener la estructura más alta de la nación. La acalorada polémica entre Nueva York y Chicago se resolvió cuando el Consejo de Edificios Altos y Hábitat Urbano, con sede en Chicago, decidió que el chapitel de 124 metros en lo alto del One World Trade Center podía incluirse en la altura total del edificio.

La altura revisada de 541 metros hacía al One World Trade Center la estructura más alta en Estados Unidos. Se nos dijo que One WTC es más que un edificio. Sirve al tiempo como un monumento para los asesinados el 11-S y homenaje a nuestra Declaración de Independencia. Sin faltar al respeto a los que murieron, este «récord» es una farsa, porque la altura usable y productiva del edificio es de solo 417 metros. La diferencia remanente de más de 120 metros es sencillamente una fachada inhabitable.

Aun así, este dudoso récord debería ser una especie de advertencia de que nos acecha la maldición de los rascacielos, el heraldo de la crisis económica.

El Shard Building, en Londres, se inició en 2009 y se completó en 2012, convirtiéndose en el edificio más alto de Europa. Fue una señal evidente de la crisis económica europea, el desastre fiscal de los PIIIGS (en Portugal, Italia, Irlanda, Islandia, Grecia y España) y las graves y constantes preocupaciones sobre la viabilidad a largo plazo del euro. Japón se unió a la fraternidad con la torre de comunicaciones Tokyo Skytree, que se completó en 2012 y ahora es la estructura más alta en ese país. Para no quedarse atrás, China estableció un récord de rascacielos nacionales con la Torre de Shanghái, que se inauguró en 2014. China asimismo inició la torre Sky City, pero suspendió la construcción, en parte por miedo a la maldición de los rascacielos. También habría establecido un récord mundial.

Los rascacielos récord son una señal de crisis económica. Como las obras de arte que baten récords de precios, como el precio de venta de 142 millones de dólares de un retrato realizado por Francis Bacon de su amigo Lucian Freud en Christie's de Nueva York en 2013, esos récords son señales de excesos económicos. Limitémonos a recordar que esos excesos normalmente se producen en mercados manipulados por bancos centrales.

Estos son los espectaculares resultados relacionados con la maldición de los rascacielos, pero podríamos atisbar señales de su funcionamiento en un pequeño pueblo de Estados Unidos. Por ejemplo, no se construyen verdaderos rascacielos en Auburn, Alabama, sede de la Universidad de Auburn y el Instituto Mises. Pero ha habido mucha construcción de edificios grandes y altos para esta pequeña ciudad del este de Alabama.

La construcción de colegios mayores de lujo abrió el camino, seguida por restaurantes de lujo y locales comerciales. Recientemente, se derribaron dos edificios de colegios mayores para dejar espacio para edificios aún más grandes. El ayuntamiento también está gastando dinero a espuertas en mejoras en las calles y en institutos modernos. Más recientemente, se han ido demoliendo edificios de un solo piso en el centro para dar paso a apretados bloques de viviendas de varios pisos.

¿Qué piensa la gente? ¿No se da cuenta de que estamos en una de las recuperaciones más débiles que se recuerdan y vamos camino de otra recesión? ¿Nadie se ha dado cuenta en Auburn de que hay una enorme deuda estudiantil y de que el mercado de trabajo para graduados es débil? ¿Se han vuelto locos los avariciosos banqueros y las empresas de construcción? ¿Hay que culpar a arquitectos y cocineros fuera de control? ¿O es que los estudiantes ricos malcriados reclaman apartamentos de lujo y verduras cultivadas localmente en los restaurantes de lujo que frecuentan?

La prisa por construir edificios más grandes, más altos y más lujosos en realidad tiene poco que ver con cualquiera de estos grupos, pero nos ha dividido como ciudad. Por un lado, hay mucha gente preocupada porque todas estas construcciones están cambiando «la bella villa en la llanura». Los residentes locales ven carteles de «Mantén bella Auburn: Salva nuestra villa» extendiéndose por el pueblo. Se oponen al frenesí constructor.

Por el contrario, trabajadores de la construcción, vendedores de cemento, empresas de suministros para la construcción y operadores de maquinaria pesada deben estar encantados con el negocio a todo ritmo y los empleos a jornada completa con horas extraordinarias. Están encantados mientras grandes volquetes y camiones cargados con cemento transportan sus cargas por el pueblo.

En problema empieza en realidad en Washington DC, en un edificio anodino en la Calle 20 con Constitution Avenue NW, que aloja el Consejo de Gobernadores de la reserva Federal. El consejo, junto con el presidente de la Fed de Nueva York y una selección rotatoria de presidentes regionales del Banco de la Reserva Federal, conforma el Comité de Mercados Abiertos de la Fed (FOMC, por sus siglas en inglés), que establece la política sobre los tipos de interés que los bancos cobran a otros bancos por préstamos a muy corto plazo: la tasa de interés de los fondos federales.

Cuando el Comité de Mercados Abiertos de la Reserva Federal rebaja la tasa, desata una tendencia a que los tipos de interés caigan en toda la economía. Cuando aumenta la tasa de interés de los fondos federales, los tipos de interés tienden a aumentar en toda la economía. Durante los siete años y medio últimos han mantenido la tasa en un cuarto de un 1%. Este tipo de política no se había aplicado nunca. Esto explica los tipos ultrabajos en nuestras cuentas de ahorro e hipotecas en la vivienda a lo largo de los últimos años. También explica la obsesión por los edificios de lujo. Cuando la Reserva Federal rebajó por primera vez los tipos, los banqueros que quedaron escaldados por las malas hipotecas después del colapso de la burbuja inmobiliaria, junto con los constructores de condominios de lujo para los días de partido, no iban a morder el anzuelo. Gato escaldado, de agua fría huye. Sin embargo, los tipos acabaron por hacerse tan tentadores que era imposible resistirse, especialmente cuando entraron en escena nuevos bancos y empresas de construcción.

Los tipos más bajos tienen varios efectos, incluyendo menos ahorro y más gasto. Los tipos bajos también aumentan los precios en la bolsa, porque tipos más bajos aumentan el valor de las corporaciones, reducen el coste de tomar prestado e inducen a la gente a mover el dinero de las cuentas bancarias a las cuentas bursátiles y a invertir más cantidad en acciones. Cuando la política tiene éxito a la hora de aumentar el precio de las acciones, la gente reduce aún más su ahorro y gasta más en bienes suntuarios. Los tipos más bajos también estimulan los préstamos y la inversión.

Si creemos que la combinación de menos ahorro y más gastos suntuarios suena contradictoria y peligrosa, tenemos razón.

En todo caso, los tipos de interés más bajos también tienden a bajar el precio de los terrenos, especialmente en el distrito empresarial central. Por el contrario, tipos de interés más altos animan a los dueños de terrenos y propiedades inmobiliarias a deshacerse de sus propiedades a precios más bajos. Precios más altos de los terrenos hacen que sea más difícil que los planes de urbanización generen beneficios. La solución es construir más intensivamente y hacer los edificios más altos. Un terreno de un millón de dólares podría resultar rentable construyendo solo en una planta, pero si la misma parcela se vale dos millones, puede que haya que construir tres plantas para hacerla rentable. Un edificio de una planta es relativamente barato de construir, comparado con uno de tres, que requiere escaleras, ascensores y técnicas de construcción más robustas. Sin embargo, la construcción en tres plantas también produce dos veces y media más espacio utilizable.

¿Es mejor construir algo, aunque sea algo incorrecto? Bueno, incluso si los tipos de interés pudieran mantenerse cercanos a cero eternamente, seguiría significando que estamos desplegando incorrectamente nuestros recursos. Lo que estamos construyendo no será tan rentable como se preveía originalmente y el exceso de capacidad significa que los proyectos de larga duración también serán menos rentables. En otras palabras, sus valores económicos acabarán siendo menores que la cantidad invertida en ellos. También harán más difícil pagar los préstamos, especialmente si reducimos el ahorro y aumentamos la cantidad recibida en préstamo y el gasto suntuario.

Estas circunstancias no redundan en interés de nadie a largo plazo. Pero, aparentemente, eliminar la causa en Washington está actualmente fuera de nuestra capacidad colectiva.

Capítulo 8

¿CUÁNDO LLEGARÁ LA PRÓXIMA MALDICIÓN DE LOS RASCACIELOS?

En 2014, debió haber habido una alerta de rascacielos en China. Tuvo lugar la ceremonia de puesta de primera piedra del que se esperaba que fuera el rascacielos más alto del mundo, llamado la torre Sky City. Este proyecto destacaba no solo como intento de construir un rascacielos récord de 838 metros de altura, sino también por su plazo notablemente corto de construcción, debido al proceso de prefabricado de la empresa. Inicialmente, la construcción en el lugar se retrasó hasta abril de 2014. Posteriormente, el gobierno canceló el proyecto debido a preocupaciones medioambientales por los humedales cercanos. Esto evitó la necesidad de emitir una alerta de rascacielos.

La coincidencia de señales regionales de rascacielos en Europa, Norteamérica y China, junto con una alerta de rascacielos sugería claramente la posibilidad de una creciente crisis económica en todo el mundo. Este patrón sería muy similar a episodios previos de récords de rascacielos, incluyendo el pánico de 1907, la Gran Depresión, la estanflación de la década de 1970, el contagio asiático/burbuja punto com y la burbuja inmobiliaria. En línea con estas predicciones basadas en los rascacielos, puede construirse un alegato acerca de la idea de una inminente crisis económica mundial. La mayoría de las grandes economías del mundo se enfrentan a dificultades económicas acuciantes, incluyendo Estados Unidos, Europa,

Rusia, Brasil, Japón y China. Adicionalmente, los bancos centrales han entrado en una guerra mundial de divisas desde la última burbuja inmobiliaria, a una escala que no se ha experimentado nunca en la historia humana. No debería sorprendernos que se construyan edificios superaltos a un ritmo asombroso.

El mundo no solo está repleto de especulación inmobiliaria y construcción de rascacielos de China a Nueva York, a Londres y Oriente Medio, *se está construyendo un nuevo rascacielos récord en Jeddah, Arabia Saudita.* La Kingdom Tower pretende superar el kilómetro de altura, más de once campos de fútbol. Se prevé que se complete en 2020. Tal y como está diseñada, la Kingdom Tower superará la altura del Burj Khalifa en más de 150 metros, aunque solo en unos pocos pisos de espacio inhabitable. Si los acontecimientos se desarrollan como predice la maldición de los rascacielos, el inicio de la construcción de la Kingdom Tower indicó una alerta de crisis, como ha hecho toda puesta de primera piedra de un rascacielos récord. Esto cambiará a una señal de rascacielos cuando se haya alcanzado el récord de altura entre hoy y 2020.

Los rascacielos pueden a veces hablarnos de la geografía de las burbujas económicas mundiales. La última burbuja se produjo en el Oriente Medio rico en petróleo y la próxima estaría también en Oriente Medio. Ambos proyectos de burbuja empezaron cuando el precio del petróleo superó los 100$ por barril.

Es interesante señalar que, según *Television Post,*[1] el príncipe Alwaleed, dueño del proyecto Kingdom Tower, vendió reciente e inesperadamente la mayoría de su gran paquete de acciones de News Corp., el grupo mediático de Rupert Murdoch, para recaudar casi 200 millones de dólares. El movimiento se ha supuesto que era parte de una revisión y reequilibrio generales de la cartera de 20.000 millones de

---

[1] *Television Post,* «Prince Alwaleed Sells 5.6% Stake in News Corp for $188 Million», 2 de marzo de 2015.

dólares del príncipe. Probablemente sea un movimiento inteligente, dado el desplome de los precios del petróleo y el considerable costo de 1.200 millones de dólares de la Kingdom Tower del príncipe.

Con más financiación, el proyecto del próximo rascacielos más alto del mundo sigue en marcha. La pieza final que se necesita para llevar el proyecto de 1.200 millones de dólares de la Kingdom Tower en Arabia Saudita hasta alturas récord se ha conseguido. Los reportajes en prensa también muestran que la estructura ha aumentado en más de setenta y cinco metros y la construcción se está llevando a un ritmo ininterrumpido, aunque sigue habiendo dudas acerca de la viabilidad del proyecto. (Posteriormente, el proyecto experimentó más retrasos).

Por ejemplo, la construcción a ras de suelo en la muy retrasada Kingdom Tower, ahora llamada Jeddah Tower, empezó en septiembre de 2014, pero hubo dudas considerables de que la pudiera conseguirse financiación de la torre de un kilómetro, dadas las frágiles condiciones financieras en Arabia Saudita.

Pero la Jeddah Tower es solo la última fase de un enorme auge que empezó estableciendo récords en 2014. Como yo mismo reportaba en febrero de 2015:

Se están construyendo, a un ritmo asombroso, edificios superaltos, o rascacielos. En 2014 se construyeron noventa y siete edificios que excedían los 200 metros, estableciendo un nuevo récord. El récord anterior fue de ochenta y un edificios completados en 2011. El número total de rascacielos existentes hoy es de 935, un gigantesco aumento del 350% desde el año 2000.[2]

Si se completa de acuerdo con lo planeado, la Jeddah Tower será el edificio más alto del mundo. Jackie Salo, en *International Business Times*, informa:

---

[2] Mark Thornton, «¿Dónde está hoy la maldición del rascacielos?», *Mises Daily*, 24 de febrero de 2015.

La Kingdom Tower de Jeddah, en Arabia Saudita, está programado que se convierta en el rascacielos más alto del mundo cuando se erija en 2020, echando de su lugar en el podio a la torre Burj Khalifa de Dubái como el edificio más alto con 828 metros. La nueva torre reclamará el título si llega a su altura planeada de 1.000 metros. (…) La Kingdom Tower, de 200 pisos, será parte de un proyecto presupuestado en 8.400 millones de dólares para construir la ciudad de Jeddah. La construcción del rascacielos implica el uso de 530.000 metros cuadrados de cemento y 80.000 toneladas de acero.[3]

En otras palabras, la torre podría ser el próximo rascacielos récord, siendo solo parte de un proyecto aún más grande. Esto significa que es hora de una nueva alerta de rascacielos (en enero de 2016).

Recordemos que una alerta de rascacielos es un indicador que sugiere que se va a producir una crisis económica importante en un futuro cercano, aunque las condiciones económicas actuales puedan parecer buenas. Esta alerta podía haberse emitido antes, porque esta se basa en las ceremonias de puesta de primera piedra de un nuevo rascacielos récord, que en este caso se llevaron a cabo en agosto de 2011. En ese momento seguía habiendo dudas considerables de que el proyecto se completara como estaba planeado.

Las alertas de rascacielos indican un peligro importante que acecha a la economía, pero el peligro no es necesariamente inminente. La siguiente fecha crucial para el proyecto de la Jeddah Tower es aquella en que se alcance la altura que bata el antiguo récord y se dé una señal de rascacielos. Esa fecha es difícil de estimar, dada la incertidumbre de la construcción. Los reportajes de los medios indican que el

---

[3] Jackie Salo, «World's Tallest Skyscraper Is Saudi Arabia's Kingdom Tower? Jeddah Building Projected to Break Height Records», *International Business Times*, 1 de diciembre de 2015.

proyecto se completará en 2020, sin indicar si la fecha es la de la finalización o la de la ceremonia de inauguración.

Entonces, ¿este último frenesí de nuevas construcciones nos avisa del próximo declive? El Índice de los Rascacielos no dice nada sobre los tiempos, así que la fecha en que se explicita la maldición de los rascacielos es solo una adivinanza. Parece que el auge llega a su culminación en torno al momento en que se establece el récord y es en ese momento en el que debería emitirse la alerta de los rascacielos. La alerta de los rascacielos significa que el peligro económico acecha. En la mayoría de los casos, los rascacielos récord generalmente tienen sus fechas de finalización e inauguración cuando la crisis económica ya es visible.

Lo que es importante recordar es que los rascacielos no causan crisis económicas. Más bien son solo ejemplos muy notables de las distorsiones que tienen lugar en toda la economía cuando los tipos de interés se mantienen artificialmente bajos por parte del banco central. Reforzaremos esta idea en el siguiente capítulo.

Capítulo 9

NO ES CULPA
DE LOS RASCACIELOS

La idea de que un rascacielos récord pueda *causar* crisis económicas resulta ridícula y es muy absurda. No hay relaciones causales entre la construcción de rascacielos y la maldición de los rascacielos.

La causalidad que sí existe está entre tipos de interés artificialmente bajos que causan *tanto* rascacielos récord *como* crisis económicas. Los tipos de interés artificialmente bajos también causan distorsiones en toda la economía. Los tipos de interés muy bajos durante periodos largos son lo que causan los rascacielos récord y las crisis económicas. El rascacielos es solo una manifestación identificable de lo que está pasando en la economía.

Hay distorsiones, también llamadas efectos Cantillon, directamente ligadas al rascacielos, como lo que ocurría con el cable ligero del ascensor. Ha habido que desviar recursos de otras posibilidades de inversión a la investigación y desarrollo del nuevo cable. Ha habido que crear nuevas instalaciones y procesos de producción para fabricar el cable de manera rentable. La distribución probablemente podría haber tenido lugar en las instalaciones existentes de la empresa, pero indudablemente el aspecto de mercadotecnia del producto tuvo que crearse desde cero. Cuando llega la crisis económica, todos estos recursos pueden tener muy poco valor. Lo que ocurre con la empresa fabricante del cable de ascensor se repite en todas las áreas de la economía, aunque no sea universal.

Este tipo de distorsión se está produciendo por toda la economía a medida que los empresarios sucumben a los encantos de los tipos de interés artificialmente bajos y se dedican a inversiones en técnicas de producción más indirectas y avanzadas. Posteriormente se descubrirá que estas inversiones fueron malas en lo que se ha descrito como una serie de errores empresariales, una expresión empleada por primera vez por el economista británico Lionel Robbins[1] en su descripción de la Gran Depresión de la década de 1930.

Mucho del interés por el Índice de los Rascacielos puede ligarse con su capacidad para prever y predecir el ciclo económico. En mi opinión, su utilidad principal y mayor no es ser capaz de predecir el futuro, sino ser capaz de describir los tipos de cambios reales que se producen en una economía expuesta a tipos de interés artificialmente bajos. Esos cambios pueden por tanto relacionarse con los problemas que experimentamos en las crisis económicas posteriores. Así que nos *ayuda* a entender el ciclo económico. Por desgracia, muchos economistas ignoran el ciclo económico o no creen en las causas económicas de este. Me temo que, si la situación no se rectifica pronto, Karl Marx podría haber tenido razón acerca de los ciclos económicos. Este argumentaba que los ciclos económicos se intensificarían a lo largo del tiempo y producirían el abandono del capitalismo.

A continuación, reseño un editorial de *The Economist*[2] que se publicó el 28 de marzo de 2015 bajo el título «Torres de Babel». El editorial se basaba en un artículo académico publicado por tres economistas de la Universidad de Rutgers. Por desgracia, el personal editorial de *The Economist* aceptaba la idea equivocada e ingenua de causa y efecto en relación con los rascacielos. No daban mi nombre en el editorial, pero sí referenciaban mi artículo de 2005 como referencia de lo que, según ellos, es un punto de vista erróneo.

---

[1] Lionel Robbins, *The Great Depression* (Londres: Macmillan, 1934).
[2] «Towers of Babel: Is There Such a Thing as the Skyscraper Curse?» 28 de marzo de 2015.

El editorial empieza señalando que el mundo está en un gran auge de rascacielos y que esos auges han sido a menudo una indicación ominosa de tiempos económicamente duros en el futuro: la maldición de los rascacielos. *The Economist* llevaba mucho tiempo informando sobre el Índice de los Rascacielos y estando de acuerdo con él, pero ya no estaba seguro:

> ¿Es este frenesí de construcción un mal augurio para la economía mundial? Diversos académicos y expertos, muchos de ellos citados por *The Economist*, llevan defendiéndolo desde hace bastante tiempo, pero nuevas investigaciones plantean dudas sobre esto.[3]

Luego explican la economía de los rascacielos, señalando que edificios más altos significan más ingresos potenciales. Sin embargo, señalan correctamente que los costes marginales de construcción también aumentan con los edificios más altos. Esta parte del editorial es un gran resumen en cápsulas de mi trabajo de 2005, aunque no se comenta el papel del tipo de interés. Luego mencionan el artículo de Jason Barr de 2010,[4] que parece aportar cierto apoyo al Índice de los Rascacielos.

Entonces pasan al trabajo «La maldición de los rascacielos: Distinguiendo mito de realidad».[5] En el trabajo se presentan dos series de evidencias. La primera serie examinaba la cuestión de por qué las torres más grandes se construyen cerca de la culminación del ciclo económico y si esas relaciones podrían ayudar a predecir cambios en el Producto Interior Bruto (PIB). Concluían que el plazo entre la fecha de anuncio

---

[3] Ibíd.

[4] Jason Barr, «Skyscrapers and the Skyline: Manhattan, 1865-2004», *Real EstateEconomics* 38, n.º 3 (2010): 567-597.

[5] Jason Barr, Bruce Mizrach y Kusam Mundra, «Skyscraper Height and the Business Cycle: Separating Myth from Reality», *Applied Economics* 47, n.º 2 (enero de 2015): 148- 160.

de establecedores de récords y máximos en el ciclo económico es muy largo y que solo la mitad de las fechas de inauguración de rascacielos se produjo durante la fase de declive del ciclo económico: «En otras palabras, no se puede prever precisamente una recesión o un pánico financiero fijándose en la fecha de anuncio o de finalización del edificio más alto del mundo»..

El problema de esto es que nadie familiarizado con el Índice de los Rascacielos usaría las fechas de anuncio y finalización como una herramienta precisa de previsión. Las Torres Gemelas se anunciaron a principios de la década de 1960, casi una década antes de inaugurar la primera. Asimismo, muchos anuncios de edificios récord nunca pasaron de la mesa de diseño o de la preparación del terreno o no se construyeron como estaban planeados. El mejor método de datación para identificar la existencia de una burbuja y problemas en el futuro sería atender a las ceremonias de puesta de primera piedra. Esas ceremonias son una indicación de que los planes se han aprobado, la financiación y los permisos se han obtenido, el terreno se ha comprado y las pruebas necesarias se han iniciado o completado.

Cuando se buscan señales de problemas (es decir, la maldición de los rascacielos), una fecha mejor sería la del momento en que se ha batido realmente el récord o se aproximan a ese momento. La torre Burj Khalifa batió el récord en el verano de 2007, cuando las condiciones económicas parecían buenas, pero tardó dos años y medio en completarse y abrirse al público. Como advertencia, ninguno de estos procesos de datación son alguna especie de proceso exacto, preciso o mágico. Sin embargo, usando las fechas de anuncio y terminación el estudio de Barr, Mizrach y Mundra exageraba el grado de error que existe realmente. Además, como señala *The Economist*, se basaba en una muestra muy pequeña de catorce casos. El papel de los grupos o ciclos de los rascacielos récord tampoco debería ignorarse.

Para rectificar lo pequeño de la muestra, los autores del estudio recurren a una segunda serie de datos que incluían los edificios más altos completados cada año en cuatro países, que expandía el número de datos hasta 311. Comparaban datos sobre edificios altos, pero no necesariamente récords, con cambios en el PIB local por cabeza, no crisis económicas graves. Como consecuencia, descubrieron que la construcción de rascacielos y el PIB por cabeza estaban *cointegrados*. Cuando dos series temporales de datos están cointegradas significa que se mueven, en general, en la misma dirección y se piensa que son el resultado de las mismas fuerzas causales. Por ejemplo, la renta nacional y el consumo nacional tenderán a moverse en la misma dirección, con pequeñas variaciones. Se puede pensar al dueño de un perro paseándolo con una correa como dos seres cointegrados. El perro puede estar ahora delante y luego detrás del dueño, pero ambos siguen el mismo camino básico. El hecho de que Barr, Mizrach y Mundra descubrieran que rascacielos y PIB están cointegrados significa que las dos series de datos se mueven en la misma dirección en general e implica, en otras palabras, que la construcción de rascacielos no causa el ciclo económico y que ambas estadísticas tienen como causa otro factor u otros factores.

Un problema importante de estos datos es que el Índice de los Rascacielos no se basa en la construcción de rascacielos en general, sino solo en los rascacielos récord. Como hemos visto antes, debido a los requisitos tecnológicos y limitaciones económicas, construir dos edificios de cien pisos no es lo mismo que construir uno de doscientos. Otro problema es que la maldición de los rascacielos implica una crisis económica, no los vaivenes del ciclo económico típico.

Pero vamos a ignorar estos problemas esenciales de sus evidencias. ¡La evidencia de que la construcción de rascacielos y el PIB por cabeza están cointegrados y se mueven juntos con una causa común *es exactamente lo que predice el Índice de los Rascacielos*! Ambas estadísticas se mueven al tiempo y tiene como causa común los tipos de interés artificialmente bajos. El Índice de los Rascacielos nos dice que los tipos de interés artificialmente bajos generan rascacielos récord, normalmente en grupo, así como una burbuja en la economía y finalmente una crisis económica: la maldición de los rascacielos. En otras palabras, ninguna de sus evidencias menoscaba el Índice de los Rascacielos, sino que lo apoyan.

Sorprendido por el editorial, escribí a *The Economist* una carta al director para tratar de aclarar el significado y estatus del Índice de los Rascacielos. Esa carta del 30 de marzo de 2015 se reproduce aquí literalmente:

Querido director de *The Economist*:

Gracias por explicar mi investigación y referenciar mi artículo periodístico del *Quarterly Journal of Austrian Economics* («Is there such a thing as a skyscraper curse?» del 28 de marzo). Me gustaría indicar que la investigación de Mr. Barr, Bruce Mizrach y Kusum Mundra en realidad apoya mi tesis de que los tipos desalineados de interés causan tanto rascacielos récord como crisis económicas. El hecho de que los rascacielos récord y el PIB estén cointegrados no es una sorpresa y en realidad apoya la defensa de la maldición de los rascacielos. Asimismo, afirmo que no hay ninguna precisión con respecto al datado exacto de los acontecimientos, especialmente con respecto a los «anuncios» y las «finalizaciones». Las fechas de puesta de la primera piedra y de logro del récord son en realidad más relevantes, aunque aun así imprecisas. Dicen que una imagen vale más que mil palabras y creo que su gráfica de las fechas de rascacielos récord y crisis económicas lo dice todo.

Mark Thornton, PhD.
Miembro sénior (economista)
Ludwig von Mises Institute
Auburn, AL 36830 (USA)

Por desgracia, no publicaron mi carta. Me contactaron más de tres meses después y me explicaron que la habían perdido.

A partir de varias discusiones con Lucas Engelhardt, decidimos volver al artículo académico original y revisar sus conclusiones. A partir de ese examen, decidimos que debíamos escribir un comentario sobre el artículo. Entonces era una práctica común, aunque hoy los comentarios no lo son tanto, pero todavía existen en muchas revistas económicas académicas, incluyendo *Applied Economics*, donde se publicó el artículo original de Barr, Mizrach y Mundra. Al principio, pensamos que el título del comentario debía ser: «Altura de los rascacielos y ciclo económico: Distinguiendo los datos de la realidad», pero acabamos eligiendo la aproximación convencional. El comentario se reproduce a continuación.

ALTURA DE LOS RASCACIELOS Y CICLO ECONÓMICO: DISTINGUIENDO MITO DE REALIDAD, UN COMENTARIO

En un trabajo reciente de esta revista (*Applied Economics*), Jason Barr, Bruce Mizrach y Kusum Mundra[6] ponen a prueba la existencia de una Maldición de los Rascacielos, que Lawrence (1999) dice que es la «inquietante correlación» entre la construcción de rascacielos récord y las crisis económicas. Thornton (2005) demuestra las relaciones teóricas entre los rascacielos récord y las crisis económicas. Sin embargo, las evidencias que presentan Barr et al. (2015) ponen en duda la existencia de la Maldición de los Rascacielos. Basándose en sus evidencias, *The Economist* declaraba: «no se puede prever con precisión una recesión o pánico financiero atendiendo, ni a la fecha de anuncio, ni a la de finalización del edificio más alto del mundo».

Aquí revisamos Barr et al. (2015) y llegamos a una conclusión completamente distinta. Sus evidencias no refutan

---

[6] Barr, Mizrach y Mundra, «Skyscraper Height and the Business Cycle».

la Maldición de los Rascacielos y la mayor parte de las evidencias más rigurosas en realidad la apoyan. Con la Maldición de los Rascacielos, la producción y la altura deberían cointegrarse y la producción debería afectar a la altura como causalidad de Granger. Sus evidencias no solo son sólidas, sino que son de aplicación mucho más amplia más allá del asunto más estricto de los rascacielos récord y las crisis económicas excepcionales.

Barr et al. (2015) usan las pruebas de causalidad de Granger y cointegración para analizar la relación entre altura de rascacielos y producción. Usan datos de series temporales anuales para los edificios más altos completados cada año y PIB real por cabeza para Estados Unidos, Canadá, China y Hong Kong como medición de la producción. Sus evidencias demuestran que tanto la altura como la producción tienen una tendencia común que indica una relación cointegrada. Las pruebas de causalidad de Granger demuestran que la producción causa altura, pero la altura no causa producción.

Las evidencias las pruebas de causalidad de Granger y cointegración en realidad apoyan la teoría de la Maldición de los Rascacielos. Nadie cree que sencillamente construyendo un rascacielos récord se cause realmente una crisis económica. El rascacielos récord es más un ejemplo de los tipos de cambios microeconómicos y técnicos de las estructuras generales deproducción que tienen lugar en toda la economía en respuesta a los tipos de interés artificialmente bajos.

Thornton (2005) describe claramente la teoría de la Maldición de los Rascacielos en términos de un tercer factor causal, los tipos de interés artificialmente bajos, que causan tanto rascacielos récord como auges económicos insostenibles y, finalmente, crisis económicas. Ha habido varios estudios, como Barr (2012), que han sugerido que ese tercer factor es responsable de la construcción de rascacielos récord, como la competencia entre constructores, el estatus social y el ego. Sin embargo, frente a estos factores psicológicos, los tipos de interés artificialmente bajos proporcionan una explicación económica para 1. Rascacielos récord, 2. El ciclo de auge y declive y 3. Cambios en la psicología social. Por tanto, los resultados de las pruebas de causalidad de Granger y cointegración están completamente en línea con las expectativas del modelo de Thornton (2005).

Frente a los resultados de las pruebas de causalidad de Granger y cointegración, las evidencias en la Tabla 1 de Barr et al. (2015) ponen extrañamente en cuestión la existencia de la Maldición de los Rascacielos. Usan las fechas en las que se anuncian públicamente los rascacielos récord y las fechas en que esos edificios se inauguran y encuentran poca relación entre cualquiera de esas fechas y el ciclo económico.

Sin embargo, hay múltiples problemas con esas evidencias. Primero, ninguna de estas fechas debería esperarse que se correlacionara bien con el ciclo económico y especialmente con las grandes crisis económicas, salvo en un sentido. Las fechas de anuncio deberían ocurrir generalmente durante la fase de auge del ciclo. Sí encontraron que 10 de los 14 anuncios sí se produjeron en una expansión y 1 se produjo en todo lo alto del pico. Los 3 restantes se produjeron porque el «pico más cercano en EE.UU.» se usa arbitrariamente, colocando las 3 fechas de anuncio después de un pico previo. Además, usar las fechas de pico y terminación de la NBER no es una verdadera prueba de la Maldición de los Rascacielos, que se limita a las grandes crisis económicas.

Thornton (2014) sugiere que las fechas de anuncio deberían ignorarse y que deberían considerarse en su lugar las fechas de puesta de primera piedra como «alertas de rascacielos», ya que indican que existen oportunidades de inversiones relacionadas con las burbujas, pero que hay peligro a la vista. Además, la fecha en que se alcanza el récord, en el sentido de que se ha llegado a la altura del récord, es una «señal de rascacielos» que sugiere que el peligro económico es inminente. Las fechas de inauguración pueden producirse meses o incluso años después de las fechas en que se alcanza el récord y los rascacielos récord a menudo se abren en medio de una crisis económica.

Barr et al. (2015) también rebajan la Maldición de los Rascacielos señalando que «el rango de meses entre el anuncio y el pico es enorme, variando de 0 a 45 meses». Sin embargo, esta variación es el resultado de usar la fecha de anuncio, de forma que, por ejemplo, las Torres Gemelas se anunciaron en enero de 1964, pero la fecha de puesta de la primera piedra para su construcción fue en agosto de 1968. También usan las fechas del ciclo de EE.UU. para dos récords en el extranjero, las Torres Petronas y el Taipei 101. Estos récords normalmente se relacionan con la Crisis Financiera Asiática de 1997-98 y también con el declive de la burbuja tecnológica (1997-2001), pero estos acontecimientos muestran poca relación con las fechas de anuncio o inauguración.

Siguen quedando varias anomalías en la Tabla 1. El Woolworth Building se anunció en julio de 1910 y se inauguró en abril de 1913, pero no hay ninguna crisis económica notable asociada con él. Sin embargo, la economía sí llegó a un máximo y empezó a contraerse en el primer trimestre de 1913 y continuó haciéndolo hasta el cuarto trimestre de 1914. Esta contracción incluyó el tercer declive trimestral más grave en el PIB real entre 1875 y 1918 y fue peor que cualquier resultado trimestral entre 1946 y 1983. La fundación del sistema de la Reserva Federal en 1913 y el inicio de la Primera Guerra Mundial en Europa en 1914 proporcionaron estabilidad en la economía estadounidense, al aumentar las exportaciones a Europa. Estos dos factores exógenos impidieron que el Woolworth Building se relacionara con la Maldición de los Rascacielos, porque la intervención de la Primera Guerra Mundial invirtió la recesión económica más profunda e impidió que se le diera un nombre histórico (por ejemplo, «Depresión de 1913-15»).

La Tabla 1 también lista los edificios Pulitzer (1890) y Manhattan Life (1894), que, junto con el Masonic Temple de Chicago (1892) y el Auditorium Building (1889) representan una oleada de rascacielos récord que precedió al inicio de mayor contracción de la historia de EE.UU., culminando con el mayor declive trimestral en el PIB real de la historia de EE.UU., al que luego siguió el Pánico de 1893 y seis años de desempleo en dobles dígitos. Con estas aclaraciones, 13 de los 14 edificios listados por Barr et al. (2015) están de acuerdo con el modelo de la Maldición de los Rascacielos. El Park Row

Building, que se anunció en 1896 e inauguró en 1899 no parece ajustarse al modelo, pero está en sincronía con la aparición de la entonces nueva tecnología de construcción de estructuras de acero. Si tenemos en cuenta las oleadas de rascacielos y el contexto histórico, los rascacielos récord están realmente asociados con grandes crisis económicas y la Maldición de los Rascacielos sí aporta a nuestra capacidad de prever riesgos macroeconómicos, incluso cuando las complejidades históricas impiden que las predicciones del momento sean precisas. Estamos de acuerdo con Barr et al. (2015) y *The Economist* en que el Índice de los Rascacielos y su Maldición son de poco valor a la hora de predecir los vaivenes normales de la macroeconomía.

Nos sorprendió saber muchas semanas después que nuestro comentario había sido rechazado por *Applied Economics*. El editor nos envió dos informes arbitrales. Ninguno de ambos informes se ocupaba de nuestro comentario esencial y ambos defendían el trabajo de Barr, Mizrach y Mundra.[7] Advertimos que en uno de los informes el autor se identificaba como uno de los autores del trabajo de Barr, Mizrach y Mundra y escribía: «Es difícil rechazar un comentario que está de acuerdo con tu trabajo». Sin embargo, conseguía combatir esa pulsión y rechazaba nuestro comentario. No es algo inhabitual que se envíe al autor de un artículo un comentario sobre su trabajo para que lo evalúe, pero sí parece extraño darle derecho de

---

[7] Barr, Mizrach y Mundra, «Skyscraper Height and the Business Cycle».

veto sin que el editor haya leído el trabajo y el comentario, algo que parecía evidente en este caso.

No resulta embarazoso para una revista publicar un trabajo defectuoso. Ocurre habitualmente. Es parte del proceso académico. Por ejemplo, nuevas técnicas econométricas han puesto en duda muchos trabajos empíricos anteriores. Se han escrito cientos de trabajos sobre la Curva de Phillips y sin duda muchos estaban equivocados y ahora son irrelevantes. En el caso de Barr, Mizrach y Mundra, su trabajo en realidad no es erróneo de por sí, sino que llegan a conclusiones erróneas basadas en sus evidencias. Incluso sus evidencias secundarias podrían ser salvables. Esta experiencia proporciona una perspectiva clara del embrollado mundo de la publicación académica.

Expandimos el comentario en un trabajo con evidencias empíricas adicionales y este fue aceptado para su publicación en la *Quarterly Journal of Austrian Economics*.[8] Hay otras líneas importantes de desarrollo de investigación sobre el Índice de los Rascacielos, dos de las cuales se incluyen a continuación. Un estudio considera la Maldición de los Rascacielos a nivel estatal y el otro examina la microeconomía de la maldición a nivel de ciudad y ayuda a explicar el viejo dicho inmobiliario de que lo que importa es «la ubicación, la ubicación y la ubicación».

---

[8] Elizabeth Boyle, Lucas Engelhardt y Mark Thornton, «Is There Such a Thing As a Skyscraper Curse?» *Quarterly Journal of Austrian Economics* 19, n.º 2 (verano de 2016): 149-168.

CAPÍTULO 10

¿DEBERÍA QUEDARME
O DEBERÍA IRME?

Si voy allá habrá problemas
Y si me quedo habrá el doble.
Así que dime
¿Debería quedarme o debería irme?

— The Clash, Should I Stay or Should I Go

La decisión sobre dónde ubicar tu residencia es difícil de tomar. La mayoría de los factores que toman parte en tu toma de decisión son básicamente factores económicos. ¿Podría entonces este tipo de toma de decisiones estar de alguna forma implicado en la maldición de los rascacielos? El economista Lucas Engelhardt pensaba que sí y escribió un trabajo esclarecedor sobre ello.

He reiterado a lo largo de este libro que los rascacielos récord y la maldición de los rascacielos no son más que síntomas de lo que está pasando en la economía cuando se ve influida por tipos de interés artificialmente bajos durante un periodo largo de tiempo. Ya hemos visto que causan cosas como alturas récord de edificios en lugares como Auburn, en Alabama, tecnologías avanzadas de construcción e innovaciones arquitectónicas avanzadas.

Hay muchos factores que influyen en la decisión sobre la ubicación de tu residencia. Un factor importante es que el coste de tu casa o piso es uno de tus mayores gastos. Los pagos de alquileres o hipotecas son normalmente los pagos más grandes de tu presupuesto mensual. Una vez liquidada tu hipoteca, tu nivel de vida puede aumentar significativamente. Otro factor importante es que la decisión es a largo plazo. Si se planea comprar una casa o un condominio, hay costes de transacción como los gastos de mudanza, las comisiones de los agentes inmobiliarios y las tasas legales. Se pueden reducir algunos de estos gastos asumiendo mayores cargas de trabajo y riesgo, pero no se pueden eliminar. Se incurre en esos costes en cada mudanza.

Estas consideraciones de los costes también afectan a la toma de decisiones al elegir apartamentos. Quien alquila está obligado a pagar una renta a lo largo del alquiler. También existen los costes de mudanza, ya sea pagando a una empresa o haciéndola tú mismo. El resultado es que la gente normalmente dedica tiempo y esfuerzo a adquirir información para tomar esas decisiones y normalmente no decide de forma inconsciente y abrupta. Así que cuando te preguntes: «¿Debería quedarme o debería irme?», recuerda que hay un coste importante de mudanza.

Algunos de los factores que considera la gente cuando piensa en mudarse son los precios de las viviendas y la cantidad mensual a pagar; la cantidad de los impuestos a la propiedad, la renta y las ventas; los servicios locales; la calidad de las escuelas locales y las zonas de compra; los índices de delincuencia y el tiempo de transporte. La ubicación de las iglesias también afecta a las decisiones de algunas personas. Hay que compensar todos estos factores. Por ejemplo, las familias con hijos pequeños tenderán a aceptar impuestos más altos si las escuelas locales son buenas y las tasas de delincuencia son bajas. Otro ejemplo es que algunas personas estarían dispuestas a soportar un tiempo de transporte largo si los precios e impuestos a la vivienda son bajos, los servicios y escuelas son buenos y la delincuencia es baja.

Lucas Engelhardt[1] hizo una contribución a nuestra comprensión del Índice de los Rascacielos ofreciendo una explicación más completa de por qué deberíamos esperar un aumento desigual en los precios de los terrenos en lugar de uno equilibrado y general. Usando la teoría de la ubicación, Engelhardt demuestra teóricamente por qué deberíamos fijarnos en rascacielos muy altos en lugar de en edificios altos en general. En otras palabras, no rechaza la idea de que tipos más bajos de interés aumentan los precios de los terrenos y la altura de los edificios, pero proporciona soporte teórico para la idea de que los precios de los terrenos aumentarán relativamente más en los distritos empresariales céntricos.

De los tres efectos Cantillon, se centra en el primero, por el que los tipos bajos de interés cambian los precios de los terrenos, lo que lleva a edificios más altos. En mi trabajo de 2005,[2] la justificación para edificios más altos en este primer efecto no se basaba realmente en la teoría económica, sino en la economía inmobiliaria. Sin embargo, sí proporcionaba algún soporte teórico al aumento desigual de los precios de los terrenos en el segundo efecto Cantillon, en el que los tipos bajos de interés causaban un aumento en el tamaño de la empresa, lo que, a su vez causaba una mayor demanda de espacio para oficinas y los distritos empresariales centrales.

Engelhardt usa el modelo *bid-rent* de William Alonso[3] con una ciudad puramente residencial en la que todas las oportunidades de empleo están en el distrito empresarial central. Aunque no sean realistas, estos supuestos son razonables. En el modelo, cada familia presupuesta parte de sus ingresos para pagar el alquiler y los gastos de transporte al trabajo y parte de su tiempo a dicho transporte. Cuanto más

---

[1] Lucas Engelhardt, «Why Skyscrapers? A Spatial Economic Approach». Inédito, 2015.

[2] Mark Thornton, «Skyscrapers and Business Cycles», *Quarterly Journal of Austrian Economics* 8, n.º 1 (2005): 51-74.

[3] William Alonso, *Location and Land Use: Toward a General Theory of Land Rent* (Cambridge, MA: Harvard University Press, 1964).

lejos se esté del distrito empresarial central, mayores serán los costes de transporte, lo que disminuye la cantidad que se está dispuesto a pagar por el alquiler. Al irse acercando al distrito empresarial central, disminuye el tiempo y gasto en transporte y aumenta la voluntad de pagar alquileres mayores.

Este equilibrio resulta familiar para muchos: ¿vivir cerca del trabajo y pagar más por el alquiler o vivir en las afueras y soportar costes y tiempos sustanciales de transporte? Es un equilibrio entre costes de vivienda y costes de transporte.

Si los costes de transporte son muy caros, los alquileres serán muy caros cerca del distrito empresarial central (es decir, habrá una gran diferencia en el punto de equilibrio), pero si son muy baratos (por ejemplo, trenes de alta velocidad por todas partes), los precios de alquileres serán muy similares cerca del centro y en la periferia (es decir, habrá una diferencia muy pequeña en el punto de equilibrio). Pero ¿qué determina la diferencia del equilibrio? La calidad de los servicios de transporte es obviamente importante, pero también muy difícil de manipular. Por ejemplo, Dana Rubinstein[4] informa de que los proyectos públicos de transporte se caracterizan por grandes retrasos y excesos presupuestarios, con algunos proyectos excediendo los 2.000 millones de dólares por milla. Engelbart decide centrarse en los tipos salariales y de interés, que atañen más habitualmente a las ciudades.

Aquí emplea el concepto de Murray Rothbard[5] del *producto del ingreso marginal descontado* del trabajo. Normalmente, la diferencia entre este concepto y el ortodoxo del *producto del ingreso marginal* es mínima, pero el concepto de Rothbard incluye el tipo de interés y la preferencia temporal en nuestra teorización acerca de la toma de decisiones al añadir el descuento temporal al concepto ortodoxo.

---

[4] Dana Rubinstein, «Where the Transit-Build Costs Are Unbelievable», *Politico*, 31 de marzo de 2015.

[5] Murray N. Rothbard, *El hombre, la economía y el estado* (Madrid: Unión Editorial, 2011).

Cuando los tipos de interés son muy bajos, nos preocupa poco cuándo nos pagan, porque perdemos muy pocos réditos. Si los tipos de interés son muy altos, entonces queremos recibir nuestros salarios muy rápidamente. Igualmente, a la gente a la que se paga diariamente le preocupa poco el tipo de interés, pero a quien se le paga mensual o anualmente podría estar muy preocupado por los cambios en los tipos de interés.

Con respecto a la maldición de los rascacielos, cuando los tipos de interés se vuelven artificialmente bajos, el tipo de descuento sobre ventas futuras de productos disminuye y así crea una mayor demanda de mano de obra y niveles salariales superiores. Por ejemplo, si el tipo de interés sobre el inventario pagado por un vendedor de coches cae del 10% al 1%, el vendedor querrá tener un inventario mayor para tratar de maximizar sus beneficios. Este mayor inventario, reflejado en toda la economía, causará niveles superiores de producción, empleo y salarios.

¿Qué impacto tendrán estos salarios superiores sobre la elección de ubicación? Los salarios superiores tendrán dos efectos distintos. Primero, niveles salariales superiores generarán presupuestos familiares superiores y un presupuesto mayor para pagar gastos de alquiler y transporte. Segundo, los niveles salariales superiores hacen que el tiempo de transporte al trabajo sea más caro en términos de coste de oportunidad. Por ejemplo, un abogado que gana 500$ por hora tendría que considerar que mudarse de un lugar de transporte de 60 minutos diarios a un transporte de 120 minutos diarios aumenta su coste de oportunidad en ¡125.000$ anuales! Igualmente, un abogado que se muda y reduce el tiempo de transporte de 60 minutos diarios a vivir en su despacho y no gastar tiempo en transporte podría aumentar potencialmente sus ingresos en 125.000$ anuales.

Engelhardt concluye que los tipos de interés a la baja tienen un impacto indudable sobre las personas con salarios superiores y los terrenos más cercanos al distrito empresarial central, mientras que para las personas con salarios menores y los terrenos en la periferia el efecto es ambiguo. Esto significa que los tipos de interés artificialmente bajos inducen a la gente a querer mudarse más cerca del distrito empresarial central. Esto a su vez tiende a aumentar los precios de los terrenos y hace que se construyan edificios más altos. Así que durante un auge artificial deberíamos esperar que cosas como que se construyan edificios de vivienda muy altos en los distritos empresariales centrales.

Si se suaviza el modelo y se consideran edificios de oficinas, los resultados son todavía más firmes, porque las empresas quieren minimizar los costes de transporte a sus empleados, clientes y proveedores. Por tanto, quieren ubicarse en el distrito empresarial central, impulsando así más al alza los precios del terreno. Las conclusiones de Engelhardt proporcionan evidencias adicionales para el Índice de los Rascacielos y la maldición de los rascacielos y su investigación destaca cómo los tipos artificiales de interés pueden influir en nuestras vidas a un nivel muy personal.

Capítulo 11

JABALÍES Y GLOTONES

Los jabalíes son cerdos salvajes corpulentos, fuertes, rápidos y feroces. Habitan una muy amplia multitud de ámbitos en grandes grupos y son omnívoros y muy adaptables. Los glotones son la especie más grande de los mustélidos, del tamaño aproximado de un oso pequeño. Este carnívoro rápido y musculoso tiene una merecida reputación de fortaleza y ferocidad. ¿Tienen estas criaturas algo que ver con la maldición de los rascacielos?

No, nada, pero inspiraron un artículo importante de Greg Kaza.

Cuando doy conferencias en público sobre la maldición de los rascacielos, se me pregunta inevitablemente si puede aplicarse a niveles continentales, nacionales y estatales, además de solo a una escala global. Por ejemplo, ¿un rascacielos récord nacional desataría una maldición nacional de los rascacielos?

Greg Kaza[1] examinó las evidencias del Índice de los Rascacielos a nivel estatal en Estados Unidos. Eligió los estados de Arkansas y Michigan. Greg es de Michigan y obtuvo su grado de maestría en finanzas internacionales en el Walsh College, en Michigan. Ha trabajado como director ejecutivo de la Arkansas Policy Foundation desde 2001. Los apodos de los equipos de

---

[1] Greg Kaza, «Note: Wolverines, Razorbacks, and Skyscrapers», *Quarterly Journal of Austrian Economics* 13, n.º 4 (invierno de 2010): 74-79.

131

la Universidad de Arkansas y la Universidad de Michigan son los jabalíes y los glotones, respectivamente.[2] Usó las estimaciones del NBER de expansiones y contracciones económicas en la economía de EE.UU.. Comparó esos datos con los de los edificios más altos en ambos estados. Lo que encontró fue una confirmación del Índice de los Rascacielos a nivel estatal. Según Kaza:

Los rascacielos más altos de Michigan a principios del siglo XX, el Dime Building y el Penobscot Annex, de Detroit, se completaron en 1913, un año de recesión. Los edificios Guardian y Penobscot de Detroit se acabaron en 1928-29, en vísperas de la Gran Depresión. Hoy, el edificio más alto de Michigan es el Detroit Marriott en el Renaissance Center, completado durante una expansión. Sin embargo, su torre final se acabó durante la contracción de julio de 1981 a noviembre de 1982.[3]

Así que la experiencia en Michigan parecería confirmar el Índice de los Rascacielos. También debería señalarse que, con respecto al Detroit Marriott, la industria automovilística estadounidense, centrada en Detroit, Michigan, seguía siendo una fuerza vital para el resto de la economía en la década de 1970, aunque eso cambiaría pronto.

Los resultados fueron muy similares en el estado de Arkansas. El estado es en buena parte una economía agrícola, aunque eso ha cambiado algo con la aparición de Wal-Mart, que tiene su sede central en Bentonville. Según Kaza, el estado siguió el siguiente patrón:

Puede observarse un efecto similar en Arkansas. El Little Rock's Pyramid Life Building (1907), el Union Life Building (1913), el Donaghey Building 2 (1926), el Tower Building (1960), el Bank of America Building (1970) y el Region's Bank Building (1975) se completaron todos en torno a contracciones estima-

---

[2] *Razorbacks* y *Wolverines* (n. del t.).
[3] Greg Kaza, ibíd., p. 76.

das por el NBER. La única excepción, la Metropolitan Tower (anteriormente el TCBY Building) se completó en 1986, un año de expansión.[4]

La Metropolitan Tower podría haberse completado durante una expansión nacional de la economía, pero no fue el caso en Arkansas. Mientras se construía el edificio, el estado de Arkansas estaba entrando en una fuerte contracción económica. Según Henderson, Gloy y Boehlje:

La agricultura de EE.UU. no pudo sostener la prosperidad de la década de 1970 y, al igual que en la década de 1920, la actividad exportadora colapsó durante la década de 1980. Después de llegar a un máximo de 96.000 millones de dólares en 1980, las exportaciones agrícolas reales de EE.UU. cayeron abruptamente. Una economía global debilitada, problemas mundiales de deuda, un valor alto de intercambio del dólar y barreras comerciales (incluyendo un embargo ruso de cereal) recortaron las exportaciones agrícolas (Drabenstott 1983). En 1986, las exportaciones agrícolas llegaron a un mínimo de 47.000 millones de dólares, la mitad de los niveles informados cinco años antes.[5]

Así que los fracasos solitarios del Índice de los Rascacielos en Arkansas y Michigan se refieren en realidad a las dificultades que puede generar el uso de estadísticas nacionales para fenómenos a nivel estatal.

Kaza hace otras dos observaciones importantes. La primera es que los edificios más altos en veinte estados se completaron en años considerados por el NBER como de contracción. Podría ser interesante examinar los otros treinta edificios para ver si sus fechas de récord, frente a su fecha de finalización, podrían haberse producido durante una expansión econó-

---

[4] Ibíd., pp. 76-77.
[5] Jason Henderson, Brent Gloy y Michael Boehlje, «Agriculture's Boom-Bust Cycles: Is This Time Different?» *Economic Review* (4.º trimestre de 2001): 88.

mica. La segunda es que descubrió, usando las fechas del NBER, que el Woolworth Building, que se abrió al público en abril de 1913, lo hizo en una contracción de veintitrés meses de la economía de EE.UU., entre enero de 1913 y diciembre de 1914. Fue una contracción larga y grave. Sin embargo, no fue lo suficientemente larga o profunda como para ganarse un nombre como los logrados por otros rascacielos malditos.

Mientras que Lucas Engelhardt[6] demuestra que el análisis de la maldición de los rascacielos puede integrarse en el análisis macroeconómico de los mercados laborales y la teoría de la ubicación, Kaza[7] ha demostrado que también puede situarse en niveles inferiores de análisis geográfico.

---

[6] Lucas Engelhardt, «Why Skyscrapers? A Spatial Economic Approach». Inédito, 2015.

[7] Kaza, «Note: Wolverines, Razorbacks, and Skyscrapers».

Capítulo 12

LA MALDICIÓN DE LA RESERVA FEDERAL

La Sección 1 de este libro se ha ocupado del Índice de los Rascacielos, que fue creado por Andrew Lawrence en 1999. El índice registra la enigmática relación entre la construcción de rascacielos récord y la aparición de graves crisis económicas. A las crisis resultantes se las llama maldiciones de los rascacielos. La maldición de los rascacielos se refiere las grandes crisis económicas que siguieron a los rascacielos récord. Mirando atrás, *maldición* es una palabra mal escogida. Un uso en inglés de la palabra maldición indica una irritación o molestia, como tener psoriasis o una hija conflictiva, perceptible por el individuo. El segundo uso se refiere a verse afligido por un ser místico o una persona religiosa de este mundo, como un experto en vudú. El tercer uso se refiere al uso de juramentos por parte de una persona que se queja de alguien o algo. La aportación principal de la sección 1 ha sido explicar que la maldición de los rascacielos no es algo autoinfligido ni relacionado con el uso de palabras de maldición. Tampoco se refiere a seres místicos o personajes religiosos. La maldición moderna se refiere a la imposición de un grave daño económico por parte de seres mundanos en la Reserva Federal.

El Índice de los Rascacielos tiene un notable historial de mostrar una correlación cercana entre rascacielos de récord mundial e inicio de crisis económicas. Esta sección ha extendido hacia atrás la historia hasta el siglo XIX y más adelante en el tiempo desde la creación del índice en 1999. También ha demostrado que la excepción original de este historial, el Woolworth Building, no fue una excepción en absoluto, sino sencillamente un accidente histórico. También pudimos ver que el índice puede usarse para analizar este fenómeno a niveles inferiores de agregación, como el nivel estatal y el urbano (el problema de la expansión urbana).

Por supuesto, si no se ha leído esta sección, se puede tener dudas sobre la fiabilidad del índice. Como he reiterado, el uso del Índice de los Rascacielos como herramienta de previsión no es muy recomendable. Igual que los canales ya no son un componente económico esencial en la red de transportes, los rascacielos podrían perder fácilmente su posición clave en la economía en el futuro. Otra razón para ser precavidos es que las grandes crisis económicas pueden iniciarse por otras causas que no sean los bancos centrales, como guerras o pandemias. Además, no hay un mecanismo preciso que se pueda emplear para pronosticar, así que hay buenas razones para mostrarse dubitativos o al menos escépticos a este respecto.

Los indicadores más prometedores acaban fallando, especialmente los que parecen caprichosos y no tienen ninguna base esencial, mientras que otros se usan poco para guiar los gastos de inversión de capital a largo plazo. Esta sección ha proporcionado la base rudimentaria o fundamental para el Índice de los Rascacielos en la teoría económica y la teoría austriaca del ciclo económico (TACE). Una política monetaria de tipos de interés artificialmente bajos por parte de los bancos centrales distorsiona los planes de inversión de capital de los empresarios. Esta política monetaria sigue el camino de las políticas de fijación de los tipos de interés del banco central a las operaciones de mercado abierto entre la Fed de Nueva York y los grandes bancos. Esta acaba golpeando al hombre de la calle y genera más deuda e inversiones mal orientadas. Hemos comparado el proceso natural del crecimiento y desarrollo económicos mediante ahorro real con los desastrosos resultados cuando crecimiento y desarrollo aparentes se dirigen artificialmente por los bancos centrales.

La mayoría de los economistas ortodoxos no tiene una teoría económica de los ciclos económicos. Ven la economía como una simple maquinaria que funciona bien a nivel macro mientras no hay sacudidas tecnológicas o psicológicas. Estas sacudidas se producen al azar y no pueden conocerse por adelantado. Por tanto, no pueden predecirse o impedirse. La TACE incorpora tanto el cambio tecnológico como el psicológico. Además, los teóricos de la TACE esperan que se produzcan esos cambios y pueden formarse expectativas acerca de cuándo y dónde tendrán lugar esos cambios en presencia de una política monetaria de tipos de interés artificialmente bajos.

Al abarcar la complejidad de la economía con la ayuda de conceptos como la estructura de producción y el proceso de producción indirecta, la TACE puede incluso proporcionar indicaciones sobre dónde es más probable que sea más grave la crisis. El análisis de los efectos Cantillon es también útil en esto, porque aquí es donde la distorsión causa malas inversiones en bienes de capital de productos concretos. Los economistas austriacos desdeñan las varitas mágicas en su análisis económico, mientras que esas varitas desempeñan un papel esencial en el análisis económico ortodoxo.

Dedicaremos ahora nuestra atención a la capacidad de predicción de los economistas austriacos con respecto a las crisis económicas y la compararemos con la capacidad de predicción de los economistas ortodoxos. Una pista: no tiene nada que ver con los rascacielos.

SECCIÓN 2

Y CÓMO LOS ECONOMISTAS AUSTRIACOS PREDIJERON TODAS LAS GRANDES CRISIS ECONÓMICAS DE LOS ÚLTIMOS 100 AÑOS

Capítulo 13

¿QUIÉN PREDIJO LA GRAN DEPRESIÓN?

Se afirma a menudo que el economista austriaco Ludwig von Mises predijo la Gran Depresión, pero eso no es del todo cierto. Sí predijo en 1924 que un gran banco austriaco acabaría quebrando y renunció a un puesto de prestigio en otro gran banco austriaco en 1929 porque no quiso que su nombre se asociara a su quiebra. Estaba claro que Mises esperaba una grave crisis económica, pero, como ha demostrado Murray Rothbard,[1] lo que hizo «grande» a la Gran Depresión es que fue al tiempo grave y de larga duración, fueron las políticas adoptadas en respuesta a la crisis original. La teoría austriaca del ciclo económico (TACE) guarda generalmente silencio con respecto a los plazos y la magnitud de la crisis económica.

Aquí la consideración más importante es que Mises publicó una crítica teórica completa de la política monetaria existente en Estados Unidos y otras partes en 1928. Ese libro es *Monetary Stabilization and Cyclical Policy*. Ahora consideraremos las opiniones opuestas de Ludwig von Mises y su contraparte estadounidense, Irving Fisher.

La primera «nueva era» del siglo XX tuvo lugar durante la década de 1920. La gente empezó a creer que este periodo de crecimiento económico extendido era realmente de crecimiento autosostenido y de una prosperidad en perpetuo crecimien-

---

[1] Murray Rothbard, *La Gran Depresión* (Madrid: Unión Editorial, 2013).

to. La Primera Guerra Mundial había arrasado el mundo desarrollado, se habían creado bancos centrales en todo el planeta y Estados Unidos se había convertido en una importante potencia económica y militar. La Era Progresista había reinventado los Estados Unidos en buena parte mediante cambios constitucionales. Las mujeres ahora tenían derecho a votar, había un nuevo impuesto federal sobre la renta y el alcohol estaba prohibido en toda la nación. Estados Unidos también se había unido al resto del mundo desarrollado creando un banco central con la aprobación de la Ley de la Reserva Federal en 1913. El mundo estaba en paz y con la aplicación de una serie de recortes fiscales federales Estados Unidos tuvo una economía muy próspera, aunque inestable, durante la década de 1920.[2]

También hubo una revolución tecnológica, que fue la más importante que había experimentado el mundo. Fue la década en que el avión y el automóvil pasaron a producirse de forma masiva. En comunicación, fue el inicio de la disponibilidad masiva del teléfono y la radio. Se inventaron las películas, junto con electrodomésticos como el lavaplatos, la tostadora y la nevera. El uso de la electricidad y de los productos derivados del petróleo aumentaron drásticamente al tiempo que disminuía de forma notable la fuerza manual. La fabricación en línea se volvió ubicua y se consideró como la clave del progreso industrial.

Al periodo de auge económico y de burbuja bursátil durante la década de 1920 se le llamó los «felices años veinte». Poca gente parecía pensar que era inusual que los tres edificios más altos del mundo se estaban construyendo en Wall Street o cerca. Sin embargo, estaba lejos de ser un mundo ideal, dado toda la delincuencia, la corrupción y la violencia creados por la ley seca, y había claros desequilibrios e inestabilidad en la economía. Sin embargo, nada de esto podía

---

[2] Robert B. Ekelund, Jr. y Mark Thornton, «Schumpeterian Analysis, Supply-SideEconomics, and Macroeconomic Policy in the 1920s», *Review of Social Economy* 44, n.º 3 (diciembre de 1986): 221-237.

desanimar o disuadir a los optimistas de que esa era realmente una «nueva era».

Edward Angly[3] recogió citas de periódicos y registros públicos para atestiguar la mentalidad de la «nueva era» durante la burbuja y sus secuelas. Un buen ejemplo de esta forma de pensar se aprecia en el discurso de aceptación de Herbert Hoover de su nominación a la presidencia por el Partido Republicano, en el que proclamaba el 11 de agosto de 1928:

> El desempleo en el sentido de angustia está desapareciendo rápidamente. (...) Hoy en Estados Unidos estamos más cerca del triunfo final sobre la pobreza que nunca en la historia de ningún país. Las casas de pobres se desvanecen ante nuestra vista. No hemos llegado al objetivo, pero hemos dado una posibilidad para avanzar en las políticas de los últimos ocho años y pronto, con la ayuda de Dios, estará a nuestro alcance el día en el que la pobreza desaparecerá de esta nación. No hay garantía contra la pobreza que supere al empleo para cada hombre. Ese es el objetivo principal de las políticas económicas que defendemos.[4]

No es sorprendente que Hoover creyera que la prosperidad de la década de 1920 se debiera a las políticas económicas de su Partido Republicano, pero sus políticas futuras para salvar empleos serían las responsables de convertir la crisis económica en la Gran Depresión.

Los industriales también veían una nueva era. Magnus Alexander, el presidente del Consejo de la National Industrial Conference, decía en 1927: «No hay razón para que deba haber más pánicos». El presidente de la Pierce-Arrow Motor Car Company, Myron Forbes, afirmaba el día de año nuevo de 1928 que «no habrá interrupción en nuestra actual prosperidad», mientras que Irving Bush, el presidente de la Bush

---

[3] Edward Angly, *Oh Yeah?* (Nueva York: Viking Press, 1931).
[4] Ibíd., p. 9.

Terminal Company proclamaba en noviembre que «estamos al inicio de un periodo que pasará a la historia como la edad dorada».

Charles Schwab, presidente de Bethlehem Steel, señalaba en marzo de 1929 que «No creo que haya ningún peligro para el público en la situación actual» y en un discurso en octubre en el American Iron and Steel Institute, reafirmaba que «en mi larga relación con el sector del acero, nunca lo he visto disfrutar de más estabilidad o de perspectivas más prometedoras que hoy». Como es habitual en la filosofía de la nueva era, en octubre de 1931, culpaba de la depresión a los factores psicológicos: «Los precios sobreliquidados de muchos valores son una señal de una perspectiva a un plazo demasiado corto y de un temperamento demasiado excitable».

La prensa financiera se vio igualmente intoxicada por la burbuja inmobiliaria, con el *Wall Street Journal* informando el 26 de octubre de 1929: «Las condiciones no parecen indicar nada que vaya más allá que un parón de la actividad bursátil y la prosperidad empresarial similar al de 1923. La idea de que la desaparición de las ganancias sobre el papel reducirá el poder adquisitivo real del país parecen exageradas». El articulista Arthur Brisbane informaba cuatro días después de que «quienes hablan irreflexivamente de un pánico nacional, recuerden, por favor, que la renta de esta nación es de 100.000 millones de dólares anuales». En noviembre informaba de que «los negocios van bien, el dinero está barato» y que «tendría que ser un buen año».

Poco después animaba a sus lectores al informar de que «todos los millonarios realmente importantes prevén que continúe la prosperidad» y de que «si todos aprendieran a hablar del progreso y el futuro del país como una madre joven habla de su bebé recién nacido, no habría peligro de tiempos duros». El día de año nuevo de 1930, declaraba que la crisis económica se había acabado, indicando: «Ahora que ha desaparecido el "gran viento" que sopló a través de Wall Street eliminando los beneficios sobre el papel, hay corazones tristes, pero no pérdidas reales». Y una semana después escribía: «Se puede decir con toda seguridad que ya se ha alcanzado el máximo de paro y que vendrán mejores condiciones». Mientras la economía empeoraba y el desempleo continuaba acumulándose, las certezas de Brisbane se iban haciendo cada vez más extravagantes y macabras. El 2 de enero de 1931 escribía: «A veces, cuando las cosas van mal, es un alivio que se nos recuerde que nada importa demasiado. Si la tierra cayera hacia el sol, se derretiría como un copo de nieve que cayera en una estufa al rojo vivo».

Los políticos fueron grandes promotores y defensores del pensamiento de la nueva era. El secretario del Tesoro, Andrew Mellon, dijo al pueblo estadounidense cerca del máximo del auge que «no hay razón para preocuparse. La pleamar de prosperidad continuará». Después de que se desplomara la bolsa y el desempleo empezara a aumentar, reafirmaba a los estadounidenses el día de año nuevo de 1930:

Sin embargo, no veo nada en la situación actual que sea una amenaza o justifique un pesimismo. Durante los meses de invierno puede haber algo de inactividad o desempleo, pero poco más que en esta estación todos los años. Tengo mucha confianza en que habrá una reactivación de la actividad en primavera y que durante el año que viene el país estará en un progreso continuo.[5]

Los cargos públicos republicanos continuaron diciendo durante 1930 que la economía iba bien, que las condiciones eran satisfactorias, que lo peor ya había pasado, que las cosas mejorarían en un par de semanas y que había señales de recuperación por todas partes. Sin embargo, al final de 1930 algo de pánico y confusión se había apoderado de las filas republicanas. El 15 de octubre de 1930, Simeon Fess, presidente del Comité Nacional Republicano, se quejaba:

---

[5] Ibíd., p. 23.

Personas en puestos altos de los círculos republicanos están empezando a creer que se avecina algún intento concertado para utilizar el mercado bursátil como método para desacreditar a la administración. Cada vez que un cargo de la administración hace una declaración optimista acerca de las condiciones empresariales, el mercado cae de inmediato.[6]

Esta declaración es al tiempo una señal de alarma y de paranoia y, si fuera verdad, indicaría que el «mercado» por fin había entrado en una fase de descreimiento de las declaraciones de la Casa Blanca, debido a un gran número imprecisiones anteriores.

Irving Fisher era el economista estadounidense más ilustre del momento y sigue siendo considerado por los economistas ortodoxos como uno de los economistas más grandes de todos los tiempos. Era un defensor entusiasta de Herbert Hoover y creía que la gran prosperidad económica de la década de 1920 era atribuible en parte a la ley seca, que defendía, pero creía más esencialmente que la prosperidad se basaba en su teoría con respecto a la estabilización «científica» del dólar que había asumido la Reserva Federal. Naturalmente, con la firme implantación tanto de la ley seca como de la estabilización del dólar, Fisher se vio completamente sorprendido por la Gran Depresión. En vísperas del gran desplome del mercado bursátil del 5 de septiembre de 1929, Fisher reafirmaba a los inversores que no preveía ningún problema en la bolsa:

Puede haber una recesión de los precios en la bolsa, pero nada de la naturaleza de un desplome. Los rendimientos por dividendo sobre las acciones están subiendo. Esto no se debe a precios a la baja de las acciones y no se apurarán por ningún desplome previsto, cuya posibilidad no consigo ver. Hace unos pocos años, a la gente le asustaban tanto las acciones como un atizador al rojo. En la mentalidad popular había un riesgo tremendo en las acciones comunes. ¿Por qué? Sobre todo,

---

[6] Ibíd., p. 27.

porque el inversor medio solo podía permitirse invertir en una sola acción. Hoy consigue una diversificación amplia y bien gestionada de su cartera al comprar participaciones en buenos fondos de inversión.[7]

Por desgracia, mientras Fisher continuaba predicando que las acciones habían llegado a una «alta meseta permanente», durante octubre de 1929 las acciones perdieron un tercio de su valor. La diversificación a través de fondos de inversión, muy similares a los actuales, pudo haber animado a la gente a invertir en acciones, pero hizo poco por proteger su riqueza. El valor de mercado de los fondos de inversión cayó un 95% a lo largo de los dos años siguientes a su predicción y el Dow Jones perdió cerca de un 90% de su valor máximo.

Mucho después de estos hechos, Irving Fisher identificaba con más precisión y perspicacia en su libro de 1932, *Booms and Depressions: Some First Principles* lo que quería decir al hablar de una nueva era. Al tratar de identificar la causa del desplome de la bolsa y la depresión, consideraba deficientes la mayoría de las explicaciones. Lo que sí encontraba era que las nuevas eras se producían cuando la tecnología permitía una mayor productividad, costes menores, más beneficios y precios más altos de las acciones:

En ese periodo, el mercado de productos y el bursátil son capaces de divergir, con los precios de los productos a la baja debido a su menor coste y los de las acciones subiendo debido a sus mayores beneficios. En pocas palabras, este era un periodo excepcional: realmente una «Nueva Era».[8]

La evolución clave de la década de 1920 que nubló la percepción de Fisher fue que la inflación monetaria no se manifestó en una inflación de precios cuantificada por los

---

[7] Ibíd., p. 37.
[8] Irving Fisher, Booms and Depressions: Some First Principles (Nueva York: Adelphi Company, 1932), p. 75.

índices de estos. Como señalaba Fisher:[9] «Sin embargo, no apareció una advertencia: *el nivel de precios de los productos no aumentó*». Sugería que la inflación de precios normalmente habría mantenido bajo control los excesos económicos, pero que los índices de precios tienen «imperfecciones teóricas»:

Durante y después de la Guerra Mundial, (el nivel de precios de los productos al por mayor) respondió con bastante exactitud tanto a la inflación como a la deflación. Si no lo hizo durante el periodo inflacionista de 1923-29, fue en parte porque el comercio había crecido con la inflación y en parte porque las mejoras tecnológicas habían reducido los costes, de forma que muchos productores eran capaces de obtener mayores beneficios sin tener que aumentar los precios.[10]

Fisher se había tropezado con una explicación casi correcta del problema del pensamiento de la nueva era. La tecnología puede rebajar los costes aumentar los beneficios, creando periodos de euforia económica, en los que las señales económicas inyectarían en caso contrario un mayor cuidado y un pensamiento más claro. En otras palabras, la Fed había mantenido los tipos de interés artificialmente bajos, estimulando las inversiones en tecnología más allá de los niveles normales y creando así presiones deflacionistas en los precios de los productos.

Sin embargo, no perdió nunca su fe en la gestión científica de la economía ni su devoción por la idea de un dólar estable, a pesar de la deducción de que su política de dólar estable había causado la Gran Depresión. El análisis detallado y las meticulosas investigaciones de Fisher sobe el desplome tampoco hicieron mucho por mejorar sus pronósticos económicos:

Mientras este libro va a la imprenta (septiembre de 1932), la recuperación parece estar a la vista. En unos dos meses,

---

[9] Ibíd., p. 74.
[10] Ibíd., p. 75.

las acciones casi han doblado su precio y los productos han aumentado un 5½. Los precios de las acciones europeas fueron los primeros en subir y los compradores europeos estuvieron entre los primeros en sentirse en el mercado estadounidense.[11]

Atribuía este «éxito» a que las medidas reactivadoras de la Fed eran un deliberado «esfuerzo humano en lugar de una mera reacción pendular».[12] Por desgracia, no solo su predicción era equivocada: el mundo solo estaba al final del inicio de la Gran Depresión y el «esfuerzo humano» que pensaba que era el tónico para la recuperación era en realidad la toxina de la inminente depresión. Se burlaba de la «mera reacción pendular» de la economía de mercado que podía corregir los excesos de la economía liquidando capital y crédito, un concepto al que se oponía claramente. Sin embargo, James Grant[13] y Tom Woods[14] han demostrado que este tipo de «reacción pendular» funcionó extremadamente bien durante la corta depresión de 1920-21.

¿Era predecible la Gran Depresión? ¿Se pudo prevenir? El fracaso de la economía de mercado para «corregirse» en vísperas del Gran Crash es el acontecimiento más crucial de la historia económica moderna y su impacto ha continuado moldeando la ideología de las masas y determinando las instituciones y las políticas públicas. Por desgracia, pocos vieron la evolución de la burbuja del mercado bursátil, entendieron su causa o predijeron el declive y la consiguiente depresión.

En Austria, el economista Ludwig von Mises aparentemente vio el problema evolucionar en sus primeras etapas, debido a su noción teórica con respecto a los cambios institu-

---

[11] Ibíd., p. 157.

[12] Ibíd., p. 158.

[13] Grant, James. 1996. *The Trouble with Prosperity: The Loss of Fear, the Rise of Speculation, and the Risk to American Savings* (Nueva York: Random House).

[14] Thomas E. Woods, «Warren Harding and the Forgotten Depression of 1920», *Intercollegiate Review* (otoño de 2009): 22-29.

cionales e ideológicos. La economía mundial estaba controlada por los bancos centrales, en lugar de patrón oro clásico y los tipos de interés reducidos artificialmente se consideraban por lo general algo bueno. Mises pronosticó a sus colegas la quiebra del gran banco austriaco Credit Anstalt ya en 1924. En un elogio a su maestro Eugen von Böhm-Bawerk, Mises escribía en agosto de 1924:

> Y ningún ciudadano de este país [es decir, Austria] olvidará al ministro de finanzas, el último ministro austriaco de finanzas [es decir, Böhm-Bawerk], que, a pesar de todos los obstáculos, buscó sinceramente equilibrar el presupuesto público e *impedir la inminente catástrofe financiera*. (Cursivas añadidas) [15]

Como se mencionaba al inicio de este capítulo, Mises publicó en 1928 en forma de libro una crítica a las ideas de Irving Fisher sobre política monetaria, titulado *Monetary Stabilization and Cyclical Policy*. Allí atacaba la política del «dólar estable» y su confianza en el índice de precios como vulnerabilidad clave que produciría la crisis económica, concluyendo: «Debido a la imperfección de la cifra del índice, estos cálculos llevarían necesariamente a errores de proporciones muy considerables». [16]

Mises concluía que el intento de Fisher de estabilizar el poder adquisitivo estaba plagado de dificultades técnicas inherentes y era incapaz de lograr sus objetivos: «Con respecto al papel del oro como un patrón de pagos diferidos,

---

[15] Ludwig von Mises, «The Economist Eugen v. Böhm-Bawerk, on the Occasion of the Tenth Anniversary of His Death», traducido por Karl Friedrich Israel, *Quarterly Journal of Austrian Economics* 19, n.º 2 (Verano de 2016): 170. Publicado originalmente en *Neue Freie Presse*, Viena, 27 de agosto de 1924.

[16] Ludwig von Mises, «Monetary Stabilization and Cyclical Policy» [«Geldwertstabilisierung und Konjunkturpolitik»], en *The Causes of the Economic Crisis: And Other Essays before and after the Great Depression*, editado por Percy L. Greaves (1928; Auburn, AL: Mises Institute, 2006), p. 82.

el veredicto debe ser que, para los contratos a largo plazo, el plan de Fisher es inadecuado. Para compromisos a corto plazo es al tiempo inadecuado y superfluo».[17] Luego demostraba cómo el tipo de reformas monetarias de Fisher causaban auges y estos auges generaban inevitablemente crisis y estancamiento. Atribuye la popularidad del plan de Fisher a la influencia política y la mala ideología:

El hecho de que a cada crisis, con sus desagradables consecuencias, le siga de nuevo otro «auge», que debe acabar agotándose como otra crisis, se debe solo a la circunstancia de que la ideología que domina a todos los grupos influyentes (economistas políticos, políticos, estadistas, la prensa y el mundo empresarial) no solo aprueba, sino que también reclama la expansión del crédito de circulación.[18]

Mises había tratado los mismos problemas en una obra de 1923, pero nombraba a Fisher y su plan en 1928. Además de demostrar la inevitabilidad de la crisis, identificaba claramente su causa allí donde la mayoría de los demás no podían:

Está claro que la crisis debe llegar antes o después. También está claro que la crisis siempre se causa, principal y directamente, por el cambio en la conducta de los bancos. Sin embargo, si hablamos de error por parte de los bancos, debemos señalar el mal que hacen estimulando el alza. La culpa la tiene, no la política de aumentar el tipo de interés, sino solo el hecho de que se aumentó demasiado tarde.[19]

Demostraba que el intento del banco central de mantener bajos los tipos de interés y sostener el auge no hace más que empeorar la crisis. A pesar de las poquísimas posibilidades de que se adoptara la solución de Mises (es decir, el patrón

---

[17] Ibíd., p. 84.
[18] Ibíd., p. 128.
[19] Ibíd., p. 131.

oro tradicional), acababa su análisis con una receta para impedir ciclos futuros:

> La única manera de eliminar, o incluso de aliviar, la vuelta periódica del ciclo comercial, con su desenlace, la crisis, es rechazar la mentira de que la prosperidad se puede lograr usando procedimientos bancarios para hacer barato el crédito.[20]

Mark Skousen[21] señala que además de Ludwig von Mises, se dice que el alumno de este, F. A. Hayek, predijo el colapso del auge estadounidense a principios de 1929 (pero probablemente no por escrito). Felix Somary, que, como Mises, fue alumno de la Universidad de Viena, dio varios avisos sombríos a finales de la década de 1920 y, en Estados Unidos el economista Benjamin Anderson también avisó de que las políticas de la Reserva Federal causarían una crisis, pero, como Somary, fueron completamente ignorados. Mises y los seguidores de su teoría del ciclo económico estaba claro que tenían mejores cartas que Fisher y los defensores de su política de dólar estable.

Los miembros de la Escuela Austriaca de economía quedaron desarraigados por la Segunda Guerra Mundial, con Mises en Nueva York y Hayek en Londres y otros dispersos en puestos académicos en otras universidades prestigiosas. A pesar de que los austriacos ganaron la partida de la predicción contra Fisher, pronto aparecería la economía keynesiana para controlar el pensamiento económico, mientras la Escuela Austriaca caía en una decadencia general. Políticamente, esto estaba ligado al auge del fascismo, el nazismo y el New Deal de FDR.

Por suerte, tras la Segunda Guerra Mundial, el mundo volvió a un patrón oro al estilo de Bretton Woods y se establecieron políticas de libre mercado en Alemania y Japón. El

---

[20] Ibíd., p. 153.
[21] Mark Skousen, *Economics on Trial: Lies, Myths, and Realities* (Homewood, IL:Business One Irvin, 1991).

mundo se recuperó rápidamente de la guerra y la economía al estilo fascista que dominaba antes de la Segunda Guerra Mundial. Pasaría un cuarto de siglo hasta la siguiente depresión económica en Estados Unidos.

CAPÍTULO 14

LOS «NUEVOS ECONOMISTAS» Y LA DEPRESIÓN DE LA DÉCADA DE 1970

Durante la década de 1960, cuando la economía keynesiana llegó a dominar completamente la profesión económica, hubo un gran influjo de los llamados nuevos economistas al servicio del gobierno. Los desastrosos resultados incluían la «keynesización» de la economía y lo que puede describirse como una depresión económica que duró toda la década de 1970 y principios de la de 1980. La larga expansión económica de la década de 1960 tuvo una estridente parada justo cuando las Torres Gemelas empezaron a verse en el perfil de Manhattan.

Igual que en las décadas de 1920 y 1990, la década de 1960 fue un periodo de notable prosperidad en Estados Unidos, medido por estadísticas como el PIB y la tasa de desempleo. Por el contrario, la década de 1950 incluyó varios periodos de estancamiento y recesiones suaves. Durante la década de 1960, la economía creció a paso ligero y también aumentaron el empleo y los salarios. Estados Unidos fue capaz de librar la Guerra Fría, la Guerra de Vietnam, la Guerra contra la Pobreza y ganar la carrera espacial, simultáneamente. El único efecto negativo noticiable fue un suave repunte de la inflación hacia el final de la década.

Según el economista académico Arthur Okun,[1] la expansión económica fue el resultado de dos factores principales. El primero fue la gestión científica de la economía por los «nuevos

---

[1] Arthur Okun, The Political Economy of Prosperity (Washington, DC: Brookings Institution, 1970), p. 57.

155

economistas» que llegaron a Washington a ayudar a ajustar la economía con su política fiscal o monetaria (es decir, economía keynesiana). El segundo fue la nueva tecnología que se introdujo en la economía, especialmente la tecnología informática, la electrónica de consumo y los avances tecnológicos relacionados con la exploración espacial.

Okun era el presidente del Consejo de Asesores Económicos del presidente Nixon de 1968 a 1969. Justo antes del desplome describía la expansión económica, como «sin paralelo, sin precedentes y sin interrupción». Okun creía que la economía estaba en un «drástico alejamiento» frente al pasado. Según Okun:

> La persistencia de la prosperidad ha sido el hecho más destacado de la historia estadounidense de la década de 1960. La ausencia de recesión durante casi nueve años indica un alejamiento distinto y drástico del rendimiento tradicional de la economía estadounidense.[2]

Después de declarar muerto el ciclo económico, trataba de demostrar que la investigación del ciclo económico era ahora cosa del pasado y que la había reemplazado una «nueva» aproximación a la economía. De hecho, incluso daba el paso precario de ridiculizar a quienes se empeñaban tercamente en la antigua economía, en la que los ciclos económicos se veían como una característica inevitable de la economía de mercado. De hecho, acusaba a esta escuela antigua de ver las recesiones como algo positivo, para corregir los excesos pasados, igual que el Dr. Pangloss, un personaje del *Cándido* de Voltaire, predica el optimismo: todo, incluidas las cosas negativas, es para bien y tenemos el mejor de los mundos posibles. Creo que aquí se estaba refiriendo a los economistas austriacos, como Ludwig von Mises y F. A. Hayek. Los «maquiavelos actuales» de Okun probablemente sean los

---

[2] Ibíd., p. 31.

teóricos del ciclo económico y político que en ese momento eran científicos políticos:

> Cuando las recesiones eran una característica habitual del entorno económico, se veían a menudo como inevitables. De hecho, los doctores Pangloss los veían como contribuidores a la salud de nuestra mejor de las economías posibles, corrigiendo los excesos del auge, purgando los venenos de nuestros sistemas productivos y financieros y restaurando la fuerza para nuevos avances. Y los maquiavelos actuales veían una importancia política potencialmente grande en los momentos justos de los puntos de inflexión. Hilaban fantasías, sugiriendo o sospechando (dependiendo de si su partido estaba dentro o fuera del poder) que el ciclo económico estaría controlado de forma que la inevitable recesión se produciría entre las elecciones y se vería reemplazada por una vigorosa recuperación económica durante el periodo de campaña.[3]

Okun declaraba con confianza que la muerte del ciclo económico era la «prueba por excelencia» de que las polémicas económicas pueden resolverse. ¿Cómo se había liquidado el ciclo económico? Okun concluía que el asesino no eran las nuevas teorías o las herramientas políticas, sino sencillamente una implantación más confiable y científicamente rigurosa de las herramientas existentes, que generaba una gestión científica eficiente de la economía, es decir, economía keynesiana:

> Una aplicación más vigorosa y coherente de las herramientas de política económica contribuyeron a la obsolescencia del patrón del ciclo económico y la refutación de los mitos del estancamiento. La estrategia reformada de la política económica no se basa en ninguna teoría nueva.[4]

---

[3] Ibíd., p. 32.
[4] Ibíd., p. 37.

Para Okun, el New Deal había empleado estímulo fiscal, que posteriormente sería adoptado por la teoría keynesiana.[5] Creía el antiguo embuste de que la Segunda Guerra Mundial nos sacó de la Gran Depresión. En lo que a él respectaba, estos dos episodios evidenciaban el éxito de la política fiscal contracíclica. También veía a la antigua «religión fiscal» de la limitación del tamaño del gobierno y de mantener en equilibrio su presupuesto como poco más que mito y superstición. Acabar con esas falacias del pasado y adoptar una gestión científica de la economía había permitido a los economistas entender y someter completamente el ciclo económico: «La estrategia activista fue la llave que abrió la puerta a la expansión sostenida de la década de 1960».[6] Todos los errores restantes podían tratarse con un ajuste fino de la estrategia activista.

Fue una pena para Okun que la publicación de su libro, *The Political Economy of Prosperity*, se llevara a cabo solo un mes antes de que empezara la siguiente recesión económica. El desempleo civil aumentó desde muy por debajo del 4% a poco más del 6% a finales de 1970. La tasa luego retrocedió al 5% en 1973, solo para dispararse al 9% a mediados de 1975: la tasa más alta desde la Gran Depresión. La tasa de desempleo se mantuvo por encima del «nivel natural» del 5% durante las siguientes dos décadas, incluyendo diez meses de desempleo en dobles dígitos durante 1982-83.

El experimento de los nuevos economistas también generó una mayor inflación de precios, como cabía esperar del «estímulo» de la política fiscal y monetaria de la década de 1960. Desde el principio de 1946 al principio de 1965 (veinte años) el Índice de Precios del Consumo aumentó un 71,4%, pero luego aumentó otro 20% a finales de la década de 1960. Desde 1965 (cuando el experimento empezó realmente en serio) hasta finales de 1980, el IPC aumentó un 176,6%. El gran

---

[5] Ibíd., p. 43.
[6] Ibíd.

experimento aumentó enormemente la inflación de precios sufrida por los consumidores.

Lo que es más importante es que se produjeron cambios revolucionarios en el dinero y la banca. El Tesoro de EE.UU. dejó de acuñar monedas de plata en 1964 y la ley de Gresham aseguraba que los estadounidenses pronto usarían solo monedas «simbólicas», que se limitaban a parecerse a las antiguas monedas de plata. Los billetes de certificados de plata se retiraron en 1968 a cambio de billetes de la Reserva Federal. Luego, en agosto de 1971, Nixon inició una «nueva política económica», que cerraba la ventanilla internacional del oro (donde los bancos centrales extranjeros todavía podían redimir dólares a cambio de oro), el último vestigio del patrón oro clásico anterior a 1913.

Estados Unidos había imprimido demasiado dinero durante la década de 1960 y había causado una «corrida» sobre el dólar por parte de los bancos centrales extranjeros, que intentaban cambiar sus existencias en dólares por oro. A pesar de la promesa de EE.UU. de hacer lo contrario, Nixon también impuso amplios controles de salarios y precios en un intento de bloquear la creciente inflación de precios antes de su campaña de reelección. El sistema de Bretton Woods, por el que las divisas tenían valores fijos en términos de oro, se vino abajo inexorablemente. Así que se rompieron las últimas relaciones entre oro y dinero y se estableció un sistema monetario completamente fiduciario.

La burbuja de la década de 1960 y el posterior colapso se han registrado muy bien por John Brooks en su libro *The Go-Go Years*. Los «60 go-go [sigue, sigue]» se refieren al mercado de las acciones tecnológicas durante la década de 1960, cuando aparecieron los «Nifty Fifty» [«estupendos cincuenta»] como una lista de acciones de «una decisión» que podían comprarse y mantenerse para siempre. La lista de acciones incluía a Coca-Cola e IBM, así como empresas que tendrían problemas en el futuro, como Kodak y Polaroid. Igual que los fondos de inversión de la década de 1920, estos se ofrecían como la vía más rápida a la riqueza para el hombre común. Al irse expandiendo la burbuja, los gurús de la inversión como Gerald Tsai usaban técnicas agresivas de inversión para generar enormes aumentos en el valor de las participaciones de sus fondos de inversión, mientras otros ganaban millones creando conglomerados de corporaciones que abarcaban muchos sectores y naciones.

John Brooks[7] captaba cien la euforia que emanaba de este mercado bursátil de esta nueva era: «Mientras subían los valores de los activos de los fondos de inversión, se inyectaba nuevo dinero. Tsai y otros como él parecían haber inventado una máquina de creación de dinero para cualquiera con unos pocos cientos o varios miles de dólares para invertir». Incluso calificaba a Tsai como «la primera estrella famosa de la nueva era». Por desgracia, Brooks era incapaz de diagnosticar correctamente la causa de la manía, atribuyéndola en buena parte a la avaricia y la irracionalidad:

> ¿Dónde estaban los consejos de moderación, por no hablar del sentido común, tanto en Washington como en Wall Street? La respuesta parece estar en la conclusión de que, en Estados Unidos, con su ética empresarial profundamente arraigada, ningún estabilizador propio de ella, moral o práctico, es suficientemente fuerte por sí mismo como para apartarse de los nuevos negocios cuando se enfrentan a nuevos competidores. Como pueblo, preferimos enfrentarnos al caos ganando paletadas de dinero a corto plazo a mantener el orden y la sensatez a largo plazo ganando menos.[8]

Brooks señalaba que «la aparente capacidad del hombre de aprender de la experiencia es una ilusión». El hombre es capaz beneficiarse de la experiencia, pero nuestra capacidad colectiva de aprender y transmitir conocimiento a genera-

---

[7] John Brooks, *The Go-Go Years: The Drama and Crashing Finale of Wall Street's Bullish 60s* (Nueva York: Allworth Press, 1973), pp. 137-139.
[8] Ibíd., p. 187.

ciones futuras depende de nuestra capacidad para formular teorías correctas con respecto a nuestras experiencias. Como muchos otros, Brooks parece ajeno a la utilidad de la teoría económica a este respecto, aunque en su análisis en relación con la experiencia y falta de estabilización sí reflexiona favorablemente acerca de la teoría austriaca del ciclo económico. Aun así, Brooks es correcto y bastante metódico al mostrar las similitudes entre las décadas de 1920 y 1960. En ambos casos hubo una nueva era y una nueva forma de pensamiento económico. Ambos episodios tuvieron sus estrellas inversoras que cayeron en desgracia. En ambos casos hubo acusaciones de corrupción y actividades ilícitas que llevaron, después del hecho, a intentos de reforma a través de legislación. En el núcleo de ambas eras (el vehículo de la manía y el engaño) estaba la tecnología. Por la historia de Wall Street, Brooks fue capaz de demostrar que el colapso en la bolsa fue en realidad mucho peor de lo que indicaba el Dow Jones. Muchas de las acciones que mejor rindieron en esa década se convirtieron en las que peor lo hicieron en la siguiente, pero no estaban en el índice. Esto anunciaba problemas para muchos inversores en los próximos años.

Un indicador aún mejor de problemas en el mercado bursátil puede hallarse en el hecho de que en mayo de 1970 una cartera que consistiera en una acción de cada empresa cotizada en «el gran tablón» valía aproximadamente la mitad de lo que habría valido al inicio de 1969. Las compañías ambiciosas que habían liderado los mercados en 1967 y 1968 (conglomerados, alquiladores de informática, empresas electrónicas poco convencionales, franquiciadores) cayeron precipitadamente de sus máximos. No es que bajaran un 25%, como el Dow Jones, sino un 80%, un 90% o un 95%. Era algo al estilo de 1929, otra depresión económica, con todo el dolor económico y la dureza emocional que empantanó tanto las bolsas como la economía en los años siguientes. [9]

---

[9] Ibíd., p. 4.

La bolsa medida por el Dow Jones sí disminuyó un 25% entre 1969 y 1971 y luego, después de la publicación del libro de Brooks, perdió otro 20% a mediados de 1975. Sin embargo, las pérdidas ajustadas a la inflación en el mercado bursátil fueron mayores y más duraderas que lo que podría sugerir un gráfico de precios ordinarios del Dow Jones. La medición del poder adquisitivo ajustado a la inflación o «real» del Dow Jones indica que perdió cerca del 80% de su valor máximo durante este periodo. Cuando Brooks expuso las similitudes entre 1929 y 1969, se quedó corto a la hora de declarar una segunda Gran Depresión. Sin embargo, aunque el dolor económico de la década de 1970 y principios de la de 1980 pueda no haber igualado al de la Gran Depresión de la década de 1930, puede calificarse fácilmente como una depresión económica.

La década empezó con recesión y el abandono del sistema monetario del oro y vio la aparición de «estanflación», es decir, estancamiento e inflación. Acabó con el mayor índice de miseria mensual en 1980. Este índice se calcula sumando la tasa de inflación a la tasa de desempleo. La década de 1970 no se considera generalizadamente como una depresión por los economistas. Aun así, indudablemente fue parte de un periodo de doce años de dolor económico e incertidumbre, compuesto por controles de precios, escasez de gasolina, el Watergate y la derrota en la Guerra del Vietnam. También debería advertirse que los economistas ortodoxos han cambiado el significado en la aplicación de términos como depresión, pánico y crisis, sustituyéndolos por términos que suenan más suaves, como recesión y corrección.

Las evidencias estadísticas demuestran claramente que la década de 1970 fue un giro en la mala dirección para la economía estadounidense. Se abandonó el patrón oro de Bretton Woods, aumentaron los precios y se depreció rápidamente el dólar. Aumentaron el desempleo y el subempleo y establecieron máximos tras la Segunda Guerra Mundial a principios de la década de 1980. El gobierno federal abandonó una larga tradición de presupuestos equilibrados para pasar al régimen actual de déficits cada vez mayores y una deuda nacional por las nubes. La tasa personal de ahorro de los estadounidenses (que había estado siguiendo una tendencia al alza desde 1971) se estabilizó y empezó su actual tendencia declinante hacia una tasa cero de ahorro.

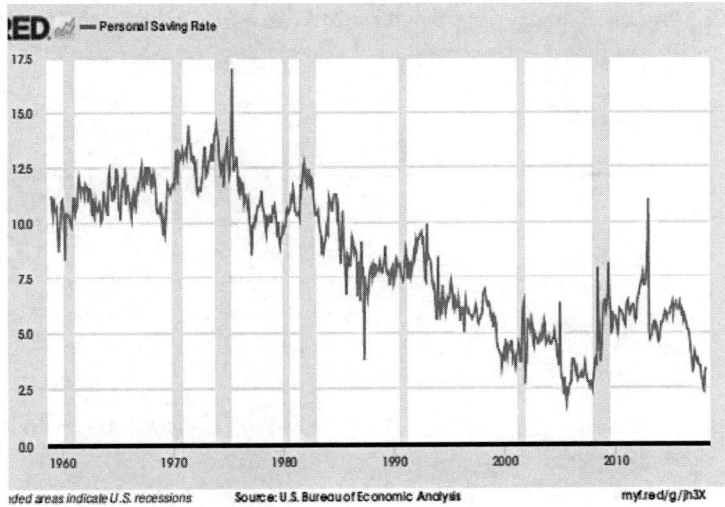

Fue en la década de 1970 cuando el balance comercial se desestabilizó por primera vez y luego empezó la tendencia al aumento de los déficits comerciales. Naturalmente, cuando la gente ahorra menos y el gobierno toma prestado más, los nuevos préstamos se toman del exterior. Volviendo a la década de 1930, las exportaciones netas de bienes y servicios se ceñían a la línea cero. Luego, en la década de 1970, se cayó por debajo de la línea cero y se continuó yendo hacia abajo. Durante los quince años que precedieron a 2010, el déficit comercial mantuvo una media por encima de 500.000 millones de dólares. La estabilidad del pasado se ha visto reemplazada con la inestabilidad y la erosión que conlleva inevitablemente el papel moneda fiduciario.

Otro factor crucial es el impacto del régimen monetario sobre la distribución de rentas, uno de los problemas más evidentes de nuestro tiempo. El dinero es un factor importante que suele ser ignorado tanto por la izquierda como por la derecha políticas. También es ignorado por buena parte de los economistas ortodoxos, como Thomas Piketty (2014).[10] Sin embargo, la elección de política económica y monetaria sí tiene efectos predecibles e históricamente validados sobre la desigualdad económica.

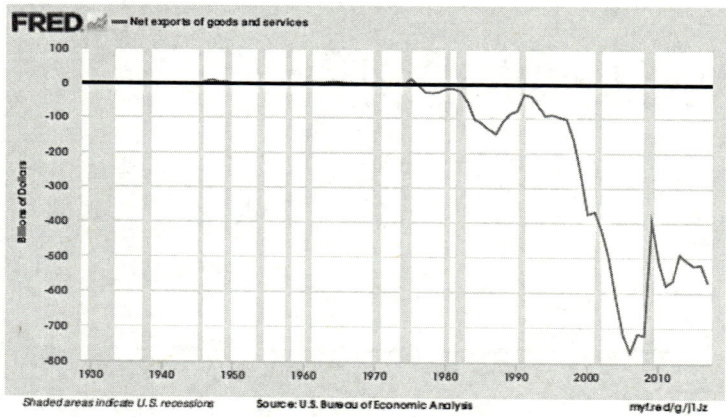

Un sistema monetario que está dominado por un banco central, como la Reserva Federal, y usa dinero fiduciario, como nuestro sistema monetario actual, puede esperarse que beneficie a cierta gente, como banqueros, financieros y personas endeudadas. Igualmente, como ese sistema es inflacionista, tiende a dañar a los asalariados y los ahorradores. Un sistema así puede esperarse que dañe a las clases con rentas bajas y medias y enriquezca a la gente del sector financiero y las clases con rentas altas.

Un patrón oro ha tenido históricamente una tendencia a que los precios sean estables o ligeramente deflacionistas.

---

[10] Thomas Piketty, *El Capital en el siglo XXI* (Madrid: Fondo de Cultura Económica de España, 2014).

Esto significa que salarios, balances de caja, ahorro y bonos tienden a ganar poder adquisitivo con el tiempo. Este tipo de sistema monetario recompensa a las clases frugales y que trabajan duro, lo que lleva a una expansión de la clase de las rentas medias y de la economía.

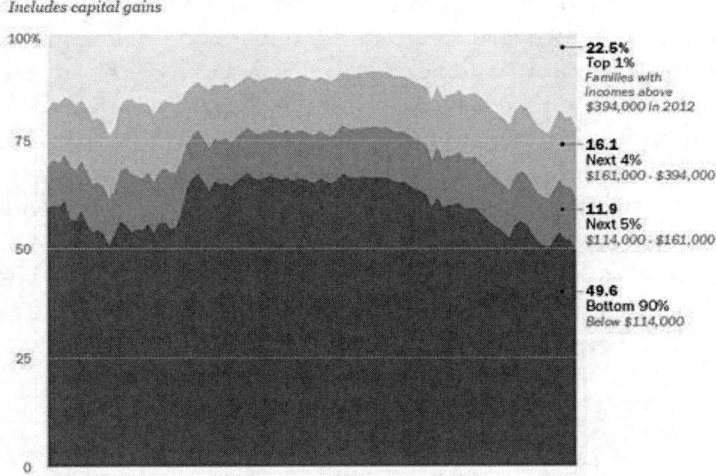

Share of Total Annual Income by Income Bracket Groups
Includes capital gains

Source: "Striking it Richer: The Evolution of Top Incomes in the United States," by Emmanuel Saez, UC-Berkeley (Sept. 2013)
PEW RESEARCH CENTER

Este gráfico del Pew Research Center proporciona evidencias convincentes del distinto impacto del oro frente al papel moneda.

El gráfico muestra que la desigualdad económica disminuyó en Estados Unidos desde 1917 hasta principios de la década de 1970, cuando Nixon sacó a Estados Unidos del patrón oro de Bretton Woods. Las áreas con el color más oscuro del gráfico representan al 99%, mientras que el área más clara de lo alto representa el porcentaje de renta total del 1% superior. La desigualdad económica aumento durante la inflacionista década de 1920, pero las clases de rentas bajas rápidamente mejoraron frente al 1% cuando se restauró el patrón oro después de la Segunda Guerra Mundial. El gráfico muestra tanto la mejora marginal como la estabilidad en la desigualdad económica desde finales de la década de 1940 hasta principios de la de 1970. Desde que se abandonó el patrón oro en 1971, la tendencia ha sido hacia una desigualdad económica mucho mayor.

Todos estos problemas no se deben a la indolencia del pueblo estadounidense. Las mujeres empezaron a trabajar en cifras récord y se crearon las familias con doble ingreso, sobre todo para mantener los niveles de vida. Por desgracia, las de 1960 y 1970 fueron las dos décadas en las que más se expandió el empleo público, de manera que mucho de este mayor esfuerzo laboral produjo poco valor. Trabajar para el gobierno puede incluso ser algo negativo neto para la economía, en el sentido de que los funcionarios públicos pueden hacer verdadero daño a la producción de bienes y servicios útiles. Los «nuevos economistas» al servicio del estado son un buen ejemplo de ello.

CAPÍTULO 15

EL RETORNO DE LOS AUSTRIACOS

Las décadas de 1960 y 1970 fueron tiempos precarios para la Escuela Austriaca. Ludwig von Mises era muy viejo, se jubiló y moriría en 1973 a los 92 años. Friedrich Hayek también estaba jubilado y buscó acomodo en la Universidad de Salzburgo de 1969 a 1977. Calificó su traslado a Salzburgo como un error. No había trabajado en ciclos económicos ni política monetaria durante muchas décadas y sus intereses investigadores en ese momento eran muy distintos. Henry Hazlitt se jubiló de *Newsweek* en 1966, con 72 años. Murray Rothbard era joven y estaba maginado y aislado, con poco apoyo institucional. Había pocos economistas austriacos apreciables en todo el mundo y la siguiente generación de economistas austriacos no habían acabado la universidad o ni siquiera habían entrado en ella.

Mises con 89 años siguió dando conferencias y apareciendo en público durante el periodo crítico de 1968-70. Algunas de sus conferencias más importantes fueron: «Los problemas de la inflación» (3 de abril de 1968); «Del dinero» (3 de abril de 1969); «La balanza de pagos» (1 de mayo de 1969); «Un seminario sobre dinero» (8 de noviembre de 1969); «La sociedad de libre mercado» (21 de febrero de 1970), donde explicaba los problemas que generaba el aumento de la oferta monetaria, y «Problemas monetarios» (23 de junio de 1970), donde explicaba por qué era tan importante y esencial para el crecimiento económico y la estabilidad el retorno al verdadero patrón oro y por qué el sistema de Bretton Woods era tan problemático. Al hojear estas conferencias resulta evidente que Mises en sus últimos años estaba completamente al corriente de los problemas de política monetaria y sus potenciales consecuencias y estaba haciendo todo lo que podía para alertar a otros de los amenazadores y peligrosos resultados.

Henry Hazlitt tampoco se jubiló del todo. Después de dejar *Newsweek* en el otoño de 1966, empezó a escribir para *Los Angeles Times* y, entre el otoño de 1966 y junio de 1969, Hazlitt publicó 177 artículos en este periódico.[1] Casi todos los artículos explicaban los peligros inminentes debidos a la política monetaria y fiscal del momento. Veía con claridad que el patrón oro de Bretton Woods era el principal problema, porque llevaba a demasiado gasto público y a una política monetaria laxa. Por ejemplo, escribió artículos como «Presupuesto fuera de control» (12 de febrero de 1967), «La gente quiere oro» (22 de febrero de 1967) y «Crisis monetaria a la vista» (29 de marzo de 1967) a principios de 1967. En 1968, escribió «Para qué sirve una reserva de oro» (3 de febrero de 1968), «El presupuesto más irresponsable» (11 de febrero de 1968) y «La crisis del dólar: Una salida» (17 de marzo de 1968). Hazlitt escribió en 1969 sobre asuntos como

«El inminente colapso monetario» (23 de marzo de 1969), «Fingiendo que el papel es oro» (4 de mayo de 1969) y «Adiós a la "Nueva Economía"» (8 de junio de 1969). Hazlitt veía con claridad el defecto crítico del sistema de Bretton Woods: que el gobierno de EE.UU. gastaría en exceso (por ejemplo, gastando en la Guerra de Vietnam, la misión espacial a la luna y la Guerra contra la Pobreza) y lo pagaría imprimiendo dólares. Vio pronto con claridad que el patrón oro al estilo de Bretton Woods colapsaría, como ocurrió en 1971.

Murray Rothbard también era plenamente consciente de lo que estaba pasando en la economía a finales de la década de 1960. Publicó un pequeño panfleto sobre el tema de los ciclos económicos en 1969: *Depresiones económicas: Su causa*

---

[1] Jeffrey A. Tucker, *Henry Hazlitt: A Giant of Liberty* (Auburn, AL: Mises Institute, 1994).

y remedio. Fue antes del fin de la expansión más larga en la historia de EE.UU. y el inicio de trece años de estanflación y depresión. Es muy similar al libro de Mises *Las causas de la crisis económica* publicado el año anterior al desplome de la bolsa de 1929. Rothbard continuaría escribiendo acerca de la crisis inminente y el papel de la teoría austriaca del ciclo económico:

En el campo de la economía, la administración Nixon ha sido muy alabada entre los conservadores. Se suponía que anunciaba un retorno al libre mercado y un control sobre la inflación galopante a través de restricciones monetarias. Tampoco ha ocurrido nada. El muy publicitado reforzamiento monetario ha sido poco entusiasta en el mejor de los casos y no da ninguna prueba de la efectividad de la política monetaria. Pues la administración ha estado haciendo precisamente aquello por lo que sus portavoces se burlaban de los demócratas: tratando de hacer un «ajuste fino» en la economía, tratando de recortar siempre suavemente la inflación para no precipitar ninguna recesión. Pero eso no se puede hacer. Si las medidas restrictivas fueran lo suficientemente profundas como para controlar el auge inflacionista, también habrían sido lo suficientemente fuertes como para generar una recesión temporal.[2]

Rothbard continuaba su ataque contra las políticas económicas de Nixon:

los economistas del establishment, ya sean de la variedad keynesiano o de Milton Friedman no pueden entender el fenómeno de la recesión inflacionista. Ninguno de estos grupos prominentes tiene herramientas para entender lo que está pasando. Tanto keynesianos como friedmanitas ven los ciclos económicos de una manera excesivamente simple: las fluctuaciones empresariales se consideran esencialmente como inexplicables, sin causas, debidas a cambios arcanos dentro

---

[2] Murray N. Rothbard, «Nixon's Decisions», *Libertarian Forum* 1, n.º 8 (15 de julio de1969): 1.

de la economía, aunque Friedman crea que esos ciclos pueden agravarse con políticas públicas monetarias insensatas.[3]

Por el contrario, Rothbard era plenamente consciente de este dilema político, la «recesión inflacionista», porque acudió a varias conferencias de su entonces director de tesis, el Dr. Arthur F. Burns[4] en la Universidad de Columbia en 1958. Rothbard recordaba el incidente con su profesor y posterior presidente de la Reserva Federal:

Recuerdo claramente un incidente profético durante la recesión de 1958, cuando el fenómeno de la inflación durante una recesión atacó al país por primera vez. Yo estaba acudiendo a una serie de conferencias del Dr. Arthur F. Burns, exjefe del Consejo de Asesores Económicos, ahora presidente del Consejo de la Reserva Federal y alguien curiosamente apreciado por muchos seguidores del libre mercado. Le pregunté qué políticas defendería si continuara la recesión inflacionista. Me aseguró que no continuaría, que los precios se equilibrarían pronto y que la recesión pronto llegaría a su fin. Le di la razón, pero le presioné para que dijera qué haría en una futura recesión de este tipo. «Entonces», dijo, «todos tendríamos que dimitir». Es hora de que todos hagamos que Burns y sus colegas cumplan con esta promesa.[124]

Rothbard se estaba enfrentando directamente a los «nuevos economistas» y su querido análisis de la Curva de Phillips con el fenómeno de lo que ahora llamamos estanflación y a lo que Rothbard llamaba «recesión inflacionista».

Rothbard también atacaba las líneas maestras de la administración Nixon en materia laboral y su política de ingresos. Predijo correctamente que dichas políticas probablemente

---

[3] Ibíd., p. 4.

[4] Doug French, «Arthur Burns: The Ph.D. Standard Begins and the End of Independence», en *The Fed at One Hundred: A Critical Review on the Federal Reserve System*, editado por David Howden y Joseph T. Salerno (Heidelberg, Nueva York, Londres: Springer, 2014), pp. 91-102.

llevarían a controles de salarios y precios, algo que pasó al año siguiente:

> Aunque podemos predecir con seguridad una aceleración de la inflación y dislocaciones derivadas de los controles directos, no podemos predecir con tanta precisión si el expansionismo de Nixon llevará a una rápida recuperación empresarial. Esto es un problema. Indudablemente no podemos esperar ningún tipo de auge desbocado en la bolsa, que inevitablemente se contendrá por los tipos de interés que, a pesar de la propaganda de la administración, deben permanecer altos mientras continúe la inflación.[6]

Rothbard a continuación demostraba que los economistas keynesianos y friedmanitas no podían entender este fenómeno y no tenían ninguna forma de enfrentarse a esos problemas. Por el contrario, mostraba cómo los economistas austriacos pueden entender este fenómeno mediante las teorías del precio y el capital y que sí tienen recomendaciones políticas sobre la mejor manera de tratar los problemas de la estanflación. Los tipos de interés deben aumentar para deshacerse de las malas inversiones y la inflación de precios en la economía.

F. A. Hayek recibió el premio Nobel de economía en 1974 por su obra basada en los escritos de Mises sobre teoría del ciclo económico. Hayek había estado trabajando en soledad en Austria y concentrado en su investigación en direcciones completamente distintas desde hacía algunos años. Sin embargo, cuando estalló la crisis a principios de la década de 1970 se apresuró a volver a la acción, La primera pu-

---

[5] Murray N. Rothbard, «The Nixon Mess», *Libertarian Forum* 2, n.º 12 (15 de junio de 1970): 1-3.

[6] Murray N. Rothbard, «Nixonite Socialism», *Libertarian Forum* 3, n.º 1 (enero de 1971): 1-2.

blicación de Hayek[7] sobre este problema fue recabada por Sudha R. Shenoy, la hija del gran economista indio B. R. Shenoy. Esta enhebró materiales de los primeros escritos de Hayek sobre dinero y ciclos económicos en una monografía coherente. Para este libro de 1972, Hayek contribuyó con el ensayo «El pronóstico para la década de 1970: ¿Inflación abierta o controlada?». También publicó tres monografías: *Elección de moneda: Una manera de detener la inflación* (1976), *La desnacionalización del dinero: El argumento detallado* (1977) y *Desempleo y política monetaria: El gobierno como generador del «ciclo económico»* (1979), que traban de ocuparse del problema de la crisis monetaria y la depresión económica.

Los austriacos del momento era pocos, pero resultaron ser muy insistentes y correctos acerca de la amenaza de la crisis económica. De hecho, su énfasis en aumentar los tipos de interés y detener la impresión de dinero podría haber sido muy influyente en la forma de la política de tipos de interés adoptada por el presidente de la Fed, Paul Volcker (1979-87). Causó una grave contracción, pero acabó con la inflación monetaria y de precios y preparó el escenario para una recuperación robusta.

También hay que señalar que el Dr. Ron Paul, un defensor de la economía austriaca, decidió presentarse como candidato a la Cámara de Representantes al haber abandonado Nixon el patrón oro. Este ha ayudado a construir un movimiento mundial a favor de la economía austriaca. También se fundó en 1974 el Instituto Cato por Ed Crane, Murray Rothbard y Charles Koch. El Instituto Cato publicó en 1982 las monografías de F. A. Hayek, así como *El alegato a favor del oro: Un informe minoritario de la Comisión del Oro de EE.UU.*, de Ron

---

[7] F. A. Hayek, «The Outlook for the 1970s: Open or Repressed Inflation?», en *Tiger by the Tail: The Keynesian Legacy of Inflation*, editado por Sudha R. Shenoy (Washington, DC: Cato Institute, 1972).

Paul y Lewis Lehrman.[8] Finalmente, en 1982 se funda el Instituto Mises por Llewellyn H. Rockwell, Jr., con el objetivo principal de educar a la gente acerca de los beneficios de un verdadero patrón oro descritos en el informe minoritario de la Comisión del Oro. Los monetaristas incluidos en la Comisión del Oro de EE.UU. ganaron la batalla por mantener el dinero fiduciario, pero Ron Paul, el Instituto Cato, el Instituto Mises y la Escuela Austriaca han crecido enormemente en influencia desde entonces.

---

[8] Ron Paul y Lewis Lehrman, *The Case for Gold: A Minority Report of the U.S. Gold Commission* (Washington, DC: Cato Institute, 1982), que se basaba en los trabajos de Murray Rothbard.

Capítulo 16
AUGE Y DECLIVE EN JAPÓN

Prólogo

Durante la década de 1980, se temía a Japón como potencia económica y tecnológica. La mayoría de los observadores atribuían la burbuja de su mercado bursátil y sus altas tasas de crecimiento a su política monetaria laxa, su estilo de gestión y su desarrollo tecnológico dirigido por el gobierno. Desde 1990, el gobierno japonés ha estado luchando contra la deflación de precios con inflación monetaria y tratando de aumentar el crecimiento mediante gasto público en déficit. No ha funcionado en ningún aspecto. Su economía permanece estancada en un bajo crecimiento, tienen con mucho la mayor relación entre deuda pública y PIB del mundo y se enfrentan a una dramática crisis demográfica al ir envejeciendo su población. Este capítulo es la lección de lo que NO hay que hacer y de a quién no hay que acudir en busca de consejo.

Los ciclos económicos y las burbujas difieren entre sí, pero las similitudes técnicas entre las burbujas japonesa y estadounidense son sorprendentes. La burbuja japonesa empezó a principios de la década de 1970, la burbuja estadounidense empezó a principios de la década de 1980. Ambas bolsas crecieron rápidamente durante trece años y luego se volvieron parabólicas para formar burbujas, que llegaron a su máximo en Japón al final de 1989 y en Estados Unidos durante el inicio de 2000. Ambos mercados bursátiles perdieron aproximadamente un tercio de su valor dieciocho meses después de sus máximos.

El índice Nikkei ha perdido desde entonces hasta tres cuartas partes de su valor máximo, mientras que el Dow Jones industrial ha caído un 40% y el NASDAQ un 75% desde su valor máximo. La burbuja inmobiliaria continuó en Japón durante algún tiempo después de que la bolsa iniciara su desplome e, igualmente, el mercado inmobiliario (especialmente la bolsa) experimentó (dos) burbujas desde el estallido inicial de la bolsa de EE.UU. en 2000.

Lo sorprendente es que en Estados Unidos las lecciones de la burbuja japonesa parecen haber pasado casi desapercibidas. Japón experimentó catorce años (ahora más de veinticinco años) de estancamiento económico desde que estalló su burbuja. Lo que es más preocupante es que Estados Unidos no solo no hizo caso de las advertencias de la burbuja japonesa, sino que hasta ahora ha ido imitando los intentos nipones fallidos de estimular su economía con tipos de interés extremadamente bajos y grandes déficits presupuestarios. Ambos países han optado por una «recuperación» lenta y agónica, en lugar de una corrección drástica de los errores pasados que habrían reasignado rápidamente los recursos y devuelto a la economía a un crecimiento sostenible. Los expertos nos dicen que los japoneses y su economía son muy distintos de los estadounidenses y su economía y que la burbuja nipona y la respuesta política de Japón a su crash fueron igualmente diferentes, pero, aunque indudablemente hay muchas diferencias importantes entre las burbujas de EE.UU. y de Japón, las características técnicas y el pensamiento de nueva era son sorprendentemente similares en ambas burbujas.

Por ejemplo, no cabe duda de que la tecnología y la idea de una nueva era desempeñaron un papel protagonista en la burbuja japonesa. Durante la burbuja, Japón asumió el liderazgo de la alta tecnología en los sectores de electrónica de consumo, automóviles, manufacturas e incluso robótica y se percibía como una gran amenaza que dominaría todo el desarrollo tecnológico del planeta: igual que Estados Unidos hoy. La amenaza que suponía la creciente pericia tecnológica japonesa puede verse en los títulos de los libros publicados durante la época de la burbuja: *Las industrias japonesas de alta tecnología*, editado por Hugh Patrick y Larry Meissner (1986); *La estrategia de Tecnópolis: Japón, la alta tecnología y el control del siglo XXI*, de Sheridan Tatsuno (1986); *¿Un hueco en la alta tecnología? Europa, Estados Unidos y Japón*, de Andrew J. Pierre (1987); *Los recursos científicos y tecnológicos de Japón: Una comparación con estados Unidos*, de Maria Papadakis (1988); *Creado en Japón: De imitadores a innovadores a nivel mundial*, de Sheridan Tatsuno (1990); *Japón como superpotencia científica y tecnológica*, de Justin L. Bloom (1990); *La política tecnológica japonesa: ¿Cuál es el secreto?*, de David W. Cheney and William W. Grimes (1991) y *La creciente capacidad tecnológica de Japón: Implicaciones sobre la economía de EE.UU.*, editado por Thomas S. Arrison et al. (1992).

Escribiendo cerca de la culminación de la burbuja en la bolsa, Fumio Kodama[1] explicaba que la apropiación japonesa del progreso tecnológico era el resultado de un nuevo paradigma nipón que estaba dando paso a una nueva era:

> Japón se está convirtiendo en uno de los líderes en tecnología industrial, lo que significa que ilustres investigadores en políticas científicas y tecnológicas de todo el mundo ahora prestan más atención a este país. Considerando este cambio más profundamente, se puede entender la razón por el interés investigador académico: el paradigma de la innovación tecnológica está cambiando.

Kodama[2] concluía que en Japón la innovación de la alta tecnología «parece ser distinta de la de las tecnologías convencionales» y, por tanto, los estudios centrados en Europa y Estados Unidos no llevarían a «un nuevo marco científico para analizar la innovación de la alta tecnología». Sugería que

---

[1] Fumio Kodama, *Analyzing Japanese High Technologies: The Techno-Paradigm Shift* (Londres: Pinter Publisher, 1991), p. 171.

[2] Ibíd., p. 172.

abandonáramos el inadecuado modelo lineal del pasado en favor del modelo ilimitado experimentado bajo el «contexto social y cultural» único de Japón. Kodama[3] incluso acababa su libro sugiriendo que fueron la grabadora de casetes, el vídeo y el fax japoneses los que hicieron posibles la revolución iraní, la revolución filipina y el levantamiento de Tiananmen. Es un pensamiento clásico de una burbuja de nueva era.

Otro componente del pensamiento de nueva era es la creencia en que la llamada gestión científica de la economía crea una prosperidad perpetua. Aquí la experiencia japonesa es el epítome de este fenómeno, porque se dice que la economía nipona representa una «tercera vía», posicionada entre la economía de libre mercado y la economía planificada centralizadamente. En Japón, gobierno y corporaciones actúan cooperativamente, tanto por su propio interés como por el interés general de la nación. Las burocracias ayudan a planificar y coordinar la economía. Proporcionan incentivos, como financiación y exenciones fiscales, para canalizar la inversión hacia actividades rentables. Las corporaciones, por su parte, participan en programas conjuntos de investigación con su competencia, pero comparten los resultados entre las empresas participantes, con cada una eligiendo qué avances tecnológicos emplear. La planificación de la producción se facilita mediante una superposición de propiedades entre los productores de bienes finales y sus proveedores de insumos. La gestión japonesa, especialmente durante la burbuja, se decía que estimulaba la innovación, mejoraba la calidad y fiabilidad del producto y creaba grandes áreas de mercado exportador para las empresas japonesas. Aun así, nada de esto pudo impedir el desplome de su bolsa y mucho más de una década (ahora más de un cuarto de siglo) de estancamiento de la economía japonesa.

El pensamiento de nueva era acerca de la gestión científica de la economía nunca fue tan prominente y atrevido que

---

[3] Ibíd., pp. 173-174.

durante la burbuja japonesa de la década de 1980. Se decía a menudo que el sistema japonés llevaría al dominio económico y amenazaría la preeminencia de la economía de EE.UU.. Laura D'Andrea Tyson, que posteriormente sería presidenta del Consejo de Asesores Económicos del presidente Clinton, resumía (en lo más alto de la burbuja) la «amenaza» de la superioridad tecnológica de Japón:

Indudablemente Japón continúa obteniendo tecnología allí donde está disponible y la traduce en avances comerciales, como hicieron los propios Estados Unidos durante mucho tiempo. Sin embargo, se ha empezado a hablar ahora de un nuevo paradigma «tecnoeconómico» aparecido en Japón, una nueva trayectoria de desarrollo tecnológico. Esa trayectoria deriva de una pauta de puesta al día industrial conformada por políticas de sustitución de importaciones y promoción de exportaciones. Mientras Japón alcanza una madurez industrial en un amplio rango de sectores, su gobierno realiza esfuerzos sustanciales para consolidar la posición nipona en tecnologías avanzadas. Están implicadas instituciones como el Ministerio de Comercio e Industria, que se han convertido en nombres familiares en las discusiones políticas en Estados Unidos.[4]

En Japón, el gobierno canalizaba los esfuerzos de investigación y desarrollo, dirigía la financiación y protegía los mercados de las empresas. Esta nueva tercera vía de gestión pública de la economía se pensaba que era la fuente de la fortaleza económica de Japón e inevitablemente le iba a colocar en una posición de preeminencia económica. Como afirmaban con firmeza Tyson y Zysman:[5]

---

[4] Laura D'Andrea Tyson, John Zysman y Giovanni Dosi, «Trade, Technologies, and Development: A Framework for Discussing Japan», en *Politics and Productivity: The Real Story of Why Japan Works*, editado por Chalmers Johnson, Laura D'Andrea Tyson y John Zysman (Cambridge, MA: Ballinger Publishing, 1989), p. XIV

[5] Laura D'Andrea Tyson y John Zysman, «Preface: The Argument Refined», en ibíd., p.XIV

En solo una generación, Japón casi sin duda habrá creado su propio mecanismo para avanzar en las fronteras tecnológicas en diversos campos. Ahora el continuo ritmo de incremento de la productividad sugiere que Japón bien puede seguir una trayectoria de crecimiento distinta de la de Estados Unidos. Mientras Japón asciende, Estados Unidos se inquieta por su declive.

Tyson y sus coautores, Dosi y Zysman,[6] cuestionaban la validez del pensamiento económico tradicional, como deben hacer todos los pensadores de nueva era. Justificaban de Japón «sus a menudo flagrantes y conscientes violaciones de las pautas del pensamiento económico tradicional», porque cuando «el cambio tecnológico es un determinante clave de los resultados del mercado, los modelos económicos tradicionales que tratan este cambio como exógeno son una mala guía para entender la dinámica de la competencia del mercado y los efectos de la política sobre dicha competencia». Argüían que debía abandonarse la «pauta» de la eficiencia económica a favor de las nociones menos restrictivas y malamente definidas de la eficiencia del crecimiento y la eficiencia tecnológica.

Dejando atrás el anclaje a la eficiencia económica y el pensamiento económico tradicional, Tyson, Dosi y Zysman[7] podían justificar diversas políticas no económicas, como el proteccionismo de «arruinar al vecino». Promocionaban el concepto de eficiencia del crecimiento, que es esencialmente una idea keynesiana, que se basa en la suposición «de que hay siempre recursos no utilizados que pueden movilizarse para atender una demanda creciente. (...) Es exactamente este tipo de pensamiento el que llevó a los japoneses a fijarse en sectores cuyos productos se percibía que tenían grandes inelasticidades económicas como base para un rápido cre-

---

[6] Ibíd., pp. 4-5.
[7] Ibíd., pp. 14-15.

cimiento económico». Ignorar la condición económica de la escasez y aferrarse a la idea de una economía de recursos perpetuamente no utilizados es una condición previa para un pensamiento de nueva era, así como la quintaesencia del error de los nuevos alumnos de la universidad que asisten a su primer curso de economía. Si los recursos están perpetuamente disponibles, entonces puede producirse una cantidad ilimitada de todos los bienes y servicios y no hay ningún problema económico a resolver. Este parecería el más básico de los errores económicos y uno particularmente lamentable que se comete al analizar a un Japón pobre en recursos y terrenos.

Naturalmente, Tyson también tenía que ofrecer una explicación de por qué los mercados no funcionan y concluía que los empresarios renunciarán a inversiones más rentables a largo plazo para buscar beneficios a corto plazo bajo ciertas condiciones. Tyson, Dosi y Zysman[8] incluso admitían que su argumento era sencillamente una variación del argumento de la industria naciente, a favor del proteccionismo y desacreditado desde hace tiempo:

> Bajo condiciones de retornos no decrecientes, sencillamente no hay manera de que los mercados puedan relacionar las eficiencias del crecimiento variable futuro de diversos sectores con las señales de rentabilidad relativa a las que se enfrentan los productores individuales. Básicamente, este argumento es una variante del argumento de la industria naciente. Debido a los retornos crecientes, las señales actuales del mercado pueden ser indicadores equívocos de rentabilidades futuras. Consecuentemente, políticas públicas para promover una industria nacional con alto potencial de crecimiento futuro pueden mejorar el bienestar económico a largo plazo.

Desde el punto de vista de Tyson, Dosi y Zysman, parece que los empresarios modernos podrían invertir en la fabricación de televisores en blanco y negro o máquinas de escribir

---

[8] Ibíd., p. 17.

electrónicas hechas de yute si no fuera por la insistencia y supervisión de los funcionarios públicos.

En su justificación del pensamiento de nueva era de Japón, Tyson, Dosi y Zysman ven la tecnología desde una perspectiva histórica y no económica. En una época de tecnologías de la información y la comunicación, sus procesos «dependientes del camino» y «rígidos» de desarrollo tecnológico parecen extraños y no del todo apropiados para teóricos de nueva era, que a menudo ven la tecnología como algo «espontáneo», perfectamente flexible y siempre presente. Aun así, son claramente filósofos de la nueva era de la burbuja japonesa y su nuevo paradigma tecnológico:

La expresión *paradigma tecnológico* (…) implica una nueva serie de buenas prácticas, reglas y costumbres, nuevas aproximaciones a cómo relacionar la tecnología con los problemas del mercado, nuevas soluciones a problemas establecidos. La noción de una gran transición industrial, de una segunda división industrial, de un cambio de la fabricación «fordista a la flexible» que se ha convertido en una moda en algunos debates apunta precisamente a ese cambio en el paradigma tecnológico.[9]

Mirando atrás, los pensadores de la nueva era de la burbuja económica japonesa parecían engreídos e irremediablemente ingenuos, pero ese el poder de engaño de las burbujas. Uno de los pocos observadores que identificó y calificó correctamente las burbujas fue Christopher Wood,[10] que escribió que Japón «se volvió tan arrogante a finales de la década de 1980 porque realmente creía que era inmune a las leyes naturales del mercado. Este fue en realidad uno de los casos más asombrosos de engaño masivo de la historia y los

---

[9] Ibíd., p. 31.
[10] Christopher Wood, *The Bubble Economy: Japan's Extraordinary Speculative Boom of the '80s and the Dramatic Bust of the '90s* (Nueva York: Atlantic Monthly Press, 1992), p. 255.

historiadores futuros (...) se maravillarán ante él». El pueblo japonés podía ser especialmente susceptible ante el engaño de una burbuja bursátil, porque su cultura siempre ha destacado la honradez y el respeto por la autoridad y el gobierno ha mantenido cuidadosamente el aislamiento de su pueblo, contribuyendo ambas cosas a su comportamiento de rebaño, lo que lo hacía ser receptivo a lo que Charles Mackay llamaba «la locura de las multitudes». Los japoneses también tienen características en su psicología social, así como su conocido énfasis en la precisión y los detalles, que los pudieron llevar a ser más susceptibles a los engaños de nueva era. La verdad es todas estas características psicológicas no son importantes como causa de las burbujas.

Tras la burbuja y del declive, Japón experimentó una larga serie de escándalos de corrupción, una procesión de primeros ministros fracasados, la destitución de ministros de finanzas, la condena de funcionarios por corrupción y la quiebra de su sistema de partido único. Sin embargo, los japoneses no han conseguido reconocer la causa de su burbuja ni acabar con sus errores económicos. Por el contrario, se han embarcado en el camino postburbuja del crédito barato, las obras públicas y el gasto en déficit que solo han servido para condenar a la economía japonesa a un estancamiento permanente.

Postdata

El éxito de Japón tras la Segunda Guerra Mundial se debió enteramente a la economía de libre mercado, un gobierno pequeño, impuestos bajos, una moneda que se revalorizaba y una tasa de ahorro personal muy alta. Todo eso cambió cuando nació la burbuja a finales de la década de 1980 debido a una política monetaria excesivamente estimulante. Un cuarto de siglo después del desplome del mercado bursátil, Japón sigue estancado en una atonía económica. Ante la insistencia de economistas ortodoxos, como Paul Krugman, Japón se ha embarcado en una cantidad masiva de proyectos de obras públicas, enormes cantidades de dinero que ha pedido prestado el gobierno y niveles extraordinarios de estímulo monetario y flexibilización cuantitativa. Nada ha funcionado. Ha dejado al país con la mayor deuda nacional con respecto al PIB en el mundo. También ha desviado la atención del pueblo japonés y así impedido que el país se ocupe de su crisis demográfica. De hecho, podría haber empeorado su crisis demográfica. Después de todo, ¿por qué casarse y tener hijos, cuando estos hijos tendrán que suportar la enorme carga de la deuda nacional?

Capítulo 17

¿QUIÉN PREDIJO LA BURBUJA? ¿QUIÉN PREDIJO EL DESPLOME?*

La ciencia *es predicción*.
— Lema de la Sociedad de Econometría

Los que tienen sabiduría no predicen. Los que predicen, no tienen sabiduría.
— Lao Tse

Predecir el comportamiento económico es difícil de por sí. Como bromeaba Niels Bohr: «La predicción es muy difícil, especialmente si es sobre el futuro».[1] Las acciones económicas de la gente están sometidas a decisión y cambio, al contrario que la materia de la que se ocupan las ciencias físicas, que tiene propiedades fijas. Por tanto, el futuro debe mantenerse incierto. Predecir la economía en su conjunto está lleno de peligros y complicaciones adicionales y todos los principales indicadores de cambio de la economía en general, o no tienen, o acaban perdiendo su capacidad de predecir adecuadamente el futuro. Como dijo una vez en broma Paul Samuelson: «Los índices de Wall Street han predicho nueve de las últimas cinco recesiones».[2] A la vista de estas dificultades, los economistas han adoptado posturas muy diversas sobre la predicción.

---

* Publicado originalmente como «Who Predicted the Bubble and Who Predicted the Bust?» *Independent Review* 4, n.º 1 (verano de 2004): 5-30. Extractado y reimpreso con permiso.

[1] Cita en http://www.brainyquote.com/quotes/quotes/n/q130288.html.

[2] Paul A. Samuelson, «Science and Stocks», *Newsweek*, 19 de septiembre de 1966, p. 92.

Muchos economistas ortodoxos modernos, como sus colegas en las ciencias sociales, ven la predicción como la esencia de la ciencia. Si no puedes predecir con un alto grado de precisión, no eres un científico. Debes someter tu ciencia a examen científico y aprobar dicho examen. El predominio del positivismo en metodología económica anima a los economistas a preocuparse menos por la coherencia intelectual de sus modelos y a concentrarse más en el desarrollo de modelos que aprovechan los datos históricos para hacer predicciones. Los economistas públicos y empresariales usan por tanto modelos para predecir variables como el producto interior bruto, los tipos de interés el desempleo, las ventas de las empresas, los precios de las acciones, la construcción de nuevas viviendas y los cambios demográficos.

También hay un gran apoyo a la postura de que no podemos predecir nada y de que los economistas tienen un espantoso historial de predicciones. Con respecto a la recesión tecnológica de 2001, Mike Norman pone en perspectiva esta opinión de algunos economistas:

> Soy un economista. Pues vale, ¿no? Hasta el año pasado, los economistas eran aún menos respetados que los analistas de Wall Street; ahora estamos solo un escalón por encima. Hay que reconocer que esta reputación es muy merecida, porque procede de nuestra capacidad poco brillante para conseguir previsiones económicas correctas. Con todos esos datos y gran cantidad de capacidad informática, cabría pensar que podríamos hacer previsiones mejores. Pues bueno, incluso el hombre del tiempo local nos pone en ridículo.[3]

La gente, tras ser testigo de innumerables previsiones fallidas, naturalmente sospecha. Como señalaba una vez Lindley Clark en el *Wall Street Journal*: «Los economistas tienen muchos problemas para predecir el futuro y es improbable

---

[3] Mike Norman, «Dismal Science May Get a Little Sunnier», *Special to the Street*, 21 deabril de 2003.

que esta desdichada situación cambie alguna vez».[4] De hecho, algunos economistas piensan que las previsiones equivalen a «magia» y que esa magia está en contradicción con la misma esencia de la ciencia económica. Deirdre McCloskey ha expuesto sobre esta visión de las predicciones económicas:

La economía es la ciencia de la época postmágica. Lejos de ser un abracadabra acientífico, la economía es profundamente contraria a la magia. Sigue diciéndonos que no podemos hacer magia, que esta no nos ayudará. Solo los supersticiosos piensan que las previsiones rentables acerca de la acción humana son fáciles de obtener. Por eso la economía, contrariamente al desdén común, no es magia y abracadabra. La economía dice que las previsiones, como muchas otras cosas deseables, son escasas. No puede ser sencillo saber qué gran imperio caerá o cuándo cambiará la orientación del mercado. «Doctor Friedman, ¿qué pasará con los tipos de interés el año que viene?» Abracadabra. Algunos economistas permiten que les paguen en efectivo para responder a esas preguntas, pero saben que no pueden hacerlo. Su propia ciencia se lo dice.[5]

Aun estando de acuerdo en lo principal con respecto a que la predicción tiene un valor cuestionable, Michael Bordo[6] afirma que la predicción tiene algún valor científico y práctico y no es solo bálsamo de Fierabrás y magia. Señala que no todos los economistas han sido un fracaso tan grande como pronosticadores: Richard Cantillon hizo predicciones correctas acerca del sistema de la Burbuja del Mississippi de John Law basándose en teoría económica y se hizo rico como consecuencia de eso.

---

[4] Lindley H. Clark, Jr., «Housing May Be in for a Long Dry Spell», *Wall Street Journal*, 19 de enero de 1990.

[5] Donald McCloskey, «The Art of Forecasting: From Ancient to Modern Times», *CatoJournal* 12 (primavera-verano de 1992): 40.

[6] Michael Bordo, «The Limits of Economic Forecasting», *Cato Journal* 12 (primavera-verano de 1992): 47.

Otros, siguiendo al famoso filósofo chino Lao Tse, son escépticos con respecto a las posibilidades de predicción, pero no rechazan del todo la posibilidad de una predicción precisa. Se limitan sencillamente a una predicción hipotética y cualitativa. Los más importantes de este grupo son los economistas de la Escuela Austriaca, que rechazan la idea de relaciones fijas entre variables controladas humanamente e incluso la idea de que los datos puedan usarse para «probar» una teoría económica. El economista austriaco Ludwig von Mises rechazaba la idea general de la predicción y afirmaba que la economía solo puede proporcionar predicciones cualitativas acerca de políticas concretas:

> La economía puede predecir los efectos que se pueden esperar de recurrir a medidas concretas de política económica. Puede responder a la pregunta de si una política concreta puede lograr los fines que busca y, si la respuesta es negativa, cuáles serán los efectos reales. Pero, por supuesto, esta predicción solo puede ser «cualitativa». No puede ser «cuantitativa», ya que no hay relaciones constantes entre los factores y efectos afectados. El valor práctico de la economía ha de verse en este poder netamente circunscrito de predecir el resultado de medidas concretas.[7]

El problema de predecir (con el objetivo de evitar) las burbujas y los desplomes bursátiles es especialmente importante, no solo porque los declives generan enormes pérdidas financieras para algunos inversores, sino porque muchos de estos ciclos financieros extremos pueden perturbar el sistema financiero y llevar a contracciones económicas reales.[8] Por

---

[7] Ludwig von Mises, *The Ultimate Foundations of Economic Science: An Essay on Method* (Princeton, NJ: D. Van Nostrand, 1962), p. 67. [Trad. esp.: *Los fundamentos últimos de la ciencia económica: Un ensayo sobre el método* (Madrid: UniónEditorial, 2012)].

[8] Frederic S. Mishkin y Eugene N. White, «Stock Market Bubbles: When Does Intervention Work?» *Milken Institute Review: A Journal of Economic Policy* 5 (2.º trimestre, 2003).

desgracia, los economistas todavía no han desarrollado una opinión generalmente aceptada sobre las burbujas y tienen poco que ofrecer a la hora de predecirlas.

Predicciones de burbujas

Si podéis mirar en las semillas del tiempo y decir qué grano crecerá y cuál no, habladme ahora a mí.

— William Shakespeare, *Macbeth*

Los economistas y analistas económicos responsables deberían haber advertido al público acerca de la posibilidad de un desplome en el mercado y sus implicaciones, tanto para la economía en su conjunto, como para sus fortunas personales. Sin embargo, pocos economistas han lanzado esas *advertencias*.

— Dean Baker, «Dangerous Minds? The Track Record of Economic and Financial Analysts»

Una persona que sí lanzó advertencias con respecto a la burbuja bursátil y los problemas que un desplome en la bolsa podía generar fue Dean Baker, del Center for Economic and Policy Research. Tras el declive tecnológico de 2001, hizo las siguientes observaciones:

1. Debería haber sido muy sencillo para cualquier analista competente apreciar la burbuja, ya que la relación entre los precios de las acciones con respecto a las ganancias empresariales llegó a niveles que estaba claro que no eran sostenibles a finales de los noventa. (…) La incapacidad de apreciar la burbuja y advertir de sus consecuencias deriva en parte de una mala comprensión del mercado bursátil y su papel en la economía. (…)

2. Aunque hay algunos analistas económicos que sí dieron la alarma acerca de la burbuja del mercado, sus opiniones se

vieron casi completamente excluidas de los medios de comunicación. (...)

3. Debido a su fracaso en reconocer la burbuja bursátil, los pronosticadores oficiales, como la Oficina de Presupuesto del Congreso y la Administración de la Seguridad Social hicieron proyecciones implausibles a primera vista. (...)

4. La mayoría de los gestores de grandes fondos de inversión, incluyendo pensiones públicas y privadas y fundaciones universitarias y testamentarias no vieron la burbuja y su inevitable colapso. (...) Aunque el fracaso en advertir acerca de la burbuja bursátil equivale a un enorme fracaso profesional, pocos analistas económicos o financieros parecen haber pagado un precio muy alto por sus errores. [9]

Yo mismo presenté esas advertencias y análisis en conferencias públicas, emisiones de radio y artículos en periódicos y en Internet, pero con poco o ningún resultado. En una conferencia pública en Houston el 15 de julio de 1999, interpelé a la audiencia con respecto a la «suerte» de Alan Greenspan por aumentar las existencias de dinero sin inflación de precios y advertía de que las acciones de la Fed tendrían inevitablemente consecuencias económicas negativas, especialmente para las acciones y el dólar. Aparecí en la *Financial Sense News Hour* el 3 de abril de 2000 y el 4 de abril de 2001 y en un programa de radio llamado *Credit Bubble*. [10] En el boletín de Barstool Economist del 5 y el del 7 de enero de 2001, advertía de que el dólar (entonces cerca de su máximo) probablemente se debilitaría con el tiempo. También escribí durante este periodo varias cartas a periódicos, como el *Investor's Business Daily*, sin que se publicara ninguna.

La encuesta semestral de predicciones económicas del *Wall Street Journal* indica que los pronosticadores han tenido dificultades para entender la burbuja bursátil. La encuesta

---

[9] Dean Baker, *Dangerous Minds? The Track Record of Economic and Financial Analysts* (Washington, DC: Center for Economic and Policy Research, 2002), p. 3.

[10] Ver http://www.financialsense.com/Experts/Thornton.htm.

publicada el 4 de enero de 1999 indicaba que a los pronosticadores les preocupaba la economía y preveían tasas bajas de crecimiento económico, la mayoría esperando más inflación y un 30% de posibilidades de entrar en un mercado bursátil a la baja. La encuesta publicada en julio de 1999 mostraba que los mismos economistas aumentaban sus previsiones de tasa de crecimiento del PIB en un 50% para el resto del año en respuesta a tasas de crecimiento superiores a las previstas al inicio. Aunque seguían apostando por una bolsa a la baja, habían expresado una mayor preocupación a principios de 1999. Después de que pasara la crisis del efecto 2000, la encuesta publicada el 3 de enero de 2000 mostraba a los economistas eufóricos acerca de las perspectivas para ese año. «No se ve ningún final a la vista para la expansión», decía Allen Sinai, un economista de la Primark Corporation. El grupo seguía con sus acciones a la baja y el 95% de los pronosticadores daban una probabilidad menor del 30% a la aparición de una recesión. Solo el persistente Gary Shilling preveía una recesión basada en el desplome de la bolsa. Después de una bajada de más del 30% en el NASDAQ, la encuesta publicada el 3 de julio de 2000 mostraba a los economistas confiados en que la Reserva Federal (la Fed) conseguiría un «aterrizaje suave»: los optimistas creían en el aterrizaje suave perfecto de la Fed, mientras que los pesimistas preveían un aterrizaje suave, pero les preocupaba que la Fed no hiciera lo suficiente para combatir la inflación. Sin embargo, el grupo estaba por fin empezando a expresar más preocupación sobre el futuro de la economía y la bolsa. El historial de estos pronosticadores parece extremadamente malo. Incluso en la forma reportada por el *Wall Street Journal*, su historial es pobre: no parecían tener ninguna pista sobre los cambios en la economía a corto plazo, proyectando sencillamente al futuro las tendencias históricas.

El historial de los economistas del gobierno es el mismo que el de los analistas de Wall Street. He comparado las predicciones de la Oficina del Presupuesto de Congreso

(CBO, por sus siglas en inglés) y la Casa Blanca con los de Wall Street en la Tabla 1. Bajo el encabezamiento de cada grupo, sus predicciones anuales para el periodo 1992-2002 se comparan con las tasas reales de crecimiento económico. De 1992 a 1996, las predicciones fueron precisas mientras la economía seguía la línea de tendencia. Desde 1996 hasta 2000, los pronosticadores de los tres grupos infraestimaron las tasas de crecimiento económico y todo el mercado bursátil entró en una fase de burbuja. Luego, de 2000 a 2002, todos sobreestimaron las tasas de crecimiento económico, siguiendo la tendencia y sin prever el desplome de la bolsa y la economía. El error absoluto medio para los tres grupos fue de aproximadamente un punto porcentual, así que la

Tabla 1

Previsiones de CBO, administración y *Blue Chips* de tasas medias de crecimiento a dos años para producción nominal (por año de calendario, %)

PIB	Real	CBO		Administración		*Blue chips*	
		Previsto	Error	Previsto	Error	Previsto	Error
1992-93	5,3	5,7	0,4	5,4	0,1	5,5	0,2
1993-94	5,7	5,3	-0,3	5,3	-0,3	6,0	0,4
1994-95	5,6	5,6	0	5,7	0,1	5,6	0,1
1995-96	5,2	5,2	0	5,6	0,3	5,7	0,5
1996-97	6,0	4,7	-1,3	5,1	-0,9	4,5	-1,5
1997-98	6,0	4,6	-1,5	4,7	-1,3	4,6	-1,4
1998-99	5,6	4,5	-1,1	4,2	-1,4	4,5	-1,1
1999-00	5,8	3,9	-1,9	4,0	-1,8	4,1	-1,7
2000-01	4,3	4,9	0,6	4,9	0,6	5,1	0,8
2001-02	3,1	5,2	2,1	5,4	2,3	5,1	2,0
Estadísticas para 1982-2001							
Error medio		*	0,2	*	0,4	*	0,2
Error medio absoluto	*		1,1	*	1,2	*	1,1

Fuente: Oficina de Presupuesto del Congreso, 2003

previsión media de las tasas del crecimiento se desvió aproximadamente un 20%.

Dos de las predicciones más famosas con respecto a la bolsa fueron las de James K. Glassman y Kevin A. Hassett en su libro de 1999, *Dow 36,000: The New Strategy for Profiting from the Coming Rise in the Stock Market*[11] y las *de Exuberancia irracional*[12], de Robert J. Shiller en 2000.

Algunos asesores tradicionales de inversiones se apresuraron a advertir en contra de las recomendaciones de Glassman y Hassett. En particular, Charles Murray, del American Institute for Economic Research, señalaba que dichos libros son a menudo heraldos del desastre:

En su momento (el 25 de octubre de 1999) dijimos que libros como *Dow 36,000* parecen aparecer sobre todo en máximos de mercado o cerca de ellos. De hecho, los inversores pudieron elegir entre títulos sobre el Dow el año pasado: David Elias explicaba por qué el Dow llegaría a los 40.000 puntos en *Dow 40,000*; mientras que Charles W. Kadlec y Ralph J. Acampora predecían (aunque no garantizaban) que el Dow eclipsará los 100.000 en (lo habéis adivinado) *Dow 100,000*.[13]

La aproximación tradicional de Murray llevaba a la conclusión de que el mercado estaba en una burbuja y a una conclusión de que era un inminente un desplome o un mercado a la baja:

Los lectores de estos *Reports* saben que durante algún tiempo hemos señalado que la valoración del mercado de las acciones comunes ha sido notablemente alta en relación con la mayoría de las mediciones usadas para el análisis de valores: flujos de caja, valor contable, ganancias, etc. Sin embargo, el registro histórico no nos dice cuál es la valoración «correcta», solo que

---

[11] Nueva York, Random House.
[12] Barcelona: Ediciones Deusto [2000], 2015.
[13] Charles Murray, «Bubble Trouble», *Research Reports* 67, n.º 11 (12 de junio de 2000): 63.

las valoraciones actuales son excepcionales. También hemos observado que el actual mercado al alza tiene una duración y magnitud sin precedentes y que, en algún momento, puede esperarse un verdadero mercado a la baja o incluso un desplome. Repito que está lejos de quedar claro en qué punto esta valoración se convierte en insostenible. [14]

Murray indicaba que los métodos tradicionales de valoración tienen defectos y que, para propósitos de mayor calado, como la prevención de burbujas, las técnicas de valoración no nos dicen qué causa las burbujas, para empezar.

Otro buen oponente a Glassman y Hassett es el escritor sobre economía y finanzas Christopher Mayer, [15] que investigó y escribió acerca de su libro durante su apogeo. Se concentraba en el significado de la palabra *sobrevalorado*, no tanto en cómo determinar cuándo algo está sobrevalorado numéricamente, sino en la causa, significado y efecto de las acciones sobrevaloradas. En concreto, criticaba la noción de unos mercados perfectamente racionales y eficientes y mostraba cómo los mercados pueden, en cierto modo, perder su racionalidad. Primero, Mayer presentaba la mentalidad general del nuevo paradigma que dominaba la visión del mercado durante la burbuja y ligaba a Glassman y Hassett con esta mentalidad:

¿Están sobrevaloradas las acciones? Una respuesta es que depende de a quién preguntes. Los que están comprando y guardando piensan aparentemente que podrán vender a precios superiores. Tal vez crean en un nuevo paradigma en el que las antiguas varas de medir son inútiles. James Glassman y Kevin Hassett escribieron recientemente un libro llamado *Dow 36,000*, en el que sostenían que la bolsa está ahora mismo infravalorada. [16]

---

[14] Ibíd., p. 64.
[15] Christopher Mayer, «The Meaning of Over-valued», *Mises Daily*, 30 de marzo de 2000.
[16] Ibíd.

Luego daba su propia predicción, relacionando a Glassman y Hassett con el desventurado Irving Fisher. Lo más importante es que explicaba concretamente por qué había una burbuja, en lugar de argumentar simplemente que el mercado estaba sobrevalorado de acuerdo con algún antecedente histórico:

Mirando atrás, los historiadores financieros futuros probablemente relacionen la tesis de Glassman/Hassett con la famosa proclamación de Irving Fisher en 1929 de que «los precios de las acciones han alcanzado una meseta permanentemente alta». A James Grant le gusta decir que hay tres características comunes en una burbuja: una parte fundamental (por ejemplo, una revolución tecnológica), una parte financiera (por ejemplo, un aumento en el dinero y el crédito) y una parte psicológica (por ejemplo, una suspensión de la creencia en las mediciones tradicionales del valor). Todos los ingredientes parecerían existir en el actual mercado a la baja.

Como se dice a menudo, solo el tiempo lo dirá. Por desgracia, ninguna teoría de los ciclos o las burbujas nos pueden decir exactamente cuándo acabarán. Tal vez dentro de veinte años seremos capaces de establecer definitivamente si estos precios eran razonables o si el tiempo del auge de la década de 1990 acabó en un declive. Desde mi perspectiva, y siguiendo las enseñanzas de los austriacos, apuesto por esto último.[17]

Uno de los primeros pronósticos con respecto al auge y el declive fue sin duda el mencionado por el analista James Grant, editor del *Grant's Interest Rate Observer*. Grant terminaba su libro *The Trouble with Prosperity*, escrito en mayo de 1996 «durante lo que puede resultar o no el máximo definitivo del frenesí especulativo», con las siguientes conclusiones:

Es predecible que los riesgos para los ahorros sean los mayores precisamente cuando parecen ser los menores. Al eliminar las crisis el moderno estado financiero del bienestar ha promovido

---

[17] Ibíd.

la especulación sin quererlo. Nunca hasta ahora se ha acabado un auge sin una crisis. Previendo precisamente ese resultado, un inversor escéptico de Seattle, William A. Fleckenstein, fundó un fondo de inversión en 1995 para comprar acciones baratas y vender caras. Lo llamó The RTM Fund, significando las iniciales en inglés «reversión a lo sencillo». Estas palabras pueden ser la consigna para el milenio.[18]

Grant a continuación advertía a los inversores acerca de la burbuja bursátil en su boletín de inversión, ofrecía explicaciones detalladas de la causa de la burbuja y repasaba las estadísticas más relevantes.

Otro análisis temprano lo realizó Tony Deden (1999) en Sage Capital Management, que identificaba la burbuja y sus causas y predecía un desplome:

Esperamos con total seguridad una baja en los precios de los valores y el todopoderoso dólar en los próximos años. (...) No hay ningún nuevo paradigma. Los pecados económicos tienen consecuencias. Ojalá incluso los economistas aprendan que la inflación se mide por el crecimiento del dinero y el crédito en lugar de un idiota índice de precios del consumo. Podrían incluso aprender que el crecimiento logrado con trucos de ilusionismo acaba llevando a la ruina.

¿Es el increíble aumento en los precios de los valores desde 1995 un reflejo del valor real creado o es sencillamente una burbuja? ¿Es esto realmente una segunda Revolución Industrial que cambia nuestros supuestos económicos más básicos o no? ¿Es un «nuevo paradigma»? ¿Un mundo de crecimiento rápido, desempleo récord (inferior) y sin inflación aparente? ¿Se han suspendido las leyes económicas? Y, si no, ¿cómo podría equivocarse tanta gente?[19]

---

[18] James Grant, *The Trouble with Prosperity: The Loss of Fear, the Rise of Speculation, and the Risk to American Savings* (Nueva York: Random House, 1996), pp. 314-315.

[19] Anthony Deden, «Reflections on Prosperity», *Sage Chronicle*, 29 de diciembre de 1999.

Escribiendo cerca del máximo de la burbuja, Deden declaraba con respecto al tamaño y la magnitud de las distorsiones:

Que no quepa ninguna duda de que de lo que estamos siendo testigos es en realidad la mayor burbuja financiera de la historia. Los indescriptibles excesos financieros, el aumento masivo de la deuda, el monstruoso uso de un apalancamiento tras otro, el desplome del ahorro privado, los increíbles déficits por cuenta corriente y los hinchados activos del banco central describen en su conjunto desequilibrios financieros muy graves que no pueden borrar ninguna cantidad de revisión estadística o despliegue publicitario de la CNBC.[20]

Era igualmente claro e inequívoco acerca de la causa de la burbuja y las correspondientes distorsiones en la economía:

Su causa no es un defecto en el capitalismo, como se ha sugerido, sino una cantidad excesiva de dinero y crédito creados por los bancos centrales. Aun así, parece escapar de la comprensión de aquellos que, cuando toque, convocarán comisiones en el Congreso para determinar qué causó esta destrucción. El culpable es, como siempre ha sido, la misma organización que profesa interés en producir estabilidad de precios y baja inflación: el Banco de la Reserva Federal y sus políticas de intervención en el mercado monetario, creación de crédito y dinero barato.[21]

El economista Jörg G. Hülsmann, en agosto de 1999, ofrecía un análisis y predicción de la burbuja bursátil basados en el régimen monetario de Estados Unidos después de 1980. Concluía que el auge del mercado se había creado artificialmente y que estaba condenado al fracaso:

No hace falta ser un genio para predecir el amargo final de esta evolución. (...) Como cualquier otro estado de cosas que

---

[20] Ibíd.
[21] Ibíd.

se ha creado y mantenido artificialmente mediante inflación, el sistema actual lleva en sí mismo los gérmenes de su propia destrucción. Experimentará una caída en picado de la cual incluso las crisis más recientes en el sudeste asiático, Rusia e Hispanoamérica solo serán un pálido reflejo.[22]

Hülsmann explicaba los distintos rumbos que podía seguir la Fed para tratar el auge y declive en la bolsa. El primero es continuar inflando el dinero y el crédito, el segundo abandonar la inflación. Sin embargo, concluía: «En cualquier caso, la crisis es, por tanto, inevitable. Estalla tan pronto como el efecto de mejora de los precios de la inflación ya no se vea neutralizado mediante exportaciones de divisas u otros factores. (Y, por supuesto, la crisis se acelera cuando la moneda inflacionista vuelve del exterior)».[23] A partir de estos argumentos, concluía que el sistema de auges y declives basado en las divisas fiduciarias nacionales debe acabar llegando su fin y que ambas vías de política económica conllevarán cambios extremos en nuestra economía política:

Es solo cuestión de tiempo que Norteamérica y Europa lleguen también al callejón sin salida de una economía construida sobre dinero fiduciario. Sin embargo, en ese momento no habrá nadie que puede prolongar la vida de este juego frívolo mediante más créditos y más inflación. O las economías occidentales estarán entonces bajo un control total del del gobierno, como pasó con el nacionalsocialismo alemán o tendremos que esperar una hiperinflación. Puede llevar algunos años o décadas más hasta que lleguemos a este punto. Puede retrasarse más mediante una unión monetaria del dólar y el euro (¿y el yen?). Pero sigue siendo un callejón sin salida, al final del cual solo hay socialismo o hiperinflación. Solo las reformas radicales de libre mercado (en palabras de Rothbard; la vuelta a un dinero

---

[22] Jörg Guido Hülsmann, *Scöne neue Zeichengeldwelt* (*El mundo feliz de las monedas fiduciarias*). Epílogo de Murray Rothbard, *Das Schein-Geld-System* (*Gräfelfing*), p. 140.

[23] Ibíd., p. 147.

en metálico como el oro en un mercado libre de divisas y una prohibición total de la intervención del gobierno en asuntos monetarios) nos sacará de esto.[24]

Si Hülsmann tiene razón, no solo acerca del final del mercado al alza, sino también acerca de las consecuencias económicas y políticas del declive, entonces el problema de las burbujas bursátiles, su causa y sus consecuencias asume una importancia crítica para nuestra comprensión del futuro rumbo de la política económica general.

Hülsmann no es el único economista que remonta este ciclo económico al régimen monetario de desregulación posterior a 1980. En la cumbre del mercado al alza, aliados de la Escuela Austriaca realizaron una convención en la que la mayoría de los participantes destacaron el papel de la Fed en la creación del auge. En particular, Frank Shostak destacaba el impacto de las políticas del banco central:

La opinión que prevalece hoy es la de que los bancos centrales y otros creadores de políticas son los suficientemente conocedores como para prevenir graves recesiones económicas. (…) A pesar de la opinión popular, la economía de EE.UU. muestra un desequilibrio grave. La razón para esto está en las prolongadas políticas monetarias laxas del banco central de EE.UU.. El tipo de los fondos federales, que estaba en el 17,6% en abril de 1980 cayó hasta el nivel actual del 5%. En un momento de 1992, el tipo estuvo en el 3%. Las existencias de dinero M3 ascendieron de 1,824 billones en enero de 1980 a 6,152 billones al final de junio de 1999. En menos de una década aumentó en más de un 200%. Otro indicador de la magnitud de la inyección monetaria es la deuda federal en poder del banco central de EE.UU.. Esta saltó a 465.000 millones de dólares en el primer trimestre de 1999 desde los 117.000 millones de dólares del primer trimestre de 1980, un aumento del 300%. Evidentemente, la enorme dimensión de la inyección monetaria y la consiguiente rebaja artificial de los tipos de interés ha

---

[24] Ibíd., p. 154.

causado una mala asignación masiva de recursos que acabarán culminando con una grave recesión económica.

La intensidad de la mala asignación de recursos se vio reforzada con la desregulación financiera de principios de la década de 1980. La idea de la desregulación financiera era liberar al sistema financiero de los controles excesivos del banco central. Se sostiene que liberar los mercados financieros permitiría una asignación más eficiente de los recursos escasos de la economía, aumentando así el bienestar individual. Se argumenta que los sistemas monetarios excesivamente controlados llevan a más inestabilidad y no a menos. Aun así, en lugar de conseguir más estabilidad, el sistema «liberado» dio lugar a más sacudidas.

La desregulación financiera de la década de 1980 ocasionó una reducción de los poderes de supervisión del banco central. El debilitamiento de los controlas del banco central animó una mayor competencia en el sector financiero. Este, a su vez, mediante la banca de reserva fraccionaria desencadenó la creación sin restricciones de crédito y dinero «de la nada». El dinero creado «de la nada» a su vez se ha procesado más por medio de empresarios creativos, que han convertido este dinero en una gran variedad de productos financieros, contribuyendo así a una mayor diseminación de la contaminación monetaria.[25]

A partir de su análisis de la utopía económica del momento, Shostak concluía que la economía estaba a punto para malos tiempos a la vista: «Por tanto, parece que estado caótico de los mercados financieros mundiales continuará empeorando si no se permite al oro asumir su papel monetario. A pesar de eso, hay pocas razones para ser optimista en el clima económico actual».[26]

La predicción más dura tanto de una burbuja como de un declive en el mercado bursátil vino del economista George Reisman en un artículo pesimista publicado el 18 de agosto

---

[25] Frank Shostak, «Inflation, Deflation, and the Future», *Mises Daily*, 5 de octubre de 1999.
[26] Ibíd.

de 1999, en lo más alto de la burbuja de la bolsa. Empezaba con la observación de que las condiciones de la realidad eran claramente malas, una observación que la mayoría de los comentaristas de la bolsa solo hicieron a posteriori:

Está claro que algo va mal. Sencillamente no puede ser que podamos tener una sociedad en la que todos pasan el día operando en bolsa. Aunque el mercado bursátil hace una importante contribución a la acumulación de capital y la producción de riqueza, está lejos de ser ilimitado y su contribución no mejora con hordas de personas esencialmente ignorantes aventurándose en él siguiendo consejos e intuiciones. Aun así, un absurdo resultado de que prácticamente todos sean capaces de vivir por medio de comprar acciones baratas y venderlas caras es lo que implica una continuación indefinida del mercado al alza. Como consecuencia, es inevitable que ese mercado al alza deba terminar.[27]

Para Reisman, predecir burbujas y desplomes del mercado no es un asunto de medición, sino de causa y efecto. Hacía la observación de sentido común de que entender la causa de una burbuja bursátil es entender su efecto último: «Para entender exactamente cómo y cuándo se producirá esto, hay que entender qué ha estado alimentado el actual mercado al alza. Así se puede entender lo que puede acabar con esa alza, lo que supondría eliminar las bases sobre las que se sustenta». Consideraba que la causa última de los movimientos extremos en la economía en general y en la burbuja bursátil en particular era la intervención pública en relación con la oferta monetaria y los tipos de interés: «Lo único que explica el actual auge bursátil es la creación de nuevo dinero adicional. Nuevo dinero adicional creado virtualmente de la nada ha estado entrando en el mercado bursátil en la financiación de fusiones y adquisiciones corporativas y recompras

---

de acciones por grandes empresas».[28] Evitando los asuntos del cambio tecnológico y la psicología, Reisman concluía no solo que la causa de la burbuja era el exceso de financiación en la bolsa, sino que este dinero finalmente se abre paso por toda la economía, generando precios más altos y devolviendo a la bolsa a la realidad. Por tanto, distingue la tecnología y el crecimiento económico normal de las burbujas en los precios de los valores financiadas con inflación. Evidentemente, ambos fenómenos se dieron simultáneamente y se mezclaron durante la década de 1990:

> El aumento en la cantidad de dinero ejerce su efecto favorable sobre los precios de las acciones solo cuando, como en los últimos años, el aumento se concentra en la bolsa y todavía no se ha extendido suficientemente por el resto del sistema económico. Cuando se extiende por el sistema económico y empieza a aumentar sustancialmente el precio de los productos, el efecto sobre la bolsa se convierte en negativo.
>
> Lo que pasa en la bolsa es que el mercado deja de crecer tan pronto como la Reserva Federal se alarma lo suficiente por la marea inflacionista de la economía en su conjunto, que desborda la bañera de la bolsa, por decirlo así. Cuando la Reserva Federal se decide por fin a cerrar el grifo del agua (el nuevo dinero adicional) que fluye hacia la bolsa, el crecimiento llegará a su fin. De hecho, el mercado bursátil no solo deja de crecer, sino que sufre necesariamente una fuerte caída.
>
> La consecuencia inevitable es que, antes o después, el auge de la bolsa debe acabar. La burbuja debe estallar.[29]

Parece que Reisman hizo un análisis preciso del mercado bursátil, identificó la causa de la burbuja y predijo con exactitud que la bolsa se desplomaría.[30]

---

[28] Ibíd.

[29] Ibíd.

[30] Para un análisis actualizado, ver George Reisman, «It May Be Bursting Now, and Faulty Economic Analysis May Cost Investors Dearly», Capitalism.net, 26 de febrero de 2000.

El analista económico y bursátil Sean Corrigan también ofreció un pronóstico oportuno de la burbuja y una explicación profunda de su causa. Comparó las condiciones durante el otoño de 1999 con las del verano de 1987, la burbuja japonesa de finales de la década de 1980, y los felices veinte en Estados Unidos. Rechazaba la idea de que la tecnología y un «nuevo paradigma» pudieran haber sido responsables del alza de los precios de las acciones a finales de la década de 1990. En su opinión, la deuda de todo tipo se estaba expandiendo a un ritmo demasiado rápido en un momento en el que la tasa de ahorro se estaba desplomando. La solución a esta paradoja económica era evidente para Corrigan. Culpaba a Alan Greenspan por la extraordinariamente generosa provisión de dinero de alto poder y luego procedía a explicar el impacto de esta política monetaria altamente expansiva:

Una inyección monetaria de este calibre, como explican los austriacos, lleva a graves distorsiones en la estructura de precios de una economía que no pueden recogerse en números brutos, agregados o índices. Estas distorsiones entre el valor de los bienes presentes y futuros llevan a malas inversiones y a acumular decisiones engañosas. Las fábricas construidas y los procesos productivos en serie basados en un tipo de interés rebajado artificialmente en el mercado por el resplandor de los medios fiduciarios no están respaldados por ahorro real y, por tanto, están desalineados con una propensión al consumo que, si ha hecho algo, es intensificarse.[31]

¿Qué efecto tienen estos precios e inversiones distorsionados? Corrigan hace a continuación una predicción atrevida y de largo alcance:

Tenemos delante un montón de «errores empresariales». Eso significa, no solo la perspectiva de centros comerciales, hoteles

---

[31] Sean Corrigan, «Will the Bubble Pop?» *Mises Daily*, 18 de octubre de 1999.

y oficinas a medio terminar, sino también proyectos completados, pero claramente de baja calidad: negocios y fábricas que no es posible que consigan los ingresos previstos cuando se proyectaron. Menos visible, aunque más extendida, esa resaca rebajará los retornos sobre el capital allí donde no los elimine por completo. La expansión crediticia, una vez llegue a su inevitable final, empobrecerá a todos y en todas partes. [32]

Escribiendo al final del auge, el economista pesimista Hans Sennholz describía tanto la causa directa (la expansión crediticia de la Fed) como sus efectos a la hora de crear el auge tanto en la bolsa como en la economía en general. Tomando nota especialmente de la expansión en el uso de los derivados:

Sin duda, la economía estadounidense parece muy dinámica y el valor del mercado de valores es el más alto en la historia de EE.UU., pero la economía privada está incurriendo en los mayores déficits financieros dese la Segunda Guerra Mundial. El país está soportando los máximos déficits por cuenta corriente de la historia con una deuda externa que ahora mismo excede el 20% del PIB y sigue aumentando.

Wall Street puede estar celebrando la disminución de los déficits públicos, pero otras deudas continúan creciendo a pasos agigantados. Según el Flujo de Fondos de la Fed, la deuda familiar (sobre todo, las hipotecas familiares) está creciendo a un ritmo anual del 9,25% y la deuda familiar total en relación con la renta personal ahora mismo excede el 103%. La deuda corporativa en expresas no financieras está aumentando a un ritmo del 12%, el más rápido en más de una década.

Aunque algunas de estas deudas van a nuevas inversiones, muchas se gastan en recompras de participaciones. En resumen, las grandes empresas se endeudan para aumentar los precios de sus participaciones. La deuda marginal en la bolsa está aumentando más rápido que cualquier otro tipo de crédito. En 1999, ascendió en un 46%, excediendo ahora mismo los 206.000 millones de dólares, la cifra más alta de la historia

---

[32] Ibíd.

de EE.UU.. Por desgracia, si este crecimiento de la deuda tiene que detenerse o sencillamente ralentizarse, puede desatar la fiebre del auge y dar paso a un reajuste. [33]

A continuación, Sennholz describía la precaria situación de la economía y la bolsa. Describía la contracción en el mercado como una consecuencia inevitable del auge inducido por el crédito y como algo que la Fed no tenía poder para reparar:

La economía estadounidense está en su décimo año de expansión cíclica, la más largo conocida. En esta situación, hay un riesgo grave de una caída repentina de precios en las participaciones, un mercado de valores a la baja, que podría incitar una caída drástica en la confianza y la demanda de los consumidores. Como el consumo impulsa más de los dos tercios de la producción y el crecimiento estadounidenses, una disminución repentina de la demanda de consumo llevaría enseguida a una disminución en la producción, lo que puede disparar una huida internacional del dólar. Para evitar esa huida y atraer suficiente capital extranjero para cubrir el actual déficit de cuenta corriente de más del 4% del PIB y soportar pasivos externos de más del 20% del PIB, la Reserva Federal tendría que aumentar sus tipos. Pero ese aumento, en un momento en que caen los precios de las acciones y la producción, agravaría rápidamente el declive y llevaría a una dolorosa recesión. El actual escenario tranquilo de productividad y rentas en aumento, precios altos de acciones y dólar fuerte se convertiría pronto en lo opuesto: caída de la productividad y las rentas, precios de acciones a la baja y un dólar débil, menores importaciones, aumento de la inflación, aumento de los tipos de interés y aumento del desempleo. El auge económico más largo de la historia daría paso a una larga recesión. [34]

---

[33] Hans Sennholz, «Can the Boom Last?», *Mises Daily*, 31 de julio de 2000.
[34] Ibíd.

Quedaba igualmente claro que las causas de la creación del crédito, y por tanto del auge, eran la Fed y la política de los banqueros centrales:

El desajuste económico debido a muchos años de manipulaciones monetarias por parte del Sistema de la Reserva Federal es la fuente y motor principal del inevitable reajuste. Una vez la estructura del mercado deja de reflejar las decisiones incondicionales de todos los participantes, el reajuste es inevitable. Al final, las leyes del mercado siempre prevalecen sobre los edictos de los controladores y reguladores políticos. Incluso reinan por encima de los deseos de unos pocos banqueros centrales. Sin duda, los cargos públicos y los banqueros centrales tienen el poder de aliviar o agravar la tensión del reajuste, ya que tienen el poder para interferir en las vidas económicas de sus nacionales.[35]

En un momento en el que muchos seguían sin estar seguros acerca de las causas y consecuencias de las características iniciales del declive, otros, como William Anderson, veían claramente el «principio del fin» y destacaban que este gran ciclo de auge y declive no era nada nuevo en la historia económica de EE.UU.:

Supuestamente, hemos aprendido las lecciones de la década de 1970. Alan Greenspan sabe más que los anteriores presidentes de la Reserva Federal, Robert Rubin fue un secretario del Tesoro brillante, Internet proporciona nuevas maneras de hacer negocios y Bill Clinton ha organizado todo maravillosamente. La bolsa está subiendo y el gobierno (o al menos el régimen actual, según Al Gore en sus discursos de campaña) sabe cómo continuar esta prosperidad. Esta vez estamos experimentando realmente la Nueva Economía.

Perdónenme que discrepe. Si la historia nos dice la verdad, estamos en nuestra tercera «Nueva Economía» en los últimos 80 años. El primer episodio de «prosperidad eterna» llegó a

---

[35] Ibíd.

finales de la década de 1920 cuando el mercado al alza, las bajas cifras de desempleo y los buenos tiempos en general llevaron al recién elegido presidente Herbert Hoover a declarar: «En ninguna nación están más asegurados los frutos del éxito». Ya sabemos el resto de esa lamentable historia.[36]

Anderson tenía cuidado en distinguir la causa del auge de las características normales o naturales del crecimiento económico. También distinguía entre un catalizador potencial del declive (el juicio a Microsoft) y sus causas subyacentes:

Pero a pesar de todas las maravillas de alta tecnología y las ganancias por la desregulación, lo sustancial de la Nueva Economía consiste sencillamente en un auge económico con todo lo que implica la expresión. La maquinaria detrás del auge es también la locomotora detrás del inevitable declive: la Reserva Federal y sus políticas inflacionistas.

Tal y como están las cosas actualmente, el antes elogiado mercado al alza está cambiando constantemente. Esto se debe en parte a la arrogancia del gobierno en creer que podría atacar a Microsoft sin dañar a otras empresas tecnológicas, que han sido las más visibles en la actual expansión económica. Que el NASDAQ haya perdido mucho de su valor desde que el Departamento de Justicia de Janet Reno ganara el primer asalto de su intento de desmembrar Microsoft atestigua la inutilidad de esta administración con respecto a asuntos económicos.

Pero incluso con las tonterías del Departamento de Justicia con respecto a Microsoft, el sector de la economía de la alta tecnología se enfrenta a problemas reales. Para empezar, la burbuja que impulsaba hasta la estratosfera a tantas ofertas iniciales «punto com» había estallado incluso antes de la victoria pírrica de Reno. En segundo lugar, las malas inversiones, tal y como las describieron Ludwig von Mises y Murray Rothbard, que se produjeron como consecuencia de políticas monetarias salvajemente expansivas por parte de la Fed se han centrado en el sector de las altas tecnologías. El crecimiento del dinero nuevo, indicador de inflación, solo puede producirse a través del sistema de banca fraccionaria en forma de préstamos, que,

---

[36] William Anderson, «New Economy, Old Delusion», Free Market 18, n.º 8 (2000): 5.

como hemos señalado antes, se han abierto paso en las nuevas tecnologías, los inmuebles y la bolsa.

Si se vienen abajo un gran número de inversiones en alta tecnología o si las tasas de beneficio decepcionan a los potenciales inversores, el nuevo dinero dejará de derramarse en ese sector. Para entonces, estaremos viendo un aumento en los precios de los productos y la inflación se considerará un problema grave. La próxima etapa será el inicio de la recesión, ya que tendrán que liquidarse las malas inversiones que crecieron caprichosamente durante el periodo de la expansión monetaria.

La economía de EE.UU. de los últimos cinco años ha sido capaz de absorber una gran cantidad de dinero nuevo, mucho más de lo que hubiera podido dos décadas antes. Sin embargo, esto no significa que esté a salvo de inflaciones o sea impermeables a las malas inversiones. La teoría misesiana del ciclo económico es una teoría completa. No ha perdido su poder explicativo en 2000, siendo igual de relevante que en 1969 y 1929. Aunque puede que estemos celebrando actualmente un auge récord, no hemos derogado las leyes económicas. Sin duda, cuando esto ocurra, los keynesianos habituales en los salones de la academia culparán a los altos tipos de interés y al rechazo de la Fed de expandir el crédito. En realidad, habrá otra explicación, una que la gente ignora hoy e ignorará entonces.[37]

El economista del lado de la oferta Jude Wanniski (2000) atribuía el declive en el mercado bursátil durante abril del 2000 a las obligaciones fiscales acumuladas por las ganancias de capital a finales de la década de 1990. Los inversores que tuvieron ganancias de capital en 1999 tenían que pagar impuestos sobre esas ganancias el 15 de abril y Wanniski sugería que los inversores al vender sus valores para pagar sus impuestos desataron la bajada de precios de las acciones que componían el NASDAQ. Aunque esta observación da idea de qué podría haber iniciado el estallido de la burbuja, el propio Wanniski no creía en las burbujas financieras y animaba a

---

[37] Ibíd., p. 6.

sus clientes a entrar de nuevo en el mercado después de que se acabara el plazo del pago de impuestos.[38] Otra predicción vino de los economistas Stan Liebowitz y Stephen Margolis, que consideraban asuntos de competencia y política antitrust en los mercados de alta tecnología. Describían correctamente estos mercados como mostrando una burbuja especulativa cerca del máximo de la burbuja: «Esto no implica que se necesite una burbuja especulativa, que parece una descripción apropiada para las acciones de Internet cuando se escribe este libro [primavera de 1999] para garantizar una financiación suficiente».[39] Liebowitz realizaba posteriormente un examen más detallado (publicado después de que estallara la burbuja) de por qué se produjo la burbuja:

El libro (…) se centra en entender por qué los acontecimientos financieros fueron tan mal. (…) Muchos de los pronósticos acerca de Internet (aumento rápido del número de usuarios, aumento rápido de los ingresos por publicidad, aumento rápido de las ventas) abonaron pronósticos desaforadamente optimistas, como si una cornucopia virtual de riqueza fluyera sobre los inversores en estas empresas [y lo hiciera para los que tuvieron la fortuna de entrar pronto]. (…) Pero incluso si todos los pronósticos de usuarios e ingresos hubieran sido verdad, como lo fueron algunos, eso no habría garantizado el escenario financiero prometedor que tantos inversores y analistas preveían.[40]

---

[38] Jude Wanniski, «Letters to Clients», 30 de marzo a 19 de abril de 2000.

[39] Stan J. Liebowitz y Stephen E. Margolis, *Winners, Losers, & Microsoft: Competition and Antitrust in High Technology* (Oakland, CA: Independent Institute, 1999), p. 115.

[40] Stan J. Liebowitz, *Rethinking the Network Economy: The Real Forces That Drive the Digital Marketplace* (Nueva York: Amacom, 2002), p. 2.

Conclusiones

*La exuberancia de Wall Street es tal que solo un hombre va-
liente insistiría en que la bolsa estadounidense está a punto
del crash. En la larga historia de burbujas listas para estallar,
siempre ha sido así.*

— *Economist*, 25 de marzo de 2000

La anterior selección de predicciones con respecto a la burbuja bursátil de la bolsa de 1990 se produjo sobre un trasfondo
con unas condiciones en las que los economistas no están de
acuerdo ni en el papel de la predicción en la ciencia económica o las causas de las burbujas bursátiles. El propósito era
identificar quien identificó correctamente la existencia de una
burbuja bursátil y quién predijo correctamente un desplome
en la bolsa. El apéndice al final de este artículo ofrece una
cronología de citas adicionales reflejando ideas, inconsciencia
o confusión con respecto a los contornos macroeconómicos
de la burbuja y el desplome. Sin embargo, lo más importante
es que esta selección ha examinado cómo se identificó el auge
y cuál fue su causa. Estos problemas son importantes porque
los auges y declives conllevan transferencias masivas y pérdidas financieras en la economía y, cuando se asocian con recesiones graves en el ciclo económico, pueden causar costes,
distorsiones e ineficiencias. Las crisis económicas a menudo
han dado ocasión para aumentar el tamaño, ámbito y poder
del gobierno (Higgs 1987). En casos extremos, esos cambios
radicales en las condiciones financieras y económicas pueden
dar lugar a disturbios sociales e inestabilidad política.

En general, las predicciones correctas entran en dos categorías. Las del primer grupo se basan en el análisis de la
valoración. Usando mediciones estándar del valor del mercado de valores como la relación entre precios y ganancias,

economistas como Robert Shiller y un pequeño número de analistas del mercado que eran pesimistas en 1999 concluían que la bolsa se había vuelto extremadamente sobrevalorada y por tanto estaba experimentando condiciones similares a una burbuja y estaba condenada a una caída abrupta. Por desgracia, la mayoría de estos pronosticadores no ofrecen un análisis económico detallado de sus predicciones. El uso de mediciones de valoración es realmente útil, pero esas medidas esencialmente no son más que herramientas de análisis histórico para comparar relaciones y porcentajes de un periodo con los de otro o con medias históricas. En la burbuja reciente, la mayoría de los optimistas siempre encontraban una manera de ajustar las medidas de valoración para ajustarlas a las condiciones modernas y hacer que la bolsa pareciera estar infravalorada.

El segundo grupo de predicciones correctas estaba fuera de la ortodoxia de la profesión económica. La mayoría provenía de economías asociados con la Escuela Austriaca, incluyendo economistas académicos y financieros y compañeros de viaje de dicha escuela. Estas predicciones empezaron en 1996 y continuaron hasta después de la recesión en la bolsa, pero la mayoría se produjeron cerca del pico en los mercados bursátiles. Los austriacos tendían a tener una visión negativa en general y se apresuraban a destacar los aspectos negativos de las condiciones económicas, pero también distinguían claramente burbujas y ciclos económicos de otros fenómenos y tendencias económicos. Dado que los economistas son al tiempo relativamente pocos y marginados por la profesión, su predominio a la hora de hacer predicciones correctas parece ser algo así como un elefante en la habitación, especialmente a la vista de su desdén general por la predicción y por el requisito ortodoxo de una predicción precisa. En mi recopilación, he tratado de evitar la inclusión de «pesimistas permanentes», analistas que siempre son pesimistas sobre la bolsa. Sin embargo, habría que señalar que James Grant se reconoce como pesimista permanente y que su predicción llegó demasiado pronto en términos de plazos de mercado. Las predicciones se resumen en la Tabla 2.

Tabla 2
Previsiones y escuelas de pensamiento económica

Nombre	Previsión	Fecha	Escuela de pensamiento
Dean Baker	Burbuja	1999-00	Postkeynesiano
James Glassman	Dow 36.000	1999	Lado de la oferta
Kevin Hassett	Dow 36.000	1999	Lado de la oferta
David Elias	Dow 40.000	1999	Desconocido
Charles Kadlec	Dow 100.000	1999	Desconocido
Robert Shiller	Burbuja/Declive	1999	Finanza conductual
Charles Murray	Burbuja/Declive	2000	Medidas de valoración
Christopher Mayer	Burbuja/Declive	2000	Austriaco
James Grant	Burbuja/Declive	1996	Austriaco
Tony Deden	Burbuja/Declive	1999-00	Austriaco
Jörg Hülsmann	Burbuja/Declive	1999	Austriaco
Frank Shostak	Burbuja/Declive	1999	Austriaco/técnico
George Reisman	Burbuja/Declive	1999	Austriaco
Sean Corrigan	Burbuja/Declive	1999	Austriaco
Hans Sennholz	Burbuja/Declive	2000	Austriaco
William Anderson	Burbuja/Declive	2000	Austriaco
Jude Wanniski	Crash	2000	Lado de la oferta
Jerry Jordan	Burbuja	1997	Monetarista
Llewellyn Rockwell	Burbuja/Declive	1999	Austriaco
Greg Kaza	Auge/Declive	1999	Austriaco
Holman Jenkins	Comprar/mantener	1999-00	Negocios
William McDonough	Estabilidad	1999	Pres, N.Y. Fed
Revista *Economist*	Burbuja/Crash	2000	Keynesiano/hayekiano

Es especialmente notable que todas las predicciones austriacas ofrecían una explicación económica de la burbuja y que sus explicaciones eran relativamente compatibles en todo su grupo. Por generalizar, los austriacos percibían que la Fed estaba siguiendo una política monetaria laxa que mantenía los tipos de interés por debajo de los tipos que habrían prevalecido en ausencia de dicha política. Escritores individuales destacaban la voluntad de la Fed de rescatar a los inversores constantemente durante la década de 1990, insensibilizando así a los inversores al riesgo. Como consecuencia, tuvo lugar un periodo de «exuberancia» y especulación salvaje. Si el análisis austriaco es correcto, la Fed ha sido una fuente importante de inestabilidad económica y financiera. Este análisis también sugiere que la inclinación de la Fed por mantener los tipos tan bajos como sea posible puede causar pérdidas económicas importantes y que podría ser mejor una política que dejara que las fuerzas del mercado dominaran los tipos de interés sin intervención.

Los que descubrieron el «auge» en la economía y la «burbuja» en la bolsa y predijeron, o un «declive» en la economía, o un desplome en la bolsa trabajaban dentro de un marco analítico que se remontaba a Richard Cantillon, cuyo *Ensayo sobre la naturaleza del comercio en general* se publicó en 1755. La tradición de Cantillon se llevó adelante y extendió a través de las obras de Turgot, Say, Bastiat, Menger, Wicksell, Böhm-Bawerk, Mises, Röpke, Hayek y Rothbard y es ahora el marchamo de la Escuela Austriaca moderna de economía.

En el núcleo de este modo de análisis está un énfasis en el emprendimiento y el estudio de qué hace que los precios aumenten y disminuyan, que abarca salarios, rentas, beneficios, interés y poder adquisitivo del dinero. Con respecto al ciclo económico, la tradición de Cantillon demuestra que las perturbaciones en la oferta de dinero y crédito cambian los precios relativos, especialmente cuando una autoridad monetaria expande la oferta de papel moneda. Las reducciones artificiales en los tipos de interés estimulan la inversión y aumentan la valoración de los activos de capital, aumentando más de valor los activos a largo plazo que los activos a corto. Los cambios resultantes en la estructura de producción (edificios, tecnología y el patrón de la organización industrial) se llaman efectos Cantillon. Se producen durante el auge, una fase en la que los recursos se asignan mal, tanto en malas inversiones como en trabajos mal encaminados. Como los precios relativos se corrigen a sí mismos en el declive, los recursos se reasignan mediante mecanismos como la quiebra y el desempleo. Los precios de los activos de capital son extremadamente volátiles durante este proceso.

Aunque las ideas austriacas han recibido más publicidad y atención en los medios financieros y las publicaciones académicas en años recientes, una revisión de libros económicos de texto a nivel universitario difícilmente hallaría alguna palabra acerca de la teoría austriaca del ciclo económico o los efectos Cantillon. Puede que sea demasiado pronto para una revisión completa de los libros económicos de texto y para pedir a los profesores de economía reescribir sus apuntes, pero indudablemente es el momento de al menos introducir estos conceptos en aulas y libros de texto de forma que los estudiantes puedan considerar un paradigma alternativo y valorar sus méritos.

Apéndice: Otras predicciones

- Jerry Jordan: «El problema puede (...) estar (...) en los mercados de activos [acciones], como sugieren episodios históricos en este país, sobre todo en la década de 1920, y en Japón a finales de la década de 1980».[41] Como miembro con derecho a voto del Comité Federal de Mercados Abiertos, Jordan, presidente de la Fed de Cleveland, votó sin éxito cinco veces a favor de aumentar los tipos de interés a partir de 1988.

- Victor Zarnowitz: «Los argumentos a favor de una nueva Edad de Oro [sic] no son en general convincentes».[42] Zarnowitz conoce la teoría austriaca del ciclo económico y la considera en su análisis.

- Lew Rockwell: «En algún momento, y nadie sabe cuándo, la bolsa va a invertir su ascenso. Puede que incluso se desplome».[43]

---

[41] Jerry J. Jordan, presidente del Banco de la Reserva Federal de Cleveland en las actasde la reunión del Comité Federal de Mercados Abiertos del 11 de noviembre de 1997.

[42] Victor Zarnowitz, «Theory and History Behind Business Cycles: Are the 1990s the Onset of a Golden Age?» NBER Working Paper 7010 (Cambridge, MA: National Bureau of Economic Research), resumen.

[43] Llewellyn H. Rockwell, Jr. «Stock Market Bailout», *Free Market* (noviembre de 1999): 4.

- Greg Kaza: «En Wall Street se habla de un "nuevo paradigma económico" que ha acabado con el ciclo económico. Pero las apariencias superficiales pueden ser engañosas. (…) Acabará produciéndose una recesión».[44]
- Holman Jenkins: «La afirmación de Glassman y Hassett de haber encontrado un nuevo valor para el Dow es un magnífico truco de marketing, pero es la parte menos importante de su libro. Los autores sin duda tienen razón en que los estadounidenses ha superado su miedo a la bolsa, porque esta está funcionando mejor de lo que solía. Para los inversores, comprar, mantener y olvidar se ha hecho seguro».[45]
- Alan Greenspan: «Reconozco que en este momento hay un problema de una burbuja en el mercado bursátil» y «Garantizo que, si queremos librarnos de la burbuja, sea esta del tipo que sea, [aumentar los requisitos marginales] lo conseguirá».[46]
- William McDonough: «Creo que el sistema bancario está funcionando exactamente como a mí me gustaría, es decir, con la voluntad apropiada de tomar riesgos, pero teniendo en cuenta en general criterios buenos y sensatos».[47]
- The Economist: «La exuberancia de Wall Street es tal que solo un valiente insistiría en que la bolsa estadounidense ha dejado atrás un posible desplome. De acuerdo con la larga historia de burbujas a punto de estallar, siempre ha sido así».[48]
- Alan Greenspan: «Es muy difícil identificar claramente una burbuja [en la bolsa de EE.UU.] hasta después de que se produce».[49]

---

[44] Greg Kaza, «Downsizing Detroit: Motown's Lament», *Chronicles: A Magazine ofAmerican Culture* (20 de noviembre de 1999), p. 20.

[45] Holman W. Jenkins, Jr., «Of Bulls and Bubbles», *Policy Review* 98 (1999-2000).

[46] Alan Greenspan, actas de la reunión del Comité Federal de Mercados Abiertos, 24 de septiembre de 1996.

[47] William McDonough, presidente del Banco de la Reserva Federal de Nueva York,citado por *Reuters*, 26 de septiembre de 1999.

[48] *The Economist* 23 de marzo de 2000, p. 84.

[49] Alan Greenspan, discurso en la conferencia anual del Banco de la Reserva Federalde Kansas City en Jackson Hole, Wyoming, 20 de agosto de 2002.

la perspectiva o realidad de la guerra con Irak pinchara la inversión empresarial y el gasto en consumo».[50]

- James Grant: «En el ciclo de auge, la gente no está muy interesada en un mensaje que diga: el declive es sencillamente una parte necesaria del ciclo económico. En una falsa prosperidad, las buenas ideas económicas se dejan al margen. Por eso los austriacos deberían prepararse ya mismo para ofrecer la mejor explicación cuando la marea cambie, como hace siempre. ¿Quién sabe? Tal vez encontremos maneras de hacer al declive intelectualmente rentable. Con el tiempo, la economía austriaca podría verse de nuevo como teoría ortodoxa. Debería ser así».[51]

---

[50] Robert Shapiro, «Spin Cycle: Why Has the Business Cycle Gone Topsy-Turvy?» Slate.com. 15 de abril de 2004.

[51] James Grant, «The Trouble with Prosperity: An Interview with James Grant», *Austrian Economics Newsletter* 16 (1996): 8.

Capítulo 18

¿MERCADO «AL ALZA»?

Era un fin de semana del invierno de 2004 y yo sospechaba la llegada de otra burbuja inducida por la Fed similar a la de finales de la década de 1990. La psicología social parecía hacerse más optimista. Si embargo, no estaba del todo claro si era solo un auge general en toda la economía o una burbuja en un sector concreto. Decidí echar yo mismo un vistazo.

Sería difícil negar que las bolsas estadounidenses están experimentando mercados al alza. El año pasado (2003) el NASDAQ subió más de un 50%, mientras que el Dow 30 y el S&P 500 tuvieron ganancias del 25% y parece que todo está al alza en este año. La teoría del Dow (que no llega a ser una teoría) nos dice que estamos en un mercado al alza. Si uno es seguidor del «efecto enero», por el que el mes de enero de alguna manera determina el destino del mercado para todo el año, debería tener también una previsión optimista, porque todos los índices bursátiles acabaron el mes en zona positiva.

Solo la victoria de los New England Patriots parecía arruinar la fiesta. El indicador de la Super Bowl predice un buen año para la bolsa si un equipo de la antigua NFC gana y un mal año cuando gana un equipo de la antigua AFC. Recuerdo que el indicador de la Super Bowl ha perdido parte de su magia en años recientes. Tal vez deberíamos pasar a indicadores políticos, que sugerirían grandes ganancias en acciones durante un año electoral.

¿Pero está el mercado mostrando realmente señales de prosperidad o solo es que está al alza?

217

Me gustaría sugerir esto último y que podría no ser un buen momento para obtener un préstamo hipotecario para invertir en las acciones tecnológicas de moda. Estamos en medio de una burbuja inmobiliaria y las valoraciones de acciones medidas de acuerdo con la relación entre precios y ganancias están en niveles de burbuja. La filosofía de comprar bajo y vender alto os llevaría a vender las acciones ahora mismo, no a comprarlas.

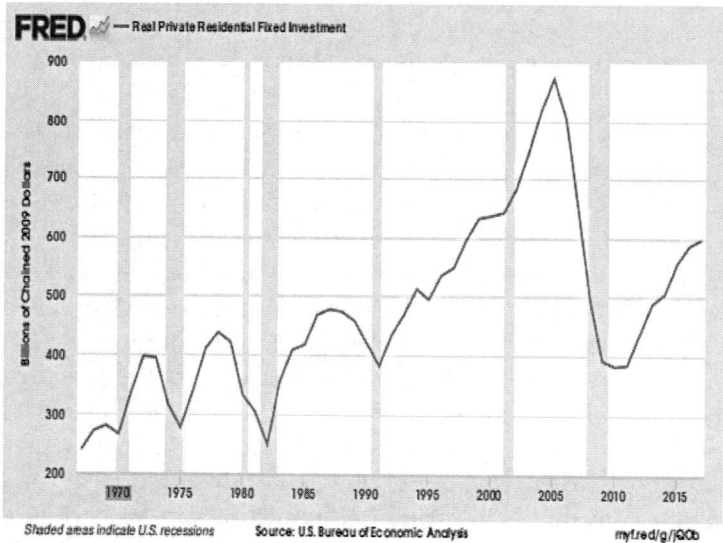

No estoy sugiriendo que vendáis vuestra casa o liquidéis vuestros fondos de pensiones, solo que no echéis las campanas al aire y abandonéis vuestras fórmulas tradicionales. Más del 90% de las acciones cotizan ahora mismo por encima de su media móvil de doscientos días. Normalmente yo pienso en vender acciones, o al menos en dejar de comprarlas, cuando este indicador se aproxima al 80% y luego vuelvo al mercado cuando baja al nivel del 20-30%. Como mínimo, los inversores deberían tomarse tiempo para evaluar sus activos y asignaciones de cartera entre acciones, bonos, efectivo y oro (entre especulación y seguridad).

¿En qué se basa la idea de un mercado al alza?

Primero, la Reserva Federal ha llevado a los tipos de interés a corto plazo a tipos históricamente bajos. Esto sin duda ha mantenido a flote los precios de las acciones, pero asimismo ha impedido ahorrar y ha estimulado el aumento del consumo y la deuda.

Los estadounidenses tienen ahora bajos niveles de ahorro y altos niveles de deuda y esto sencillamente no es bueno para la salud de la economía. De hecho, las estadísticas indican que los estadounidenses han estado sacando el dinero de sus cuentas de ahorro y colocándolo en el mercado de valores, pero no están aumentando su ahorro total.

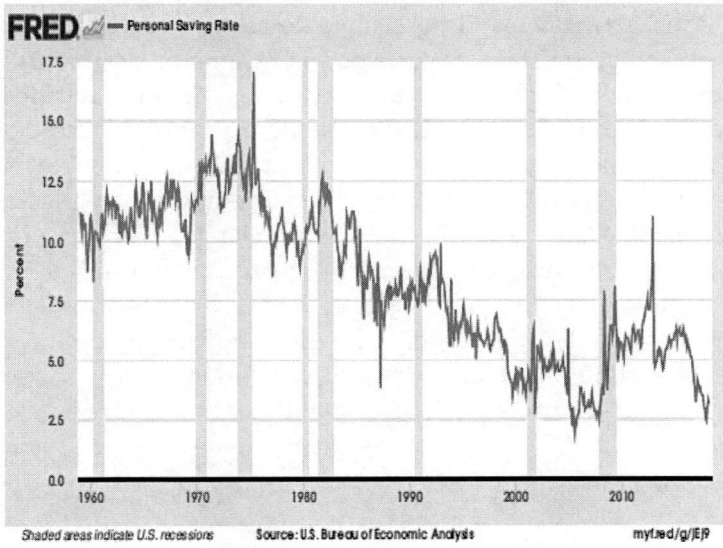

Segundo, el gobierno federal ha aumentado el gasto y la deuda a un ritmo rápido. Ambas cosas son malas para la salud de la economía, pero sirven para mantener una apariencia de prosperidad en estadísticas económicas como el PIB y la tasa de desempleo. Cuando la recuperación económica está alimentada por el gasto público combinado con un estímulo del gasto en consumo y de la construcción de viviendas, ¿cómo puede ser real esta prosperidad?

Mirando atrás, deberíamos también recordar la disminución del valor del dólar. Gracias a la Reserva Federal, el índice del dólar de EE.UU. perdió aproximadamente un 15% de su valor en 2003. Si se ha guardado el dinero en un banco extranjero o en bonos extranjeros, se ha podido evitar la pérdida más el interés obtenido, haciendo que ganancias del 25% en acciones de EE.UU. resulten poco espectaculares en comparación.

Mirando adelante, deberíamos advertir que el porcentaje de asesores de inversión que son optimistas en el mercado está cerca del máximo nivel experimentado durante los últimos cuatro años. El porcentaje de asesores de inversión que son pesimistas está cerca de su nivel mínimo durante el mismo periodo. Este indicador psicológico es un indicador contrario, en el sentido de que cuanto mayor sea el número de optimistas y menor el de pesimistas, más probable es una «corrección» en la bolsa. No es un indicador perfecto (nada lo es), pero si está en línea con el análisis económico a la hora de encontrar algunos problemas en el futuro de la bolsa de EE.UU..

Esto me lleva a mi descargo de responsabilidad. Si los asesores de inversión como grupo tienden a equivocarse acerca del futuro de la bolsa, ¿puede ser bueno mi consejo y mi análisis? Mi respuesta es *caveat emptor* y eso no es una buena señal.

CAPÍTULO 19

VIVIENDA: DEMASIADO BUENO PARA SER VERDAD

Hay señales de una «nueva era» en la vivienda por todas partes en 2004. La construcción de viviendas está teniendo lugar a velocidades récord. Se está llegando a nuevos máximos en los precios inmobiliarios en todo el país, especialmente en las zonas costeras. ¡Los precios explosivos de las viviendas y los tipos mínimos de interés están permitiendo a los propietarios de viviendas refinanciar sus hipotecas, «extraer patrimonio» para aumentar su gasto y rebajar sus pagos mensuales! Como me explicó recientemente un gestor de préstamos: «Es casi demasiado bueno para ser verdad».

De hecho, es demasiado bueno para ser verdad. Lo que los profetas del nuevo paradigma de la vivienda no explican es que los mercados inmobiliarios han experimentado ciclos similares en el pasado y que a los periodos descritos como nuevos paradigmas o nuevas eras les han seguido a menudo periodos de preocupación en los mercados inmobiliarios, incluyendo ejecuciones de hipotecas, quiebras y bancarrotas bancarias.

El caso de la burbuja inmobiliaria de Japón es muy instructivo. Japón tuvo una burbuja bursátil en la década de 1980 que fue muy similar a la de la bolsa de EE.UU. en la década de 1990. Al empezar el declive de la bolsa japonesa, el mercado inmobiliario de Japón seguía con su burbuja. Un índice general del mercado inmobiliario japonés muestra que los precios aumentaron durante dos años después del desplome de la bolsa, con los precios permaneciendo por encima de los niveles previos al desplome durante más de cinco años. El auge en la construcción continuó durante casi seis años después del desplome del mercado de valores. Los precios de los inmuebles comerciales, industriales y residenciales en Japón continúan cayendo y ahora están por debajo de los medidos en 1985, cuando estás estadísticas se recogieron por primera vez. Han pasado tres años desde el desplome del mercado de valores en EE.UU.. El presidente Greenspan ha indicado que los tipos de interés podrían pronto cambiar de dirección, mientras que los tipos de interés a largo plazo ya han aumentado. Los tipos de interés más altos deberían iniciar una inversión en el mercado de la vivienda y poner al descubierto las falacias del nuevo paradigma, incluyendo cómo el auge de la vivienda ha ayudado a ocultar aumentos en la inflación de precios. Por desgracia, este descubrimiento perjudicará a los dueños de viviendas y, al agravar el problema, podría afectar al contribuyente estadounidense, que podría verse obligado a rescatar a los bancos y a los avalistas de hipotecas de patrocinio público que han animado a prácticas irresponsables de préstamo.

Más Greenspan

De nuevo, el presidente de la Fed, Alan Greenspan,[1] se ha inventado una panacea de una economía de nueva era. Y este mismo año aplaudía su propia contribución a la recuperación económica: «Tipos de interés muy bajos y menores impuestos han permitido mejoras relativamente robustas en construcción residencial y gastos familiares. De hecho, la actividad de la construcción residencial ha aumentado constantemente a lo largo del año».

La clave para esta panacea es el proceso de *extracción de patrimonio* que se produce cuando la gente refinancia sus

---

[1] «Testimonio del presidente Alan Greenspan», Informe monetario semestral del Consejo de la Reserva Federal al Comité de Banca, Vivienda y Asuntos Urbanos, Senado de EE.UU., 12 de febrero de 2003.

hogares: renuncia a patrimonio y lo gasta en aumentar su nivel de vida. Sin embargo, como las hipotecas a tipo variable están tan bajas, sus pagos en realidad van bajando, así que tienen más renta mensual para gastar o pueden mudarse a una casa más cara. Como explicaba Greenspan:

Otros desembolsos de consumo, financiados en parte por la extracción de patrimonio constituido por viviendas, han continuado con su tendencia al alza. La mayoría de la extracción de patrimonio (reflejando las ganancias de capital apreciadas obtenidas por ventas de viviendas) normalmente se produce como consecuencia la venta de casas. Pero, durante el año pasado, una cantidad casi igual reflejaba los ingresos por deuda financiada asociados con un repunte sin precedentes en refinanciaciones hipotecarias.[2]

Como es habitual, Greenspan matizaba sus declaraciones. También consideraba algunos de los posibles reveses y dificultades en el horizonte para el nuevo paradigma de la vivienda, pero al final concluía que en realidad no tenemos nada de qué preocuparnos. Tipos bajos de interés, aumento en los precio de las viviendas y menores costes de financiación significan que podemos estar al plato (es decir, nuestras viviendas) y a las tajadas (es decir, extracción de patrimonio para consumo):

Es verdad que la deuda hipotecaria de los propietarios de viviendas en relación con su renta está alta en términos históricos. Pero, como consecuencia de los tipos bajos de interés, el requisito de pago de la deuda de la hipoteca de los propietarios en relación con la renta disponible correspondiente de ese grupo está muy por debajo de los altos niveles de principios de la década de 1990. Además, debido a las continuas grandes ganancias en valores inmobiliarios residenciales, el patrimonio en vivienda ha continuado a pesar de las notables extracciones financiadas con deuda. Sumando los costes fijos asociados

---

[2] Ibíd.

con otras obligaciones financieras, como el pago de rentas de inquilinos, el crédito a plazos de consumo y los leasings de automóviles, los costes totales de pagos comparados que afrontan las familias en relación con sus rentas están por debajo de máximos anteriores y no parecen ser una causa importante de preocupación en este momento.[3]

La burbuja de la vivienda

Hablé por primera vez de la burbuja de la vivienda en Estados Unidos al principio de este año (2004), cuando dicha burbuja ya llevaba tiempo gestándose, si es que no había brotado del todo. Como indica el gráfico «Real Private Residential Fixed Investment» del capítulo 18, la inversión residencial real se ha disparado muy por encima tanto de su tendencia histórica como incluso de su surco de tendencia cíclica. Esto me indica que hay una burbuja inmobiliaria residencial. Los datos de este gráfico terminaban originalmente en 2003. Ahora sabemos que esa inversión en vivienda aumentó un 8,8% el año pasado. Esta es una tasa históricamente alta en la construcción, pero está lejos de ser un récord en aumento. Sin embargo, 2003 resulta ser el noveno año seguido en que la inversión en vivienda ha sido positiva, la primera vez que pasa esto desde que se realiza esta estadística. Frank Shostak[4] y Christopher Mayer[5] también han escrito artículos muy informativos sobre la burbuja de la vivienda.

Recientemente, me ocurrió algo que evidencia una burbuja en la vivienda. La tarde del pasado domingo un amigo mío puso un cartel de «En venta por el propietario» en el césped delantero de una pequeña casa de alquiler que poseía

---

[3] Ibíd.

[4] Frank Shostak, «Housing Bubble: Myth or Reality?» *Mises Daily*, 4 de marzo de 2003.

[5] Christopher Mayer, «The Housing Bubble», *Free Market* 23, n.º 8 (1 de agosto de2003).

en una calle secundaria. No acudió a un agente inmobiliario ni a un anuncio en un periódico, pero, aun así, recibió un par de llamadas esta tarde, a las que siguieron bastantes más y en solo un par de días tuvo múltiples ofertas antes de aceptar finalmente una que estaba muy por encima del precio que pedía originalmente.

Los economistas ortodoxos que descartan la posibilidad de una burbuja de la vivienda rechazarían esa evidencia. Pero también ignoran todas las evidencias macroeconómicas del actual auge de la vivienda y lo ven como una evolución positiva. Por ejemplo, el número de nuevas viviendas en construcción está en su máximo histórico, a pesar de un mercado laboral «tranquilo». La tasa anualizada de construcción de nuevas viviendas ha sobrepasado los dos repuntes de la década de 1970, cuando la inflación estaba fuera de control.

Los precios de las casas están asimismo altos en torno a 2004, pero los economistas ortodoxos también han ignorado por lo general esta evolución y, como se ha señalado antes, Greenspan lo ve como una evolución positiva. Algunos economistas pueden incluso señalar el Índice de Precios del Consumo, que muestra que el componente de la vivienda del IPC no se mueve ni baja. Y, aun así, llegan informes casi todos los días diciendo que los precios de las viviendas están aumentando drásticamente y estableciendo récords en todo el país. Se ha informado de precios récord recientemente en el área de la bahía de San Francisco, Denver, Boston, Las Vegas, el estado de Washington e incluso en Buffalo, Nueva York.

A nivel nacional, el precio de la vivienda de una familia media aumentó un 15% entre 2001 y 2003, con aumentos regionales del 30% en el Nordeste, 8,5% en el Medio Oeste, 14,4% en el Sudeste y 20,4% en el Oeste. A lo largo del último año, los aumentos se han informado como del 18,7% en el Nordeste, 1,9% en el Medio Oeste, 3,8% en el Sudeste y 10,7% en el Oeste o un 6,5% para la nación en su conjunto. Resulta interesante que el precio mediano en realidad haya caído un 7,2% en el Medio Oeste y un 7,3% en el Sur desde su máximo en el tercer trimestre de 2003, mientras que los precios se han mantenido planos en general en el Oeste. Las estadísticas del último par de trimestres podrían por tanto sugerir que la burbuja de la vivienda puede haber llegado a su máximo y al menos haberse enfriado temporalmente en buena parte del país.

¿Por qué han estado aumentando los precios de las viviendas? David Lereah, economista jefe de la Asociación Nacional de Agentes Inmobiliarios, explicaba a *Inman News* (2004): «Se trata sencillamente de oferta y demanda. (...) Continuamos teniendo más compradores que vendedores en la mayor parte del país, lo que genera carteras pequeñas de viviendas y mayores tasas de apreciación de los precios de la vivienda».[6] Por supuesto, la causa de que haya precios más altos es que la Reserva Federal ha mantenido los tipos de interés, y por tanto los precios hipotecarios, en niveles históricamente bajos, de forma que la gente encuentra más sencillo financiar viviendas. De hecho, a pesar de un aumento del 18% en los precios desde 2001, el pago mensual mediano ha permanecido igual, en 789$ mensuales, y el pago mediano como porcentaje de la renta en realidad ha bajado. Esta es la magia de la inflación monetaria, cortesía de Alan Greenspan.

La inflación de precios sigue a la inflación monetaria

El precio de prácticamente todo lo que compro está aumentando estos días. La gasolina está más cara, los lácteos están más caros, los productos de papel y casi todo lo demás está más caro. Los economistas ortodoxos parecen sorprendidos por el reciente repunte en la inflación de precios y nos han ofrecido toda clase de excusas para ignorar las señales de

---

[6] David Lereah, «Real Estate Prices Post Double Digit Gains», *Ocala Star-Banner*, 22 de mayo de 2004.

inflación: Ignoran los precios más altos del petróleo. Ignoran los precios más altos de la comida. Ignoran los precios más altos de la atención sanitaria. Ignoran los precios más altos de los impuestos y las tasas públicas. Y además está su pequeño sucio secreto acerca de los precios de las viviendas.

Una mayor inflación de precios no debería haber sido una sorpresa, dado que la Fed ha aumentado la oferta monetaria en un 25% durante el periodo 2001-03. Además, el precio de los productos básicos ha estado aumentando durante muchos meses y ese aumento de precios de los productos básicos acaba teniendo que aumentar el precio de bienes y servicios. Un indicador evidente de un aumento en el precio de los productos básicos es el Dow Jones Commodity Index, que representa los precios de las acciones de los grandes productores. Ha estado aumentando desde el cuarto trimestre de 2001 y ha doblado su valor desde ese momento. El índice ahora está en máximos históricos, aparte de la irregularidad que se produjo a mediados de 2002.

Solo recientemente los precios de los productos empezaron a influir en los índices públicos de precios como el Índice de Precios de la Producción y el Índice de Precios del Consumo. En los primeros cuatro meses de 2004 la inflación del IPC aumentó a un ritmo anual del 4%, que es un ritmo más alto del que hemos experimentado en los últimos años. El Índice de Precios del Consumo en realidad disminuyó en 2001, pero ha aumentado en 2002 y 2003. Durante el año fiscal que acabó en junio de 2004, los precios para los bienes finalizados de los productores aumentaron un 3,7%, mientras que en etapas anteriores de producción los precios de los bienes intermedios aumentaron un 5,1% y los precios de las materias primas aumentaron un 20,4%, Esto sugeriría que hay potencialmente mucha inflación de precios todavía en las tuberías. La experiencia de la década de 1970 sugeriría que la inflación de precios añade combustible a las burbujas de viviendas, porque los activos tangibles como las viviendas sirven como cobertura contra la inflación.

El sucio secreto

Aunque esta inflación de precios no me sorprendió, sí lo hizo su demora en llegar, es decir, hasta que me di cuenta del sucio pequeño secreto en el IPC. Con los precios aumentando a nuestro alrededor, hay una cosa en Auburn, Alabama, que parece abundar con precios estables, si es que no bajan. Este «bien» se anuncia ahora mismo en la mayoría de las calles de toda la ciudad, mientras que en el pasado no hizo falta mucha publicidad, si es que hizo falta, a lo largo de los más de veinte años que he vivido en esta ciudad universitaria. Este bien abundante es la vivienda.

Estamos ante un mercado realmente extraño cuando casas y apartamentos se mueven en direcciones opuestas. Después de todo, casas y apartamentos son solo distintos productos en el mismo mercado de la vivienda. En Auburn, es casi imposible encontrar el tipo de casa que queremos comprar, a pesar de la actividad frenética de las constructoras y, aun así, las propiedades de alquiler, que incluyen muchas casas más pequeñas, parecen estar disponibles en todas las formas y tamaños. ¿Ha cambiado la población? ¿La gente se ha convertido en enemiga del alquiler? ¿O es solo que estamos en un «nuevo paradigma de la vivienda»? ¿Hay una «nueva era» en la vivienda?

Los tipos bajos de interés de Greenspan han llevado a los arrendatarios a convertirse en dueños de viviendas y han desequilibrado el mercado. Por debajo de esta distorsión inspirada por la Fed se encuentra el sucio pequeño secreto de cómo el coste de la vivienda ha servido para limitar los aumentos en la medición de la inflación. El Índice de Precios del Consumo ha infrainformado la inflación de precios porque el gobierno usa en su índice el precio de alquiler de la vivienda en lugar del precio real de las casas.

En la cesta de productos usada para calcular el IPC, los bienes que han aumentado más lentamente que la vivienda incluyen comida y bebida, ocio y educación, que suman aproximadamente el 30% del peso de dicha cesta del IPC. La vivienda equivale a un 42% de la cesta, con los precios de la vivienda representando casi el 25% de toda ella. Sin embargo, los precios de la vivienda se calculan con las «renta equivalente del propietario», que es una estimación de la renta que la gente tendría que pagar por sus casas. Con los precios de la vivienda en aumento y los de los alquileres estancados, el IPC infravalora la tasa real de inflación de precios a lo largo del año pasado (2004) en aproximadamente un 50%.

¿Estallan las burbujas de la vivienda?

Los precios de las viviendas nunca bajan, o raramente lo hacen. Esa es la opinión convencional y la opinión convencional tiene razón. La vivienda es siempre una buena inversión, ¿verdad? Es una cobertura contra la inflación y es una inversión que utilizas todos los días, además de ofrecerte una desgravación fiscal. Y la vivienda, después de todo, es una parte importante del sueño americano, ¿verdad?

El gobierno puede arruinar casi cualquier cosa. Si se le da el suficiente poder y tiempo arruinará todo. Vivienda e inmuebles en Estados Unidos son solo un ejemplo. La Reserva Federal y la familia Mac-Mae de empresas patrocinadas por el gobierno que facilitan diversos tipos de deuda (es decir, Freddie, Fannie, Sallie, etc.) han conspirado para crear una burbuja de vivienda en Estados Unidos y, como dice el viejo refrán: «Lo que sube, debe bajar». Es solo cuestión de tiempo.

Las burbujas de vivienda normalmente no estallan como un globo y tampoco tienen un desplome como las bolsas. Más bien, el aire de las burbujas de vivienda tiende a ir saliendo de forma lenta (dolorosamente lenta), mientras que en los mercados inmobiliarios comerciales es un silbido más apreciable. Realmente no sabemos el valor actual de nuestras viviendas hasta que las vendemos. No se intercambian diariamente, como las acciones de Walmart. Algunas nunca se intercambian en el mercado, sino que pasan dentro de una familia de generación en generación. El valor de mercado de una vivienda puede caer un 20% y el propietario puede que nunca lo sepa.

Lo que es peor, cuando colapsa el mercado inmobiliario, los precios es menos probable que colapsen, porque cuando los compradores dejan de hacer ofertas las casas sencillamente no se venden. Los vendedores a menudo se resisten a bajar los precios limitándose a dejar la casa en el mercado o sacándola de este. Tradicionalmente, el ajuste del mercado a un colapso en los mercados inmobiliarios ha afectado a la cantidad, no al precio (se venden menos casas), mientras que las reducciones en precios tienden a llegar poco a poco. Eso no significa que no puedan existir burbujas de vivienda o que el declive sea menos doloroso, solo que no hace el mismo ruido que un desplome.

Es difícil predecir cuánto durarán las burbujas y cuándo empezará el declive. El mejor indicador son los tipos de interés, porque cuando la Fed fuerza los tipos a la baja tiende a crear burbujas y cuando se fuerzan los tipos al alza las burbujas tienden a estallar. Mi apuesta es que Greenspan aumentará los tipos después de las elecciones.

Antes de este repunte, los tipos de interés han estado cayendo desde principios de la década de 1980. Como se mencionaba antes, los tipos bajos han convencido a la gente para refinanciar sus viviendas y extraer patrimonio de sus hogares y gastarlo en compras como automóviles, barcos, reformas, vacaciones o incluso inversiones en bolsa. Como consecuencia, el patrimonio del propietario como porcentaje del valor inmobiliario está ahora mismo en mínimos históricos.

Este es el problema no mentado de la panacea de Greenspan. ¿Qué pasaría con todos estos propietarios de viviendas «pobres en patrimonio» si la vuelta de la inflación monetaria crea una nueva tendencia a precios y tipos de interés más altos a lo largo de los próximos años?

Una proporción en constante aumento de la financiación hipotecaria ha llegado en forma de hipotecas de tipo variable, en las que los pagos aumentan al mismo tiempo que los tipos de interés. Por mi experiencia, las hipotecas de tipo variable tienen un «tope» que solo permite que el tipo variable aumente hasta cierta cantidad. Sin embargo, incluso con el tope, tu pago de hipoteca podría aumentar en torno a un 50%. He sabido hace poco que muchos préstamos a tipo variable se ofrecen ahora mismo sin tope. Si los tipos explotan al alza, los pagos hipotecarios para esa gente podrían doblarse o triplicarse. Y, si ocurriera esto, el mercado de la vivienda colapsaría, con los vendedores ahogando a los compradores.

Dado el estímulo del gobierno a las prácticas laxas de préstamo, los precios de las viviendas podrían venirse abajo, las quiebras aumentarían y las empresas financieras, incluidas las empresas hipotecarias patrocinadas por el gobierno, podrían requerir otro rescate de los contribuyentes.

Por supuesto, la inflación podría no materializarse. Los tipos de interés podrían permanecer bajos. He encontrado un nuevo libro, *Deflation: What Happens When Prices Fall*,[7] que incluso predice que la deflación reinará en nuestro futuro financiero. Greenspan ha sugerido que su panacea económica ha dado a los propietarios estadounidenses de viviendas una mayor «flexibilidad» económica. Yo diría que no es flexibilidad lo que ofrece, sino los grilletes de una pesadilla económica. Aferraos a las hipotecas de tipo fijo, mantener el patrimonio de vuestras casas o conseguid uno de esos apartamentos baratos.

---

[7] Chris Farrell, *Deflation: What Happens When Prices Fall* (Nueva York, 2005).

CAPÍTULO 20

LA ECONOMÍA DE LAS BURBUJAS DE LA VIVIENDA

Nada ilustra mejor el fracaso del gobierno y la crisis de la vivienda que la burbuja de la vivienda. A medida que el gobierno creaba la burbuja, las viviendas se iban haciendo cada vez más caras y quedando fuera del alcance económico de los compradores de primeras viviendas. Luego, a medida que aumentaba el tipo de interés y caían los precios de las viviendas, muchos compradores de estas se encontraban con malas inversiones que ya no podía permitirse. Lo que empezó como un gran intento del gobierno federal para mejorar la propiedad de viviendas para todos los estadounidenses mediante una política de «dinero barato» tendrá consecuencias no pretendidas que dejarán a muchos estadounidenses tocados económicamente para el resto de su vida. Una política de dinero barato implica que el banco central (la Fed) establece tipos bajos de interés y expande la oferta monetaria de forma que sea más fácil conseguir crédito (préstamos) y también implica a organizaciones crediticias patrocinadas por el gobierno, como Fannie Mae y Freddie Mac que faciliten la obtención de hipotecas en la vivienda.

Cuando estalla una burbuja económica, mucha gente se ve dañada económicamente. En el caso de una burbuja de vivienda, esto será especialmente cierto para los dueños de viviendas, especialmente los nuevos que compraron durante la fase de auge de la burbuja. Sin embargo, el daño consiste también en desempleo y pérdida del valor para los poseedores de capital, especialmente en los sectores relacionados con la construcción. A nivel individual, muchas personas se ven abocadas a la quiebra. A nivel macroeconómico, el estallido de la burbuja de la vivienda puede enviar toda la economía a una recesión o depresión. Las burbujas de la vivienda concentran su impacto en construcción, materiales y mobiliario, ventas inmobiliarias y negocios hipotecarios. Por encima de todo, la gente sufre también consecuencias psicológicas. La gente más implicada en la burbuja se confía y se siente jubilosa y segura debido a su aparente éxito en la toma de decisiones. Cuando estalla la burbuja, pierde su confianza, se desespera y desconfía de su toma de decisiones. En realidad, pierde confianza en «el sistema», lo que significa que pierde confianza en el capitalismo y se convierte en receptiva a nuevas «reformas» políticas que ofrezcan una estructura y seguridad a cambio de perder cierta autonomía y libertad.

La razón por la que las crisis económicas crean miedo y concesiones a la libertad es que la gente por lo general no sabe qué causó el declive en primer lugar. De hecho, cuando estalla la burbuja, mucha gente niega que haya un problema y cree que toda la situación volverá pronto a lo que considera normal. El ciudadano medio piensa muy poco en qué hace que la economía funcione: sencillamente acepta que el sistema es como es y trata de obtener de él todo lo que puede.

El propósito de este capítulo es mostrar cómo funciona «el sistema», cómo genera burbujas, por qué estas acaban estallando y los efectos macroeconómicos de las mismas. Vamos a aplicar la explicación de las burbujas derivada de la teoría austriaca del ciclo económico, o TACE, al caso de la burbuja de la vivienda de 2006 y mostrar cómo este aspecto de la crisis de la vivienda es el resultado del fracaso del gobierno: el fracaso inevitable de una burocracia pública (nos referimos a la Fed) a la hora de gestionar de una manera racional la oferta mentaría y los tipos de interés. Sin embargo, puede aplicarse el mismo razonamiento a las burbujas históricas, desde la manía de los tulipanes en la Holanda del siglo XVII a la burbuja punto com de finales de la década de 1990, así como a burbujas futuras.

¿Qué causa burbujas de vivienda?

Hay tres opiniones básicas sobre las burbujas defendidas por economistas y público en general. La opinión dominante entre el público en general y los economistas ortodoxos modernos, incluyendo la Escuela de Chicago y los defensores de la economía del lado de la oferta, es negar la existencia de burbujas y declarar que lo que se cree que son «burbujas» son en realidad el resultado de factores «reales». La segunda opinión, que defienden los keynesianos y los defensores de las finanzas conductistas, es que las burbujas existen debido a factores psicológicos, como los resumidos en la expresión «exuberancia irracional». La tercera y última opinión es que la Escuela Austriaca, que considera que las burbujas consisten en cambios psicológicos reales causados por manipulaciones en la política monetaria. Esta opinión tiene la ventaja de mirar más allá e identificar una causa económica de las burbujas. Identificar una causa económica también nos dirige a decisiones políticas que impedirían futuras burbujas.

La mayoría de la gente está de acuerdo con la mayoría de los economistas en que no existe una burbuja de la vivienda: los precios de la vivienda, dicen, «nunca bajan». Los economistas del lado de la oferta y de la Escuela de Chicago parecen considerar la declaración de una burbuja como una afrenta hacia el *homo economicus* (el hombre económicamente racional), porque la ven como una afirmación de algún defecto psicológico en la gente que requiere la intervención pública.[1] Señalan que si hubiera una causa o causas racionales para las burbujas de la vivienda, o cualquier tipo de burbuja, entonces, incluso aunque solo algunas personas creyeran que

---

[1] El *homo economicus* es el modelo de la persona económica racional que usan los economistas para construir sus modelos y teorías acerca de la economía. Este supuesto afirma que las personas son racionales y siempre tratan de maximizar su utilidad. Esta es una fuente de disputas e incomprensiones entre economistas y entre economistas y otros científicos sociales.

hay una burbuja, se beneficiarían vendiendo casas a precios hinchados y desinflarían la burbuja mucho antes de que se inflara en exceso y estallara. Además, si las burbujas de la vivienda tuvieran fundamentos irracionales, indudablemente un hombre económicamente racional podría beneficiarse enormemente aclarando los motivos psicológicos erróneos que estuvieran causando la burbuja.

Aunque hay mucha diversidad en este bando, puede ejemplificarse en dos economistas del Banco de la Reserva Federal de Nueva York que examinaron las preocupaciones acerca de la existencia de una burbuja especulativa en el mercado de la vivienda de EE.UU.. Aunque McCarthy y Peach sí consideraban que una burbuja de la vivienda podía tener un grave impacto sobre la economía (si existiera y fuera a estallar), acababan concluyendo que esos temores eran infundados:

> Nuestra principal conclusión es que las evidencias más ampliamente citadas de una burbuja no son convincentes porque no tienen en cuenta la evolución de los mercados de la vivienda a lo largo de la pasada década. En particular, las importantes disminuciones en los tipos hipotecarios nominales de interés y las fuerzas demográficas han apoyado la demanda, construcción y valores de las viviendas durante este periodo.[2]

Además, no encontraban «ninguna razón para preocuparse» por una caída notable en los precios de las viviendas. Concluían que siempre que Estados Unidos había caído en una recesión o experimentado periodos de tipos de interés nominalmente altos, todas las bajadas de precios habían sido «moderadas» y también que las bajadas importantes solo pueden producirse regionalmente, por lo que no tendrían «efectos devastadores sobre la economía nacional».

---

[2] Jonathan McCarthy y Richard W. Peach, «Are Home Prices the Next "Bubble"?» *FRBNY Economic Policy Review* (diciembre de 2004): 2.

Esta es esencialmente la opinión de Alan Greenspan y Ben Bernanke. En concreto, Greenspan era consciente de la posibilidad de una burbuja en la vivienda, pero ofrecía todo tipo de posibles explicaciones de por qué no existía y de por qué, si existiera, no sería un problema grave. Normalmente es difícil interpretar al presidente y a veces es tan incomprensible que puede llegar a ser casi engañoso. Su testimonio ante el congreso ha sido calificado como «Greenspam».[3] Sin embargo, sobre el asunto de la burbuja de la vivienda, es claro y directo y merece la pena que se le cite por extenso:

Las tensiones actuales en el mercado de la vivienda han planteado preocupaciones acerca de la aparición de una burbuja en los precios de la vivienda. Sin embargo, la analogía que se produce a menudo con la creación y estallido de una burbuja bursátil es imperfecta. Para empezar, al contrario que en la bolsa, las ventas en el mercado inmobiliario incurren en grandes costes de transacción y, cuando se venden la mayoría de las casas, el vendedor debe mudarse físicamente. Hacerlo demasiado a menudo conlleva importantes costes financieros y emocionales y es un impedimento evidente para estimular una burbuja mediante el comercio especulativo de viviendas. Así que, mientras que la tasa de reemplazo de la bolsa es superior al 100% anual, la de la propiedad de viviendas en menor el 10% anual: poca leña para un incendio especulativo. En segundo lugar, las oportunidades de arbitraje están mucho más limitadas en los mercados de la vivienda que en los mercados de valores. Una vivienda en Portland, Oregón, no es un sustitutivo claro para una vivienda en Portland, Maine, y el mercado «nacional» de la vivienda se entiende más como una agrupación de pequeños mercados locales de vivienda. Incluso si se desarrollara una burbuja en un mercado local,

---

[3] Mark Thornton, «Surviving GreenSpam», LewRockwell.com, 16 de febrero de 2004. [Juego de palabras intraducible: Se llama «spam» al correo electrónico basura. El autor se refiere así a la verborrea de Greenspan —n. del t.]

no tendría necesariamente implicaciones para la nación en su conjunto. [4]

Al irse aproximando el pico de la burbuja, Greenspan[5] sí admitió que había cierta «efervescencia aparente» en algunos mercados locales de la vivienda, pero en general consideraba que las condiciones en el mercado de la vivienda eran «positivas». En su primer discurso después de dejar el cargo, Greenspan dijo que el «auge extraordinario» en el mercado de la vivienda había terminado, pero que no había peligro y que los precios de la vivienda no disminuirían.[6] El nuevo presidente de la Fed, Ben Bernanke,[7] admitía la posibilidad de «un crecimiento más lento en los precios de la vivienda», pero declaraba confiadamente que, si ocurriera esto, se limitaría a bajar los tipos de interés. Bernanke también creía que el mercado hipotecario era más estable que en el pasado. Bernanke señalaba en concreto que «nuestros analistas nos dicen que los patrones de préstamo son en general sólidos y no son comparables con los patrones que contribuyeron a los grandes problemas del sector bancario hace dos décadas. En particular, las prácticas de evaluación inmobiliaria han mejorado».[8]

Una segunda opinión de las burbujas de la vivienda y las burbujas en general es que existen, pero que las causan fundamentalmente factores psicológicos. Mucha gente y muchos

---

[4] Alan Greenspan, «Monetary Policy and the Economic Outlook», Testimonio ante el Comité Económico Conjunto del Congreso de EE.UU., 17 de abril de 2002.

[5] Alan Greenspan, «Mortgage Banking». Discurso ante la convención anual de la American Bankers Association en Palm Desert, CA, 26 de septiembre de 2005.

[6] Joe B. Bruno, «Former Fed Chair Says Housing Boom Over», *Associated Press*, 19 demayo de 2006.

[7] Ben Bernanke, «Reflections on the Yield Curve and Monetary Policy». Comentariosante el Club Económico de Nueva York, 20 de marzo de 2006.

[8] Ben Bernanke, discurso en la convención nacional de la Independent Community Bankers of America y Techworld, Las Vegas, NV, 8 de marzo de 2006.

economistas importantes suscriben esta opinión sobre las burbujas, incluyendo economistas keynesianos y defensores del conductismo financiero, como Robert Shiller. Desde este punto de vista, el ciclo económico se ve como un vaivén de concienciaciones y emociones de las masas. Los factores reales pueden desempeñar un papel, pero los factores causales importantes para las desviaciones en el ciclo económico son psicológicos. Los auges se desarrollan porque la gente llega a confiar en la economía y acaba haciéndolo en exceso. Igualmente, los inversores se confían y aumentan su tolerancia a asumir riesgos. Aumentar los beneficios y los precios de los activos lleva a un comportamiento «especulativo» en el que las decisiones económicas dejan de basarse en las normas y procedimientos antiguos y pasan a ser los inculcados vigorosamente por una «nueva era».[9] Al tiempo que aparece la manía inversora, se expande la burbuja. Luego, por cualquier razón, la gente empieza a perder la fe y las nuevas inversiones resultan ser decepcionantes. Los informes y estadísticas se vuelven amargos y las historias de escándalos empiezan a aparecer en prensa.[10] Muchos inversores siguen decididos a pensar que este desarrollo de los acontecimientos es solo

---

[9] Todas nuestras acciones implican alguna especulación sobre el futuro. Aquí, el comportamiento «especulativo» se refiere a acciones que implican grandes riesgos que no están justificados si nos basamos en los fundamentos normales o conocidos de la economía. Por ejemplo, apostar en un partido de golf con tus amigos implica cierta especulación e incertidumbre, pero las experiencias pasadas dan cierta orientación sobrelos riesgos que estás asumiendo. En este caso, apostar un partido contra Tiger Woods sería «especulativo».

[10] Es un error común creer que un escándalo corporativo es el origen de las burbujas y que fueron empresas como Enron y WorldCom las que engañaron a los inversores a finales de la década de 1990 para inflar la bolsa hasta esos niveles tan altos. Es verdad que el escándalo es una característica común de las burbujas, pero el escándalo nunca podría suponer más que un pequeño porcentaje de estas y en realidad lo causa el mismo origen que las propias burbujas; la existencia de crédito barato y abundante que debe asignarse a inversiones cada vez más sospechosas y de mayor riesgo.

temporal, pero los resultados van empeorando, los precios continúan bajando y los proyectos de inversión se posponen, detienen o cancelan. El humor del mercado es lúgubre o incluso de ruina. La economía entra en una *depresión*.

Como representante del banco de las finanzas conductivistas tenemos al profesor Robert Shiller, de la Universidad de Yale, autor de *Exuberancia irracional*, cuya primera edición predecía correctamente la burbuja bursátil y la segunda edición predecía la burbuja de la vivienda, cuyas «causas últimas son sobre todo psicológicas». Como los keynesianos que le seguirían, Shiller[11] no niega la existencia de factores reales: sencillamente rebaja su importancia para destacar los factores psicológicos. En el caso de la burbuja de la vivienda, encuentra tres factores importantes. Primero, el mayor riesgo y caos en el mundo desde la burbuja tecnológica y los ataques terroristas del 11-S han hecho que la inversión huya hacia la calidad y la seguridad: hacia tu propia casa. Segundo, el crecimiento explosivo de las comunicaciones globales ha aumentado el atractivo de vivir en las principales ciudades del mundo, como París, Londres, Nueva York o San Francisco. El tercer factor psicológico es «el contagio especulativo que subyace en todas las burbujas». Un precio más alto engendra otro y precios más altos en una ciudad llevan a precios más altos en otra y el proceso de precios más altos se limita a sostenerse a sí mismo. Shiller decía que los dos primeros factores seguirían actuando, pero el tercer factor no puede durar eternamente. Una vez los precios empiezan a bajar, el contagio funciona en dirección a la baja y solo puede durar unos años antes de que el proceso se vuelva a invertir.

Como representante del bando keynesiano tenemos a Paul Krugman, catedrático de economía en la Universidad de Princeton y columnista en el *New York Times*. Krugman no predecía una burbuja de la vivienda, pero sí acabó dándose

---

[11] Robert Shiller, «Are Housing Prices a House of Cards?» Project-Syndicate.org.Septiembre de 2004.

cuenta de que estábamos en una y que esta suponía un grave problema para la economía de EE.UU.. Al comentar sobre el ritmo frenético de la construcción de viviendas y los precios «absurdos» de estas, establecía paralelismos con anteriores manías inversoras: «En algunas partes del país hay una *fiebre especulativa* entre gente que no debería ser especuladora, que se parece demasiado a burbujas anteriores: los chicos de zapatos lustrosos con indicaciones sobre acciones en la década de 1920, las reuniones de cerveza y pizza mostrando la CNBC y no la ESPN en los televisores en la década de 1990». [12]

También relaciona correctamente el fenómeno de los *day traders* de las acciones tecnológicas a finales de la década de 1990 con los especuladores en viviendas de esta burbuja. La pregunta real es qué causa este comportamiento irracional. Krugman sugiere que, en la burbuja de la vivienda, esta se crea sobre expectativas de ganancias de capital:

> Cuando la gente pasa a estar dispuesta a gastar más en casas, por ejemplo, debido a una caída en los tipos hipotecarios, se construyen algunas casas, pero los precios de las ya existentes también suben. Y si la gente piensa que los precios continuarán aumentando, estará dispuesta a gastar todavía más, haciendo que los precios sean todavía más altos y así sucesivamente. (…) los precios seguirán aumentando rápidamente, generando grandes ganancias de capital. Eso se parece mucho a la definición de una burbuja. [13]

Advirtamos que Krugman ponía el énfasis en un cambio supuestamente injustificado en los gustos o la demanda («cuando la gente pasa a estar dispuesta a gastar más en casas») pero rebaja la causa real del cambio en la demanda de viviendas («por ejemplo, debido a una caída en los tipos

---

[12] Paul Krugman, «Running Out of Bubbles», *New York Times*, 27 de mayo de 2005.
[13] Paul Krugman, «That Hissing Sound», *New York Times*, 8 de agosto de 2005.

hipotecarios») como si algo hubiera podido generar la burbuja. Cuanto más trata Krugman de ofrecer una justificación *económica* para la burbuja, más se parece a los economistas austriacos que predominan en la tercera y última opinión sobre la burbuja de la vivienda. Otro posible ejemplo es el de Baker y Rosnick,[14] que demostraban la existencia de una burbuja de la vivienda y lo hacían de una forma similar a la de los economistas austriacos y, aunque databan el inicio de la burbuja en 1997, ignoran el factor real de que los cambios en las leyes fiscales de ese año fueron un catalizador para las viviendas y los mayores precios de estas. De hecho, Krugman[15] cita al también keynesiano Paul McCulley, que predijo correctamente la burbuja de la vivienda y lo hizo de la forma típica de los economistas austriacos, por la que los recortes en los tipos de interés llevan a precios más altos en la vivienda, un auge en la construcción y un mayor gasto público, todo basado en una mayor deuda (y acusaba de la burbuja explícitamente a la Fed). El problema de los keynesianos como Krugman y McCulley es que sus remedios (política monetaria y fiscal discrecional) normalmente solo empeoran las cosas. Incluso si pudieran hacer que funcionaran perfectamente, esto sería un enigma para los economistas keynesianos, pues una economía altamente estabilizada insensibiliza a los inversores para tomar riesgos y los hace «irracionalmente exuberantes» y crea así el requisito indispensable para las burbujas. Incluso Alan Greenspan[16] ha advertido, a su manera enrevesada, que «la historia no ha tratado de manera amable las repercusiones de los periodos extendidos de bajas primas de riesgo».

---

[14] Dean Baker y David Rosnick, *Will a Bursting Bubble Trouble Bernanke? Evidence for a Housing Bubble* (Washington, DC: Center for Economic and Policy Research, noviembre de 2005).

[15] Krugman, «Running Out of Bubbles».

[16] Alan Greenspan, «Reflections on Central Banking», discurso en un simposio patrocinado por el Banco de la Reserva Federal de Kansas City en Jackson Hole, WY, 26 deagosto de 2005.

Como se puede ver, la primera opinión quiere rechazar las razones psicológicas de las burbujas para centrarse en los factores reales, mientras que la segunda quiere rebajar la importancia de los factores reales para destacar las causas psicológicas. La tercera opinión cree hay cambios tanto en los factores reales como en la psicología del mercado durante las burbujas y que ambos se generan por la causa del ciclo económico: las manipulaciones políticas por parte de la Reserva Federal. Esta opinión sobre las burbujas se basa en la teoría austriaca del ciclo económico. Esta es una opinión minoritaria defendida por los economistas de la Escuela Austriaca y algunos compañeros de viaje de esta escuela. [17]

De acuerdo con la TACE, si la Fed no hubiera seguido una política monetaria laxa, no se habrían desarrollado burbujas como la de las acciones tecnológicas a finales de la década de 1990 o la de la vivienda que estamos experimentando ahora mismo. Si la Fed no sigue una política monetaria laxa, puede desarrollarse una burbuja en algún lugar de la economía, ya sea en bulbos de tulipán, acciones o inmuebles. Si el nuevo dinero se dirige hacia la vivienda, se creará una burbuja en la vivienda. Los economistas austriacos destacan además que los recursos adicionales asignados a la vivienda son recursos que no están disponibles en otros lugares de la economía, así que cuantos más recursos de los normales se asignen a la construcción de viviendas, menos recursos habrá disponibles para otras áreas de la economía, como las manufacturas, que experimentarán costes mayores para sus entradas, como trabajo y materiales, y ocasionará una producción proporcionalmente menor. Es este desajuste de recursos entre los sectores el que ha de resolverse (dolorosamente) con el inevitable declive o corrección.

En una burbuja inmobiliaria, aumenta el precio de las viviendas existentes. La burbuja también alimenta la construc-

---

[17] Un compañero de viaje es alguien que simpatiza o apoya diversas nociones de la Escuela Austriaca sin ser un miembro reconocido de ella o sin aceptar todos los aspectos de la economía austriaca.

ción de nuevas viviendas, de forma que los salarios de los trabajadores de la construcción también aumentan y la mano de obra se reubica en la construcción y los sectores asociados. La burbuja también aumenta los precios de los materiales de construcción y los terrenos. El sector de la construcción y los relacionados con este son también en los que se producen más desempleo y donde más disminuyen los precios y salarios durante el inevitable declive. Otra característica única de la aproximación austriaca es que no ven una necesidad de que los precios aumenten uniformemente en todos los mercados o de que los precios aumenten a niveles extremos en todos los mercados. Muchos de los que dudan sobre la burbuja inmobiliaria señalan los menores aumentos de precios en el centro del país, comparados con las regiones costeras, pero el precio es solo una dimensión de las burbujas: la cantidad puede también aumentar más allá de niveles sostenibles. De hecho, se puede conceptualizar una burbuja en la que los precios permanezcan iguales y todo el ajuste de dicha burbuja se produzca solo en la dimensión cuantitativa. Si dobláramos el número de viviendas y los precios apenas se movieran, nos quedaríamos con demasiadas viviendas para la población y toda la mano de obra y materiales que habrían ido a la producción de esos bienes (es decir, las viviendas) estarían atrapados e indisponibles para atender necesidades más urgentes después del estallido de la burbuja revelado cuando las casas superfluas se muestran como malas inversiones.

Entre los austriacos que identificaron la burbuja de la vivienda está el economista Frank Shostak, que definía la burbuja como cualquier actividad que «emane» de políticas económicas laxas: «En otras palabras, en ausencia de inyecciones monetarias, estas actividades no aparecerían». Como consecuencia de estas inyecciones, se desarrolla una mala asignación de recursos en la que las actividades improductivas aumentan en relación con las productivas, algo que parece caracterizar claramente la economía de EE.UU. desde que escribió en 2003: «La magnitud de la burbuja de precios de la vivienda se muestra (...) en términos del precio mediano de las casas nuevas en relación con las tendencias históricas entre 1963 y 1979. A este respecto, el precio mediano estaba un 73% por encima de la tendencia en diciembre de 2002».[18] El único «problema» de esta advertencia es que llegó demasiado pronto. Un año más tarde, Shostak advertía de que «hay una gran probabilidad de que la burbuja del mercado de la vivienda en EE.UU. ya haya alcanzado dimensiones peligrosas».[19] Aunque una advertencia temprana pueda ser una problema para los inversores con las acciones de las constructoras de viviendas, los problemas de predecir el momento y magnitud de las burbujas y los ciclos económicos afecta a todos los predictores y la advertencia de Shostak tenía principalmente el fin de juzgar las políticas públicas. En la práctica, estaba indicando que los políticos habían cometido un error y debían corregirlo de inmediato y no empeorar más la situación en el mercado de la vivienda.

También está en el bando austriaco Christopher Mayer, que señalaba que siempre hay una burbuja en marcha en un mundo de banca de reserva fraccionaria y dinero fiduciario y que la vivienda se ha visto a menudo afectada por condiciones de burbuja en Estados Unidos y otros lugares. En el verano de 2003, identificaba la actual burbuja de la vivienda:

La fortaleza del mercado de la vivienda tiene todo el aspecto de ser la próxima burbuja (en particular, por el alto apalancamiento y los insostenibles aumentos de precios). Mientras que la economía en su conjunto parece jadear, el mercado de la vivienda continúa corriendo desaforadamente. Los bajos tipos de interés han propulsado la refinanciación, liberando hasta 100.000 millones de dólares solo el año pasado, según el *Wall Street Journal*. No es sorprendente que los bajos tipos de

---

[18] Frank Shostak, «Housing Bubble: Myth or Reality?» *Mises Daily*, 4 de marzo de 2003.

[19] Frank Shostak, "«Who Made the Fannie and Freddie Threat?» *Mises Daily*, 5 de marzo de 2004.

interés hayan aumentado el poder de compra y reforzado los precios de las viviendas. [20]

A principios de 2004, yo mismo señalaba a los inversores la burbuja de la vivienda en curso y en concreto que podría no ser una buena idea aumentar su hipoteca: «Podría no ser un buen momento para obtener un préstamo sobre la vivienda para invertir en las acciones tecnológicas de moda. Estamos en medio de una burbuja de la vivienda». [21] Posteriormente continuaba con esto ese mismo año con un examen detallado de la burbuja de la vivienda y descubría:

> Las indicaciones de una «nueva era» en la vivienda está por todas partes. La construcción de viviendas está teniendo lugar a velocidades récord. Se están estableciendo récords en precios inmobiliarios, especialmente en ambas costas. ¡Los precios de las viviendas se están disparando y los récords a la baja en los tipos de interés están permitiendo a los dueños de vivienda refinanciar sus hipotecas, «extraer patrimonio» para aumentar su gasto y rebajar sus pagos mensuales! Como me explicaba un responsable de concesión de préstamos: «Es casi demasiado bueno para ser verdad». De hecho, es demasiado bueno para ser verdad. [22]

El problema del diagnóstico de la «nueva era» es que ignora el hecho histórico de que el mercado de la vivienda y la construcción en general ha experimentado ciclos regulares de auge y declive, con altibajos en los precios residenciales, comerciales, industriales y agrícolas. Igualmente, las tasas de ocupación y alquiler, nueva construcción y el destino de las empresas de construcción y los especuladores inmobiliarios nos indican la historia de las burbujas inmobiliarias. De hecho, estadísticamente, los inicios de construcción de

---

[20] Christopher Mayer, «The Housing Bubble», *Free Market* 23, n.º 8 (1 de agosto de 2003).

[21] Thornton, «Surviving GreenSpam».

[22] Thornton, «Housing: Too Good to Be True».

viviendas son un indicador muy importante del ciclo económico y la construcción de viviendas es procíclico (es decir, la construcción de viviendas se relaciona positivamente con los cambios en la economía en su conjunto, pero más volátil). El Indicador de los Rascacielos incluso muestra que históricamente la construcción de rascacielos récord augura cambios negativos graves en la economía. [23]

Lo que sube...

La TACE demuestra que la inflación monetaria tiene distintos efectos dependiendo de quién recibe primero el nuevo dinero y cómo se gasta. ¿El nuevo dinero se introduce en la economía en las áreas de banca e inversión, préstamos de consumo o directamente a un grupo de consumidores o productores? ¿La gente que recibe el dinero lo quiere para ahorrarlo o para gastarlo? Si lo ahorra, los tipos de interés bajarán y si lo gasta, los tipos subirán, ya que los empresarios tomarán dinero prestado para aumentar la producción. Si se gasta el dinero, depende de quién lo gaste. La economía experimentará cambios diferentes si el dinero se da a receptores de ayuda social en lugar de a militares. Si el dinero se ahorra, la economía experimentará cambios diferentes si se invierte en acciones en lugar de en vivienda. Lo que pasa aquí es que la inflación monetaria puede causar burbujas y auges en las áreas de la economía donde se produce antes. Esta base de la TACE nos ha llegado de Richard Cantillon, el fundador de la teoría económica, que escribía tras la burbuja del Mississippi durante la década de 1720. Trazar el flujo de la inflación monetaria a través de la economía es muy difícil y la mayoría de los economistas ortodoxos se limitan a asumir el problema y declarar que el dinero es neutral en la economía.

---

[23] Mark Thornton, «Skyscrapers and Business Cycles», *Quarterly Journal of AustrianEconomics* 8, n.º 1 (Primavera de 2005): 51-74.

Al final del siglo XVIII el mundo había pasado de la banca libre a la banca centralizada, siendo estados Unidos la última gran nación en crear un banco central en 1913. En el primer tratado sobre teoría monetaria de la época moderna, Ludwig von Mises fijaba los fundamentos de la TACE.[24] Con los bancos centrales creados con el propósito de producir inflación monetaria, Mises podía ahora crear una teoría general de los ciclos económicos en lugar de la fórmula de caso por caso de Cantillon. Integrando las contribuciones de Carl Menger, Eugen von Böhm-Bawerk y Knut Wicksell, fue capaz de demostrar que cuando el banco central (la Fed) aumenta la oferta monetaria, hace que el tipo de interés del mercado caiga por debajo del tipo natural de interés que habría existido en ausencia de la intervención de la Fed. Esto causaría que los inversores tomaran prestado más dinero para expandir sus inversiones y asumieran proyectos más arriesgados y procesos de producción más indirectos. Al competir estos prestatarios por activos, recursos y bienes, se produce inevitablemente una inflación de precios y aumenta el tipo de interés. Esto afecta a su vez negativamente a la economía y hará que se descubra que algunos de los proyectos de inversión más arriesgados e indirectos fueron malas inversiones. Las quiebras pueden también afectar a inversiones y procesos de producción previamente existentes que se ven atrapados al aparecer el declive. El alumno de Mises, F. A. Hayek, expandió la TACE para incluir la teoría del capital y su integración en la estructura de producción.

De acuerdo con la TACE, cuando un banco central da préstamos o compra bonos públicos a los bancos, está inyectando reservas bancarias en la economía. Los bancos tienen ahora excesos de reservas que pueden prestar, pero la existencia de fondos prestables excesivos significa que los bancos deben reducir el tipo de interés que cobran, reducir los requisitos

---

[24] Ludwig von Mises, *La teoría del dinero y del crédito* (Madrid: Unión Editorial, 2012).

de calidad del crédito de los prestatarios o ambas cosas. El resultado es una mayor cantidad de préstamo e inversión, especialmente en proyectos que se «amorticen» en un periodo largo de tiempo. Los tipos más bajos de interés también desaniman el ahorro, porque su rendimiento es menor. De este modo, la Reserva Federal empuja los tipos del mercado por debajo del tipo natural de interés que habría existido en ausencia de la intervención de la Reserva Federal.

Desde la Ley de Desregulación de Ias Instituciones de Depósito y de Control Monetario de 1980 y la guerra contra la inflación de Paul Volcker (presidente de la Fed de 1979 a 1987) a principios de la década de 1980, los tipos de interés han seguido un camino de descenso. Este culminó con las grandes reducciones en los tipos de los fondos federales que siguieron al ataque terrorista del 11-S en 2001. Con Greenspan, el tipo se redujo del 6,5% en noviembre de 2000 al 1% en julio de 2003. El tipo de los fondos federales permaneció en el 1% hasta junio de 2004, coincidiendo con el inicio de la fase final de la burbuja de la vivienda. El Índice del Sector de la Vivienda de Filadelfia llegó a su máximo a finales de agosto de 2005. En este nivel tan bajo, los tipos de interés eran negativos si se tenía en cuenta la inflación de precios.

El tipo de los fondos federales es el tipo al que los bancos pueden tomar prestado a otros bancos para cumplir con los requisitos de reserva impuestos por la Fed. La Fed «dirige» este tipo a corto plazo e inyecta reservas en el mercado comprando bonos públicos a bancos, liberando así reservas del sistema bancario. Este es esencialmente el motor de la inflación, porque la Fed sencillamente realiza un apunte contable en la cuenta del banco en la Reserva Federal: la inflación moderna es esencialmente un apunte contable electrónico. Los tipos bajos de la década de 1960 no generaron ninguna recesión y sí una economía en auge, pero esos tipos bajos causaron la estanflación de la década de 1970, en la que tanto la inflación de precios como el desempleo fueron muy altos. Esto culminó con la guerra contra la inflación de Volcker a principios de la década de 1980. Al reducir enormemente la expectativa de una inflación de precios y desregular el sector bancario, la Fed ha sido capaz de reducir los tipos de interés y disparar un auge gigantesco en los mercados financieros y de activos a lo largo de las décadas de 1980 y 1990, así como la burbuja de la vivienda de los principios de la década de 2000, cuando se empujó a los tipos claramente por debajo de sus niveles naturales y cuando los tipos fueron negativos, cuando se ajustaban a la inflación.

Cuando los bancos tienen acceso a reservas bancarias de la Fed a tipos bajos, pueden ofrecer a sus clientes tipos más bajos en sus préstamos. El impacto de los cambios en el tipo de los fondos federales tiene un impacto directo sobre los tipos hipotecarios: aumentos durante la década de 1970 y máximos durante la guerra contra la inflación de Volcker al 18% y luego en general disminuyendo durante las décadas de 1980 y 1990 y luego llegando a mínimos históricos durante el principio de la década de 2000. Durante la burbuja de la vivienda, los tipos de interés sobre hipotecas convencionales a treinta años estuvieron en sus mínimos históricos de la época posterior al patrón oro. Cuando caen los tipos de interés, los precios de los activos y los inmuebles tienden a aumentar y viceversa.

Naturalmente, los tipos menores para hipotecas de viviendas han estimulado los préstamos para fines inmobiliarios. Los préstamos inmobiliarios totales excedieron el billón de dólares a principios de 1995, llegaron a los dos billones a finales de 2002 y alcanzaron los tres billones a principios de 2006 (el máximo para la burbuja se produjo a mediados de 2009 con 3,8 billones de dólares). Además de la Fed, hubo otros factores que ayudaron a dirigir hacia los inmuebles todo este nuevo crédito monetario. Primero, en 1997 se dio una desgravación fiscal de 250.000$ a los dueños de viviendas (500.000$ para las parejas) para las ganancias de capital resultantes de la venta de su vivienda, un gran aumento a añadir a los beneficios fiscales para la propiedad de viviendas. Esta ventaja fiscal se puede decir que encendió la mecha para la burbuja de la vivienda. Segundo, las corporaciones crediticias patrocinadas por el gobierno, como Fannie Mae y Freddie Mac, que pueden adquirir capital a un tipo subvencionado, debido a la suposición implícita de que el gobierno federal las rescatará, empezaron a colateralizar a gran escala la deuda hipotecaria de viviendas, de forma que los prestamistas podían revender rápida y sencillamente los préstamos que daban. Estas agencias patrocinadas por el gobierno han ayudado a estimular el flujo del crédito y por tanto han ayudado a rebajar los requisitos de crédito de las instituciones prestamistas. El problema de estas instituciones es tan grande que incluso Alan Greenspan las ha regañado públicamente.[25] En realidad, el problema original es Alan, no Fannie ni Freddie.

Los tipos de interés artificialmente bajos creados por la Fed también tienen el efecto de desanimar a la gente para ahorrar y animarla a tomar más prestado para consumo y especulación. El impacto de la inyección monetaria de la Fed ha rebajado las tasas de ahorro personal a lo largo de las décadas de 1980 y 1990 y durante el principio de la de 2000 las ha llevado a cero (o incluso menos), lo que significa que la gente está gastando más de lo que gana. Algo que contribuye al problema de la baja tasa de ahorro personal son los precios artificialmente inflados de activos e inmuebles. Durante la burbuja inmobiliaria, muchos estadounidenses usaron sus viviendas como una especie de cajero automático gigantesco para sacar efectivo del valor de sus viviendas. Otros usaron su «chequera mágica» para segundas hipotecas, para gastar el patrimonio que tenían en sus viviendas.[26]

En este punto nos deberíamos preguntar: ¿cómo es posible que aumente el tomar prestado y disminuya el ahorro? Una

[25] Kathleen Hays, «Greenspan Steps Up Criticism of Fannie: Fed Chief Says Company and Freddie Mac Have Exploited Their Relationship with the Treasury», CNN.com, 19 de mayo de 2005.

[26] Carol Lloyd, «Home Sweet Cash Cow: How Our Houses Are Financing Our Lives». SFGate.com, 10 de marzo de 2006.

respuesta a la pregunta es que Estados Unidos está tomando prestado del extranjero en forma de déficit comercial, pero la principal respuesta es la inyección monetaria de la Fed. Al rebajar artificialmente los tipos mediante aumentos en la oferta monetaria, la Fed creó un diferencial gigantesco entre préstamos y ahorros. La MZM (dinero de vencimiento cero) es una medición relativamente nueva de la oferta monetaria y que se acerca a la definición del dinero de la Escuela Austriaca, que es lo que es inmediatamente redimible a la par. La MZM incluye el efectivo, los depósitos a la vista (es decir, las cuentas corrientes), los cheques de viaje, las cartillas de ahorro y los depósitos en fondos mutuos del mercado monetario. Durante el periodo que va de enero de 1959 a agosto de 1971 (11,7 años), cuando Nixon sacó a Estados Unidos del patrón oro, la oferta monetaria aumentó en un 82,2% para una tasa media de crecimiento anual de un 5,26%. Entre agosto de 1971 y 1984, cuando se estableció una absoluta falta de control por medio de la Ley de Desregulación de las Instituciones de Depósito y de Control Monetario de 1980 (13 años), la oferta monetaria creció en un 180,4% para una tasa media de crecimiento anual de un 8,25%. Desde 1984 (16,6 años), la oferta monetaria medida por la MZM ha crecido un 390,1%, una tasa media de crecimiento anual del 10%. Parece como si todo este dinero nuevo hubiera ido primero a la Bolsa de Nueva York, especialmente durante la década de 1980, luego a las acciones del NASDAQ durante la década de 1990 y finalmente al mercado de la vivienda después del declive de las punto com en 2000.

Buena parte del aumento de la oferta monetaria se abrió paso hacia el mercado de las hipotecas de vivienda. Desde la recesión de 2001, el aumento de la deuda hipotecaria ha sido prácticamente igual que el de la MZM. Este estilizado hecho es el que probablemente ilustre mejor la burbuja de la vivienda y su causa. Otra medición de la burbuja inmobiliaria es la cantidad de inversión fija residencial privada real. La inversión en vivienda fue baja durante la Gran Depresión y la Segunda Guerra Mundial, pero, a partir de mediados de la década de 1940, la inversión en viviendas, ajustada a la inflación de precios, ha mostrado una tendencia positiva, que se basa en un crecimiento económico y de la población a lo largo del mismo periodo. El ciclo de inversión en vivienda fue menos grave antes de abandonar el patrón oro, más grave con el patrón fiduciario y todavía más después de la desregulación monetaria en 1980. Lo más notable es que la inversión en vivienda tuvo un auge durante la burbuja punto com de finales de la década de 1990 y después «se disparó por encima de la tendencia histórica» durante la recesión de 2001, cundo históricamente habría retrocedido hacia niveles de tendencia recesionista. Por tanto, parece claro que, en términos de *valor de inversión*, ha habido una burbuja en la vivienda desde al menos la recesión de 2001.

La TACE no se basa en la medición del ciclo o la burbuja, pero las mediciones empíricas a menudo sí ejemplifican la aproximación. La siguiente de dichas mediciones es el número de viviendas construidas (los apartamentos y otras estructuras multiunidad no se incluyen aquí). Normalmente hay caídas drásticas en el número de inicios de construcción de viviendas, coincidiendo a menudo con los inicios de recesiones y, cuánto más aguda sea la caída, más larga es la recesión. Por ejemplo, a finales de la década de 1970, el número de inicio de viviendas cayó de una media anual por encima del millón y medio a apenas medio millón a principios de la década de 1980, que fue testigo de una grave recesión. Desde la recesión de 1991, la tendencia del inicio de viviendas nuevas ha ido siendo progresivamente mayor y no hubo ninguna caída reseñable en inicios de viviendas durante la recesión de 2001, la única recesión registrada en la que no pasó esto. Poe el contrario, los inicios de viviendas continuaron aumentando y establecieron varios récords durante los siguientes años. En términos de esta *dimensión cuantitativa*, Estados Unidos ha estado en una burbuja de la vivienda desde principios de la década de 2000.

La última dimensión de la burbuja de la vivienda que consideramos aquí es el precio de las casas. Los que dudan de la existencia de una burbuja de la vivienda afirman que los precios de la vivienda están aumentando en ambas costas, pero no en proporciones de burbuja en buena parte del centro del país. Por supuesto, los precios de la vivienda han aumentado más rápido en el Oeste y el Nordeste, comparados con el Medio Oeste y el Sur, pero a los teóricos de la TACE les habría sorprendido que los precios de las viviendas hubieran aumentado uniformemente en todo el país: después de todo, toda la teoría se basa en cambios de los precios relativos, no en aumentos o disminuciones uniformes de un nivel de precios. Hay razones microeconómicas y de política pública por las que los precios de las viviendas aumentan más drásticamente y están siempre a un nivel más alto, por ejemplo, en California que en Alabama. Estos asuntos fueron investigados, junto a muchas otras contribuciones, por parte de Powell y Hollcombe.[27] Sin embargo, puede decirse lo mismo acerca de los precios de las acciones durante la burbuja tecnológica: a las acciones raras con poca oferta (por ejemplo, las punto com) les fue mucho mejor que a las acciones más comunes (por ejemplo, acciones del DJIA). Lo mismo vale para los bulbos durante la manía de los tulipanes que se produjo en la Holanda del siglo XVII: las variedades raras se vieron más afectadas por las condiciones monetarias que las especies ordinarias, pero todas aumentaron de precio.[28]

La TACE espera que los precios aumenten en general, pero no que aumenten de forma uniforme. El grado de aumento depende tanto de dónde se inyecte el dinero, como de la flexibilidad del lado de la oferta de los mercados en los que esté teniendo lugar la inyección. Sin embargo, si miramos el índice nacional de precios para una casa unifamiliar típica de

---

[27] Holcombe y Powell, *Housing America: Building Out of a Crisis*.

[28] Douglas E. French, «The Dutch Monetary Environment during Tulipmania», *Quarterly Journal of Austrian Economics* 9 (Primavera de 2006): 3-14.

1996 entre 1998 y 2005, vemos que los precios han aumentado un 45%, lo que es un aumento un 125% mayor comparado con el aumento en Índice de Precios del Consumo. Según la Oficina del Censo, el precio de la casa media, frente a la casa «típica», ha estado aumentando incluso más rápido, lo que indica que la gente también ha estado comprando viviendas mayores y más caras. La dimensión del precio (aunque silenciada en parte por la capacidad de la economía de producir mayores cantidades de viviendas) sigue indicando un gran aumento en el precio real de la vivienda. También deberíamos recordar que la vivienda nueva se construye generalmente en terrenos con precios más bajos, que la tecnología de construcción ha reducido los costes de esta y que la llegada de gran cantidad de mano de obra desde México también ha ayudado a mantener bajos los costes.

... debe bajar

La TACE demuestra que es el fracaso del gobierno el que primero inició la burbuja de la vivienda. Es ahí donde los recursos se asignan de una forma incorrecta y, en último término, insostenible. En una burbuja de la vivienda se construyen demasiadas casas, se construyen casas del tipo inadecuado y se construyen casas en ubicaciones inadecuadas, si nos basamos en las bases subyacentes de la economía y los deseos reales de la gente de una vivienda no estimulada artificialmente por la inflación monetaria de la Fed. Aunque la mayoría de la gente está muy contenta durante las épocas de auge, los economistas austriacos ven dicho auge como el problema real, porque es entonces cuando se asignan mal los recursos. También es cuando la gente se extralimita y gasta en lujos excesivos. [29] Los periodos inflacionistas tienden a ser

---

[29] Thomas Kostigen, «Skewed Views: If the Rich Are Doing So Well, How Much WorseOff Are the Rest of Us?» *MarketWatch*, 23 de mayo de 2006.

aquellos en los que los ricos se hacen más ricos y los pobres se hacen más pobres.

La burbuja debe acabar, porque se basa en una asignación irracional de recursos, causada por la errónea política de tipos de interés de la Fed. El dinero que se reúne en una burbuja de activos impide al principio que se haga patente una inflación monetaria, ya que la inflación de precios se mide mediante el Índice de Precios del Consumo. Sin embargo, si se usa la inyección monetaria para comprar activos como acciones, bonos o inmuebles la inflación se revela en el precio de estos activos, que aumentará, aunque las ganancias subyacentes de los activos no hayan mejorado. Cuando el dinero empieza a filtrarse de las burbujas de activos al consumo, los precios de los bienes que se usan para determinar los índices de precios empiezan a aumentar. La burbuja del activo estalla o se desinfla cuando aumentan los tipos de interés. Esto puede ocurrir tanto cuando el mercado aumenta los tipos debido a las crecientes primas de inflación sobre los préstamos como cuando la Fed trata de recortar los aumentos en el Índice de Precios del Consumo aumentando preventivamente los tipos.

El estallido de la burbuja revela la multitud de errores en el mercado de la vivienda y sectores asociados y empieza el proceso de reasignación de recursos a usos mejores mediante cambios en precios, compra y venta, reubicación, quiebra y desempleo. El efecto macroeconómico de desinflar la burbuja es que hace que la economía entre en recesión o depresión. Sin embargo, los efectos de la burbuja también se concentrarán al desinflarse. Tengamos en cuenta que la burbuja en el desempleo en el sector de la construcción empezó en 1997, cuando aumentó por encima de una tendencia que se remonta al final de la Segunda Guerra Mundial. Tengamos también cuenta que la tendencia en el empleo en la construcción siempre ha sido negativa en periodos recesionistas (incluso en la recesión de 2001) y que las tendencias negativas a menudo se extienden más allá de los periodos identificados como recesión. Dado que las tendencias en el empleo en la construcción han sido muy fuertes durante mucho tiempo durante la burbuja inmobiliaria, no sería sorprendente que el impacto negativo de la burbuja conlleve un efecto similar, pero negativo, sobre el empleo y el gasto en la construcción y que estos efectos se extiendan más allá al sector de los materiales de construcción, préstamos hipotecarios, ventas inmobiliarias, muebles, electrodomésticos y decoración de interiores.

Otra preocupación natural con respecto al estallido de la burbuja de la vivienda es el endeudamiento del estadounidense medio. Como hemos mostrado antes, la tasa de ahorro personal de los estadounidenses ha ido disminuyendo durante muchos años, en parte porque los estadounidenses se han sentido más ricos debido al precio creciente de sus propiedades inmobiliarias. Esto se ha unido luego con la deuda creciente de la familia media estadounidense. La deuda familiar total era de menos de medio billón de dólares cuando Estados Unidos abandonó el patrón oro en 1971. Primero excedió los cinco billones en 1996 y los diez billones en 2004. En octubre de 2005, el último periodo del que hay datos, la deuda total excedía los once millones y medio. Indudablemente estas cifras podrían ajustarse a la inflación, la población y el crecimiento económico, pero no niegan el hecho de que los estadounidenses han asumido una gran cantidad de deuda, pero no han guardado una cantidad similar de ahorros para compensar esta deuda y para salvaguardarse en periodos de dificultades económicas.

Al ir entrando la economía en recesión y aumentando el desempleo, los dueños de viviendas con grandes hipotecas pasarán dificultades para pagar sus mensualidades y pueden enfrentarse a la posibilidad de quiebra. Esta «estrechez» se unirá al hecho de que muchos propietarios de viviendas han extraído valor de sus viviendas en años recientes, al aumentar el importe de sus hipotecas. Una dificultad adicional resulta ser el hecho de que un gran porcentaje de prestatarios han contratado hipotecas a tipo variable en lugar de a tipo fijo, lo que significa que sus mensualidades aumentarán, y lo harán sustancialmente, cuando aumenten los tipos de interés. Hay hipotecas de tipo variable en las que el pago permanece igual, pero esto implica que el principal del préstamo aumenta cuando suben los tipos, lo que podría colocar a estos prestatarios «boca abajo» o «ahogados» en sus viviendas, lo que significa que la hipoteca sería mucho mayor que el valor de la vivienda. Los prestamistas también han estado concediendo hipotecas basadas en pagos mucho menores, en términos porcentuales, con algunos de ellos incluso concediendo hipotecas que exceden el 100% del valor de la casa. Todo esto apunta a la probabilidad de un gran número de desahucios y quiebras. Esto a su vez amenaza la estabilidad de los sectores de la banca y la concesión de hipotecas y a la posibilidad de un rescate por el contribuyente de bancos e instituciones patrocinadas por el gobierno como Freddie Mac que compran préstamos hipotecarios a los prestamistas.

Resumen y conclusiones

Hay tres opiniones sobre la burbuja de la vivienda. La opinión principal no cree en las burbujas y atribuye esos cambios en la economía a factores reales, como las innovaciones tecnologías revolucionarias y cree que el gobierno no puede hacer nada para resolver esos problemas reales. La opinión keynesiana es que las burbujas existen debido a inestabilidades psicológicas en la economía, no a factores reales, y que deberían usarse políticas públicas contracíclicas para atemperar el ciclo económico. La TACE incorpora cambios reales y psicológicos, considerando que las burbujas las causan las manipulaciones políticas de la Reserva Federal.

La burbuja de la vivienda que se inició a finales de la década de 1990 es un ejemplo clásico del fracaso público aplicado a la crisis de la vivienda. La inflación de la oferta monetaria que, acompañada por la política de dinero barato de la Fed llevó a un frenesí en la toma de dinero prestado y la construcción a una escala sin precedentes. El número de nuevas viviendas construidas, el precio de las viviendas nuevas y existentes y la cantidad total de inversión inmobiliaria indican en su totalidad que la política de la Fed, combinada con una política fiscal favorable y unas prácticas de préstamos subvencionadas por el contribuyente, crearon la burbuja de la vivienda.

La burbuja no es un globo de aire caliente. Afecta a recursos reales, que se han utilizado mal durante la burbuja y que van a causar dolorosos ajustes tras la misma. Implicará desempleo, desahucios y quiebra para mucha gente, especialmente en el sector de la construcción y sus asociados. La macroeconomía entrará en una recesión o depresión, que podría ser de larga duración, debido a la lentitud del mercado inmobiliario comparado con la bolsa, que puede procesar cambios muy grandes de valor durante el periodo de un día de mercado.

La lección de la burbuja de la vivienda es que lo que al principio parecía ser el intento del gobierno de ayudar a mejorar la propiedad de viviendas de los estadounidenses ha sido un gigantesco fracaso público y tendrá el efecto no buscado de asustar económicamente a muchos propietarios de viviendas, especialmente a quienes compraron casas en lo más alto de la burbuja. A otros se les ha engañado para extraer valor a sus viviendas, aumentando sus hipotecas y tomando préstamos, como préstamos de tipo variable, que creían que eran necesarios para poder comprar casas con precios inflados. Se han producido tendencias similares en la vivienda en países de todo el mundo, ya que muchos de los bancos centrales del mundo se han dedicado a las inyecciones monetarias que han ido a parar a sus sectores de la vivienda.

La lección política de la burbuja de la vivienda, según la TACE, es que la Fed es responsable de dicha burbuja, así como de los auges y declives habituales de la economía, que debe perder su autoridad para establecer lo que son en la práctica controles de los tipos de interés y también su control sobre la oferta monetaria. Además, toda la política monetaria sobre vivienda debería guiarse por los principios de neutralidad, laissez faire y no hacer daño.

Postdata: 8 de agosto de 2009

La crisis financiera y de la vivienda explicada en este capítulo está ahora mismo en pleno desarrollo y es posible que hayamos entrado en la peor crisis económica global de esta generación. La cuestión de cómo tratará la política económica estos problemas también se ha revelado en que la Reserva Federal y el Tesoro de EE.UU. han iniciado respuestas políticas agresivas y sin precedentes, Bajo la excusa de impedir un desplome del mercado financiero, estas respuestas políticas son en realidad intentos de rescatar a los dueños de grandes empresas financieras. Esto hará poco por ayudar al mercado de la vivienda y aumentará el daño económico general de la burbuja de la vivienda.

¿Continuarán siendo agresivas y sin precedentes las respuestas políticas en el sentido de una mayor centralización y poder públicos al ir empeorando la economía? La importancia de esta pregunta va más allá de cualquier medición del daño económico, porque puede generar cambios esenciales en la sociedad, Por supuesto, podría generar reformas económicas correctas, como la abolición de la Reserva Federal, la restauración del patrón oro y el abandono de las subvenciones a la vivienda del gobierno federal, pero, como escribí en el borrador inicial de este capítulo en junio de 2006, que los editores me pidieron que quitara:

> Además de todo esto, la gente también sufre consecuencias psicológicas. La gente más afectada por la burbuja está confiada, jubilosa y segura de su aparentemente correcta toma de

decisiones. Cuando estalla la burbuja pierden la confianza, se desesperan y desconfían de su toma de decisiones. En realidad, pierden la confianza en el «sistema», lo que significa que pierden la confianza en el capitalismo y se hacen susceptibles a nuevas «reformas» políticas que ofrecen estructuración y seguridad a cambio de parte de su autonomía y sus libertades. De esta manera, grandes naciones de Europa han renunciado a sus libertades a cambio de seguridad. Los rusos se sometieron al comunismo y los alemanes al nacionalsocialismo debido al caos económico. En los Estados Unidos del siglo XX, las crisis económicas (y el miedo más en general) ofrecieron una justificación para la adopción de «reformas» como un banco central (es decir, la Reserva Federal), el New Deal, la Guerra Fría e incluso la moneda fiduciaria durante la crisis económica de principios de la década de 1970.[30]

El miedo al terrorismo después del 11-S ocasionó una transferencia masiva de poder al gobierno a costa de la libertad individual.[31] A la entrega de la libertad y la autonomía individual a cambio de seguridad y el «bien mayor» se le llama ahora a menudo elegir el lado oscuro.[32]

---

[30] Robert Higgs, *Crisis and Leviathan: Critical Episodes in the Growth of American Government* (Nueva York: Oxford University Press, 1987) muestra cómo una crisis (como una guerra o una depresión) lleva a grandes aumentos en el tamaño del aparato estatal que solo se ven parcialmente compensados por los recortes cuando termina la crisis. En la última página del libro, Higgs predecía correctamente que las crisis futuras añadirían el terrorismo a la guerra y la depresión.

[31] Robert Higgs, *Resurgence of the Warfare State: The Crisis Since 9/11* (Oakland, CA: Independent Institute, 2005) predecía correctamente (en los días inmediatamente posteriores al 11-S) que, entre otras cosas, el gobierno expandiría enormemente su poder «especialmente en la supervisión de los ciudadanos normales».

[32] Una crisis es una encrucijada o punto de inflexión en el que el que toma las decisiones puede elegir una respuesta correcta o incorrecta. A la decisión errónea motivada por el miedo se la llama ahora a menudo elegir el «lado oscuro», como en las películas de *La guerra de las galaxias*. Ver Mark Thornton, «What Is the "Dark Side" and Why Do Some People Choose It?» *Mises Daily*. 13 de mayo de 2005.

La razón por la que las crisis económicas crean miedo y renuncia a la libertad es que la gente por lo general no sabe qué causó el declive o la crisis económica y generalmente ni siquiera ha sabido que hay una burbuja para empezar. De hecho, a medida que va estallando la burbuja mucha gente niega que hay un problema y cree que la situación pronto volverá lo que se considera normal. El ciudadano medio piensa muy poco acerca de lo que hace que funcione la economía: sencillamente acepta el sistema tal cual es y trata de obtener el máximo de él.

Una mayor intervención pública en los mercados de la vivienda, la virtual socialización de las entidades patrocinadas por el gobierno (como Fannie Mae) y el riesgo de los valores con respaldo inmobiliario indican que esta peligrosa tendencia continuará.

Capítulo 21

¿ESTÁ ESTALLANDO LA BURBUJA DE LA VIVIENDA?*

El viernes, 5 de agosto de 2005, fue un mal día para las acciones de la vivienda y esto podría ser una señal de que la burbuja de la vivienda puede haber tenido su primera filtración. Así es como se mostraba el Índice del Sector de la Vivienda de la Bolsa de Filadelfia esta semana: perdiendo un torno a un 5%.

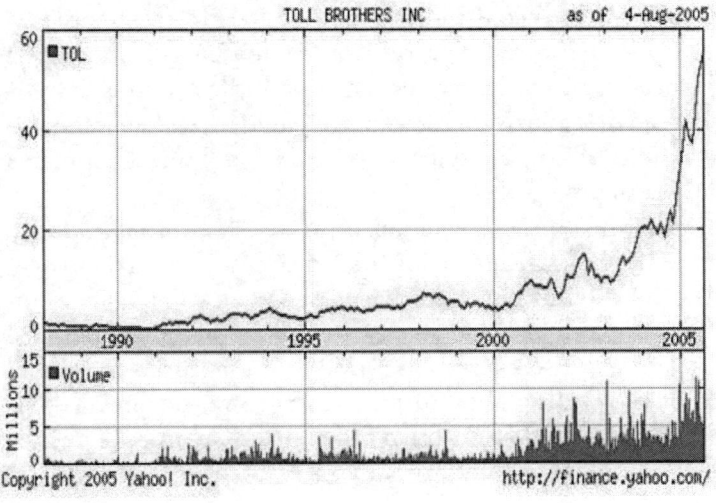

---

* La versión original de este capítulo se publicó como «Is the Housing Bubble Popping?» LewRockwell.com, 8 de agosto de 2005.

263

Los inversores han ganado en torno a un 50% de su dinero desde la primera vez que informé acerca de la burbuja de la vivienda [1] y podría ir llegando más burbujeo. En este gráfico de la exitosa Toll Brothers (TOL), una de las grandes empresas constructoras de viviendas, las acciones han aumentado en más de un 50% en el año pasado. Los optimistas señalan que la relación entre precio y ganancia de la empresa es de «solo» quince, por debajo de la media del mercado.

El alegato pesimista a favor de un estallido o desinflado de la burbuja de la vivienda ve el problema en los tipos crecientes de interés. Mientras Greenspan aumenta los tipos de interés a corto plazo, causa problemas para quienes tienen hipotecas de tipo variable ligadas a tipos de interés a corto plazo. Los precios de la energía y una ralentización pueden también enfriar el entusiasmo en el sector de la vivienda.

El mayor problema podría ser para los tipos de interés a largo plazo porque son la base para los tipos hipotecarios fijos. Mientras Greenspan aumenta los tipos de interés a corto plazo, la idea es que está reduciendo las expectativas de inflación y reduce así la probabilidad de los aumentos en los tipos de interés a largo plazo. Sin embargo, si los tipos a largo plazo aumentan, esta es una indicación de que los tipos a corto plazo no están aumentando lo suficientemente rápido como para enfriar las presiones sobre los precios inflacionistas.

Los tipos de interés a largo plazo están aumentando y hay un gran aumento en los tipos de interés de los bonos del Tesoro a diez años el viernes 5 de agosto que han coincidido con la caída en las acciones de los constructores de viviendas. A lo largo de este verano, este tipo de interés tuvo un «doble mínimo» en torno al 3,9%, que es casi el mínimo que ha habido durante mi vida. Ahora está en el 4,4% y probablemente vaya a aumentar. [Nota: era un 5,25% un año después].

---

[1] Mark Thornton, «Housing: Too Good to Be True», *Mises Daily*, 4 de junio de 2004.

El *doble mínimo* es una expresión del análisis técnico de valores que es un indicador de un mercado a la baja, que, en este caso, predice tipos más altos de interés a largo plazo. Los tipos de interés indican problemas para los constructores de viviendas y dan alguna indicación de que la burbuja de la vivienda podría llegar a su fin.

Esperemos que Alan Greenspan sepa cuál es la palanca correcta que tiene activar. Lo hizo en la década de 1960.[2]

Postada

Si nos fijamos en el gráfico a largo plazo del Índice del Sector de la Vivienda de la Bolsa de Filadelfia (HGX) veremos que este fue exactamente el punto de inflexión de las acciones de las empresas constructoras, que normalmente lideran el mercado real de la vivienda. La regla de Taylor, una guía para la política monetaria, también puede decir que predijo la burbuja de la vivienda/crisis financiera. Woods[3] hace el mejor análisis de la burbuja de la vivienda, la crisis financiera y la respuesta política a todo ello.

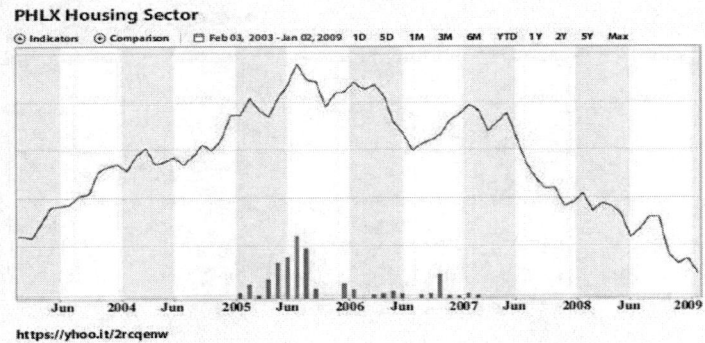

PHLX Housing Sector

https://yhoo.it/2rcqenw

---

[2] Ron Paul, «Ron Paul vs. Alan Greenspan». Testimonio ante el Comité de Asuntos Financieros el 20 de julio de 2005.

[3] Thomas E. Woods, *Meltdown: A Free-Market Look at Why the Stock Market Collapsed, the Economy Tanked, and Government Bailouts Will Make Things Worse* (Washington, DC: Regnery Publishing, 2009).

CAPÍTULO 22

HACIENDO GRANDES DE NUEVO LAS DEPRESIONES

En 2010, yo argumentaba en «America's Second Great Depression»[1] que la economía de EE.UU. estaba en una depresión económica y que esta probablemente continuaría durante cierto tiempo hasta que se invirtiera la política económica. Este fue uno de los seis trabajos organizados como un simposio en honor al malogrado Larry Sechrest en la convención de la Southern Economic Association de 2009. Aunque esta evaluación fuera un tema de debate, hay muchos economistas ortodoxos importantes que están de acuerdo en que las condiciones actuales tienen mucho más en común con una depresión económica que con un crecimiento económico normal.

Una depresión económica es una contracción multianual de la actividad económica notablemente por debajo del potencial de la economía. Las grandes depresiones son incluso más grandes y profundas y pueden intercalarse con periodos de contracción y expansión. No hay nada en la teoría económica que pueda determinar si una economía está en un recesión, depresión o gran depresión. Estas etiquetas son temas de evaluación, opinión y estándares profesionales y están sometidas a cambios.

---

[1] Mark Thornton, «America's Second Great Depression: A Symposium in Memory of Larry Sechrest», *Quarterly Journal of Austrian Economics* 13, n.º 3 (otoño de 2010): 3-6.

267

En lugar de tratar lo «grandes» que son las condiciones económicas actuales, este capítulo examina las teorías del ciclo económico y lo bien que parece que pueden aplicarse en vista de las políticas económicas que se han aplicado desde 2007 en Estados Unidos y la economía global.

La Gran Depresión fue claramente una gran depresión, tanto por su duración como por su profundidad. Además, fue un fenómeno mundial. Como ha demostrado el profesor Higgs,[2] Estados Unidos no se recuperó realmente de la Gran Depresión hasta *después* de la Segunda Guerra Mundial en términos de inflación ajustada al consumo por cabeza.

También he sugerido que la estanflación de la década de 1970 (1970-82) fue una depresión económica. Sin duda fue lo suficientemente larga y no se limitó a Estados Unidos. Estadísticamente, puede que no haya sido tan mala como la Gran Depresión. Hubo expansiones económicas durante el periodo, pero la economía no consiguió estar a la altura de su potencial. Sin embargo, frente a lo acaecido en el pasado, infligió simultáneamente a la población tanto una alta inflación como un alto desempleo (es decir, estanflación), en realidad por primera vez.

Podría sorprendernos saber que las grandes depresiones no son fenómenos puramente monetarios. A lo largo de este libro, se ha prestado una gran atención al fenómeno de la política monetaria de tipos de interés artificialmente bajos de los bancos centrales como causante del ciclo económico. Sin embargo, las expansiones y contracciones del ciclo económico son normalmente de un plazo mucho más corto que una gran depresión.

Las depresiones empiezan con un periodo considerable de expansión monetaria, seguido por una crisis económica.

---

[2] Robert Higgs, «Wartime Prosperity? A Reassessment of the U.S. Economy in the1940s», *Journal of Economy History* 52, n.º 1 (Marzo de 1992): 41-60.

Rothbard[3] demuestra que hubo un periodo considerable de expansión monetaria antes del desplome de la bolsa de 1929. El cálculo de Rothbard de la oferta monetaria en la década de 1920 ha sido discutido por Timberlake.[4] Sin embargo, Salerno[5] ha demostrado que incluso si se eliminan las categorías «ofensivas» de los cálculos de la oferta monetaria (por ejemplo, el valor en efectivo de las pólizas de los seguros de vida), la política monetaria en la década de 1920 siguió siendo altamente expansionista.

Convertir una crisis en una depresión o en una gran depresión requiere un esfuerzo importante y sostenido por parte del gobierno para usar diversas políticas en un intento por detener e invertir el proceso correctivo del mercado, es decir, la crisis económica. En otras palabras, la ideología dominante es una variante del keynesianismo y la respuesta del gobierno a la crisis incluye, entre otras cosas, una política monetaria y fiscal expansionista. Rothbard[6] demostró que las políticas del presidente Hoover pretendían mantener altos salarios y precios. Esto convirtió una crisis económica normal en la Gran Depresión. Las políticas de Hoover «al estilo del New Deal» incluían mantener altos precios y rentas, estimulando la economía con proyectos de obras públicas, préstamos, rescates, proteccionismo y devaluación de la moneda. Herbener[7] demostró que la Fed era intervencionista, con una política

---

[3] Murray Rothbard, *La Gran Depresión* (Madrid: Unión Editorial, [1963] 2013).

[4] Richard Timberlake, «Money in the 1920s and 1930s», *Freeman* (Abril de 1999): 37-42.

[5] Joseph Salerno, «Money and Gold in the 1920s and 1930s: An Austrian View», *Freeman* (Octubre de 1999): 31-40. Reimpreso en Joseph T. Salerno, *Money Sound and Unsound* (Auburn, AL: Mises Institute, 2010), pp. 431-449.

[6] Rothbard, *La Gran Depresión*.

[7] Jeffrey Herbener, «Fed Policy Errors of the Great Depression», en *The Fed at One Hundred: A Critical Review on the Federal Reserve System*, editado por David Howden y Joseph T. Salerno (Springer, 2014), pp. 43-45.

monetaria de tipos bajos de interés hasta 1937. Ohanian y Cole[8] y Ohanian[9] verificaron empíricamente la hipótesis de Rothbard. Las políticas de Hoover y luego de Roosevelt se convirtieron en la base de lo que luego sería la economía keynesiana.[10] La ideología keynesiana fue también la fuerza dominante durante la estanflación de la década de 1970 y en la economía japonesa desde 1989 hasta la actualidad.

La aproximación alternativa a las contracciones del ciclo económico es defendida por los economistas clásicos, los economistas de las Escuela Austriaca y los economistas del ciclo económico real. Esta aproximación de «no hacer nada» implica la disminución de gobierno y el equilibro presupuestario, la expansión de los recursos en el sector privado y una política monetaria no expansionista. Fue la que aplicaron los presidentes Woodrow Wilson y Warren G. Harding durante la depresión de 1920-21, que duró quince años. Este periodo fue uno de los más gravemente inflacionistas en la historia de EE.UU. y aun así apenas se menciona de los libros de texto de historia.

James Grant[11] creía que la razón por la que esta depresión fue tan corta fue porque en buena parte se curó a sí misma antes de que pudiera empezar la intromisión del gobierno. Thomas Woods[12] demostró que Harding en realidad estaba «haciendo algo» liquidacionista en el sentido de que quería reducir el tamaño del gobierno y extirpar activamente la inflación de la Primera Guerra Mundial. Ha habido pequeñas

---

[8] Lee E. Ohanian y Harold Cole, «New Deal Policies and the Persistence of the Great Depression: A General Equilibrium Analysis», *Journal of Political Economy* 112, n.º 4 (agosto de 2004): 779-816.

[9] Lee E. Ohanian, «What—or Who—Started the Great Depression?» *Journal of Economic Theory* 144 (Octubre de 2009): 2310-2335.

[10] Arthur Okun, *The Political Economy of Prosperity* (Washington, DC: BrookingsInstitution, 1970).

[11] James Grant, *The Forgotten Depression: 1921: The Crash That Cured Itself* (NuevaYork: Simon & Schuster, 2014).

[12] Thomas E. Woods, «Warren Harding and the Forgotten Depression of 1920», *Intercollegiate Review* (Otoño de 2009): 22-29.

objeciones con respecto al tiempo y efecto de políticas varias y cambios políticos, pero Patrick Newman[13] ha demostrado concluyentemente que predominaba una política liquidacionista antes de que empezara la recuperación.

En el siguiente capítulo presentaré una versión simplificada de las teorías del ciclo económico y explicaré lo que recomendarían esas teorías como soluciones políticas para las crisis económicas y lo bien que funcionaron esas soluciones tras las crisis financieras. Ver Bagus[14] para una crítica austriaca más profunda de las teorías ortodoxas modernas del ciclo económico.

---

[13] Patrick Newman, «The Depression of 1920–1921: A Credit Induced Boom and a Market Based Recovery?» *Review of Austrian Economics* (Enero de 2016): 1-28.

[14] Philipp Bagus, «Modern Business Cycle Theories in Light of ABCT», en *Theory of Money and Fiduciary Media: Essays in Celebration of the Centennial*, editado por Jörg Guido Hülsmann (Auburn, AL: Mises Institute, 2012), pp. 229-246.

Capítulo 23

TEORÍAS DE CUERDAS

En 1993, Milton Friedman proponía su famoso «modelo del punteo»[1] del ciclo económico. Para entender esta teoría, imaginemos una cuerda en un gráfico que representa el crecimiento potencial de la economía. También hay en el gráfico otra cuerda que representa el crecimiento económico real y sigue a la línea de crecimiento potencial, salvo cuando se «puntea» hacia abajo la segunda cuerda por errores políticos o fuerzas externas. En el modelo de Friedman, después de se ha punteado la economía, el crecimiento económico vuelve rápidamente a la cuerda del crecimiento potencial. Para Friedman es importante explicar el punteo y el declive económico, pero no el auge, porque en su modelo el auge es lo normal.

Friedman no recomendaría políticas especiales con respecto al ciclo económico más allá de evitar errores políticos. Si una política monetaria es demasiado tensa, relájala. En especial, el dinero es muy importante para Friedman y los monetaristas y Friedman argumentaba que una política monetaria erróneamente restrictiva y los altos tipos de interés fueron los responsables de la Gran Depresión. Garrison[2] ofrece una buena crítica del modelo de punteo.

En el contexto friedmanita, se podría argumentar que los políticos cometieron un error que produjo la crisis financiera,

---

[1] Milton Friedman, «The "Plucking Model" of Business Cycle Fluctuations Revisited», *Economic Inquiry* 31, n.º 2 (1993): 171-177.

[2] Roger Garrison, «Friedman's "Plucking Model": Comment», *Economic Inquiry* 34, n.º4 (1996): 799-802.

pero esto entraría en conflicto con la opinión de propio Friedman.[3] Este apareció en el programa de *Charlie Rose* el 29 de diciembre de 2005, en el cénit de la burbuja de la vivienda y resumió así su opinión de la economía de EE.UU.: «La estabilidad de la economía es la mayor que hemos tenido en nuestra historia. Estamos en forma de un modo notable. Es asombroso».

A continuación, alababa a Alan Greenspan y el trabajo realizado en la Reserva Federal. Friedman no solo no veía la burbuja de la vivienda, sino que su recomendación de una respuesta política de relajar la oferta monetaria y crediticia no resolvió el problema. De hecho, hasta ahora la política monetaria laxa de tipos de interés cero y la flexibilización cuantitativa han fracasado en devolver la cuerda del crecimiento económico hasta la del crecimiento económico potencial.[4]

Otro teórico de las cuerdas es Ben Bernanke. El expresidente de la Fed estudió la Gran Depresión y la obra de Friedman sobre este tema. Más en general, se considera que está en el bando de la nueva escuela keynesiana, que supone que la gente tiene expectativas racionales acerca del futuro, pero vive en una economía con imperfecciones y fallos del mercado. Extendiendo el trabajo de Friedman, Bernanke concluía en su investigación que el colapso del sector bancario en 1933 fue la razón principal por la que la depresión fue «grande». El desplome de la bolsa y la consiguiente crisis económica debilitaron a los bancos y muchos de ellos quebraron. Después de las vacaciones bancarias de FDR en marzo de 1933, los canales habituales del crédito se convirtieron en quiebras del mercado que paralizarían la economía durante muchos años. Las quiebras bancarias fueron como un peso muerto sobre la cuerda del crecimiento económico real que

---

[3] Milton Friedman, Entrevista con Charlie Rose, 29 de diciembre de 2005.

[4] Ryan Murphy, «The Plucking Model, the Great Recession, and Austrian Business Cycle Theory», *Quarterly Journal of Austrian Economics* 18, n.º 1 (primavera de 2015): 40-44.

le impedía reconectarse con la cuerda del crecimiento económico potencial. Por tanto, Bernanke pone un gran énfasis en proteger a los bancos grandes e importantes para el sistema y la infraestructura del sector del crédito. Sin embargo, también cree que son necesarias políticas monetarias y fiscales laxas para controlar el ciclo económico.

Con ocasión del noventa cumpleaños de Milton Friedman, Bernanke expuso multitud de comentarios sobre la obra de Friedman y Schwartz [5] acerca de la Gran Depresión, dándole sus mayores alabanzas. Aunque algunas de sus conclusiones difieren de las de Friedman y Schwartz, Bernanke, [6] cierra sus comentarios sobre la Gran Depresión con la siguiente disculpa y promesa: «Dejadme que acabe mis palabras abusando ligeramente de mi estatus como representante oficial de la Reserva Federal. Me gustaría decir a Milton y Anna: Con respecto a la Gran Depresión, tenéis razón, lo hicimos. Lo sentimos mucho. Pero, gracias a vosotros, no lo haremos otra vez».

Durante la burbuja, Bernanke estuvo trabajando en la Fed como vicepresidente y luego como presidente. Negó repetidamente la existencia de la burbuja de la vivienda y a menudo sugirió que, si existiera realmente una burbuja y estallara, se limitaría a bajar los tipos de interés. Cuando resultó evidente que había problemas en el mercado de la vivienda, Bernanke actuó agresivamente en términos de política monetaria. Usó ambas políticas de acuerdo tanto con las pautas tradicionales, como reducir el tipo de descuento de los fondos federales y la tasa de descuento, como con políticas agresivas, no tradicionales y no intentadas hasta entonces, como la flexibilización cuantitativa y los tipos cero de interés.

---

[5] Milton Friedman y Anna J. Schwartz, *A Monetary History of the United States, 1867-1960* (Princeton, NJ: Princeton University Press, 1963).

[6] Ben S. Bernanke, «Remarks by Governor Ben S. Bernanke», discurso en la conferenciaen honor de Milton Friedman. Universidad de Chicago, 8 de noviembre de 2002.

La respuesta política general incluyó disminuciones radicales en los tipos de interés, aumentos radicales de liquidez en los bancos, un rescate de los bancos y sectores importantes para el sistema y un enorme estímulo fiscal por parte del gobierno federal, incluyendo un gasto público billonario en déficit. Bernanke empezó pronto a hablar de su capacidad para ver «brotes verdes» en la economía, pero, muchos años después, la cuerda del crecimiento económico real continúa estando lamentablemente por debajo de la cuerda del crecimiento económico potencial.

Pul Krugman representaría aquí la escuela keynesiana de economía. La visión keynesiana del ciclo económico se basa en la psicología social. En la visión keynesiana, los periodos de euforia inversora dan paso a periodos de pánico, retraimiento y depresión. Si la cuerda del crecimiento económico real se puntea, aunque sea ligeramente, hacia abajo con respecto a la cuerda del crecimiento económico potencial, esto genera un escenario potencial de expectativas de ruina, recortes y disminución de inversiones que pueden llevar a despidos, altas tasas de desempleo y un declive significativo en la demanda agregada. Este escenario lo causan lo que Keynes mismo calificaba como «espíritus animales», que es el miedo irracional asociado con la inversión.

Cuando la demanda agregada no se ajusta a la oferta agregada, esto lleva a precios inferiores o deflación de precios. Esto puede hacer caer a la economía en los que Krugman describe como un «agujero negro» económico, del que la economía nunca se recuperará. Como tales, los economistas keynesianos, y los ortodoxos más en general, tienen una fobia a la deflación o «apoplitorismofobia», que es el miedo irracional a la deflación de precios. Sin embargo, se ha escrito mucho acerca de por qué *no* hay que temer a la deflación.[7]

---

[7] Ver Philipp Bagus, In Defense of Deflation (Nueva York: Springer, 2015); Jörg Guido Hülsmann, Deflation and Liberty (Auburn, AL: Mises Institute, 2008); Greg Kaza, «Deflation and Economic Growth», Quarterly Journal of Austrian Economics 9, n.º 2 (verano de 2006): 95-

Krugman ha clamado mucho desde la crisis financiera, reclamando estímulos fiscales agresivos, es decir, que el gobierno tome prestadas grandes cantidades de ahorros temporalmente no usados y las gaste. En qué se lo gaste el gobierno es menos importante que cuánto gaste por encima de sus medios. Es importante que los consumidores tengan dinero en sus bolsillos, que las empresas vuelvan a trabajar haciendo algo y que el gasto tenga el máximo impacto posible sobre el aumento de la demanda agregada. Algunos sectores importantes deberían recibir rescates si es necesario y deberían empezarse trabajos de obra pública en las zonas más afectadas. Para protegernos ante la posibilidad de deflación, Krugman también recomienda una política monetaria estimulante. Krugman incluso ha argumentado que una falsa invasión marciana arreglaría la economía:

Si descubriéramos que unos extraterrestres están planeando atacarnos y necesitáramos una fabricación masiva para enfrentarnos a esa amenaza espacial y realmente la inflación y los déficits presupuestarios (como preocupaciones) fueran secundarios frente a esto, esta recesión desaparecería en 18 meses. Y si entonces descubriéramos que, caramba, hemos cometido un error y no hay extraterrestres, estaríamos mejor.[8]

Krugman[9] incluso después felicitaba a los japoneses por adoptar el «equivalente moral de los invasores espaciales», en forma de «abenomía» (es decir, estímulo monetario y

---

97; Mark Thornton, «Apoplithorismosphobia», Quarterly Journal of Austrian Economics 6, n.º 4 (invierno de 2003): 5-18; Joseph T. Salerno, «An Austrian Taxonomy of Deflation — with Applications to the U.S.» Quarterly Journal of Austrian Economics 6, n.º 4 (invierno de 2003): 81-109 y «Deflation and Depression: Where's the Link?» Mises.org, 6 de agosto de 2004.

[8] Paul Krugman, «Krugman Calls for Space Aliens to Fix U.S. Economy?» Global Public Square, 12 de agosto de 2011.

[9] Paul Krugman, «The Moral Equivalent of Space Aliens», New York Times, 9 de mayo de 2013

fiscal agresivo) y rechazo de la «ortodoxia de la austeridad» (es decir, presupuestos equilibrados).

El problema para Krugman es que, con la excepción de la falsa invasión marciana, todas estas políticas se han implantado en Estados Unidos a niveles sin precedentes desde 2008. En Japón, se han implantado a niveles más altos durante periodos de tiempo más largos. Por supuesto, Krugman podría responder que estas políticas siguen sin ser lo suficientemente grandes o rápidas como para resolver el problema. Sin embargo, eso solo significa que su aproximación es insostenible: los keynesianos no pueden predecir una crisis por adelantado, porque su análisis de la crisis económica empieza con una sacudida impredecible para la psicología social; de forma similar, en el caso de la teoría real del ciclo económico, el análisis empieza con una sacudida tecnológica impredecible o algún otro cambio exógeno.

Estas teorías del ciclo económico empiezan con hechos estilizados que describen ciclos económicos. A partir de aquí, los economistas desarrollan una hipótesis con respecto a qué causa el ciclo económico. A partir de esta hipótesis, desarrollan una recomendación política que esté de acuerdo con su perspectiva ideológica. Los economistas conservadores (por ejemplo, los de la Escuela de Chicago) normalmente no recomiendan ninguna acción política o solo algunas limitadas cuando se enfrentan a una recesión económica, mientras que los economistas progresistas de las universidades de la Ivy League es mucho más probable que recomienden una gran intervención pública cuando se enfrenten a la misma crisis. El problema más general de estas aproximaciones es que todas estas recomendaciones se han probado desde el inicio de la crisis financiera y todas han fallado.

CAPÍTULO 24

¿QUÉ TIENE DE MALO LA TACE?

Repito que la teoría austriaca del ciclo económico (TACE) demuestra que los tipos de interés artificialmente bajos producen distorsiones sistemáticas en la economía. La más importante de estas distorsiones es inducir a la construcción de estructuras más largas de producción y procesos más indirectos de producción que implican tecnologías avanzadas o prematuras. Es durante el auge resultante cuando se producen todos los errores y malas inversiones en una agrupación temporal. El declive o crisis económica se produce cuando estos errores se acaban revelando. Aunque la TACE ha estado bajo revisiones críticas internas,[1] obras más recientes[2] han considerado que la TACE tiene una «validez general».

Aunque es muy difícil modelar la TACE empíricamente, se han llevado a cabo varias investigaciones empíricas con

[1] Ver Jeffrey Rogers Hummel, «Problems with Austrian Business Cycle Theory», *Reason Papers* 5 (Invierno de 1979): 41-53 y Jörg Guido Hülsmann, «Towards a General Theory ofError Cycles», *Quarterly Journal of Austrian Economics* 1, n.º 4 (1997): 1-23.

[2] Joseph T. Salerno, «Comment on Gordon Tullock, "Why Austrians are Wrong About Depressions"», *Review of Austrian Economics* 3 (1988): 141-145. Reimpreso en Joseph T.Salerno, *Money Sound and Unsound* (Auburn, AL: Mises Institute, 2010), pp. 325-331; William Barnett y Walter Block, «On Hummel on Austrian Business Cycle Theory», *ReasonPapers* 30 (Otoño de 2008): 59-90; Mihai Macovei, «The Austrian Business Cycle Theory: A Defense of Its General Validity», *Quarterly Journal of Austrian Economics* 18, n.º 4 (2015): 409-435.

resultados alentadores.[3] La TACE ha demostrado asimismo resultar muy útil para analizar los ciclos económicos históricos.[4]

La respuesta austriaca para la crisis económica es similar al rechazo de la eficacia de una política fiscal o monetaria estimulante de la teoría del ciclo económico real. Sin embargo, La TACE sí tiene un lado «positivo». En general, el gobierno debería seguir una filosofía de laissez faire. Primero, detener la inflación, aumentar los tipos de interés y llegar a los tipos de interés determinados por el mercado. Segundo, no aplicar ninguna política que trate de reducir las quiebras o el desempleo. Tercero, no tratar de interferir en precios, salarios, consumo ni ahorro.

Deberíamos permitir que el proceso correctivo del mercado proceda a un ritmo veloz para acabar rápidamente con la

---

[3] C. Wainhouse, «Empirical Evidence for Hayek's Theory of Economic Fluctuations», en *Money in Crisis*, editado por B. Siegel, (San Francisco: Pacific Institute for Public Policy Research, 1984), pp. 37-71; P. le Roux y M. Levin, «The Capital Structure and the Business Cycle: Some Tests of the Validity of the Austrian Business Cycle in South Africa», *Journal for Studies in Economics and Econometrics* 22, n.º 3 (1998): 91-109; James P. Keeler,

«Empirical Evidence on the Austrian Business Cycle Theory», *Review of Austrian Economics* 14, n.º 4 (2001): 331-351; Robert F. Mulligan, «A Hayekian Analysis of the TermStructure of Production», *Quarterly Journal of Austrian Economics* 5, n.º. 2 (2002): 17-33, y «An Empirical Investigation of the Austrian Business Cycle Theory», *Quarterly Journal of Austrian Economics* 9, n.º 2 (2006): 69-93.

[4] A. M. Hughes, «The Recession of 1990: An Austrian Explanation», *Review of Austrian Economics* 10, n.º 1 (1997): 107-123; Jeffrey M. Herbener, «The Rise and Fall of the Japanese Miracle», Mises Daily, 20 de septiembre de 1999; Benjamin Powell, «Explaining Japan's Recession», *Quarterly Journal of Austrian Economics* 5, n.º 2 (2002): 35-50; Gene Callahan y Roger W. Garrison, «Does Austrian Business Cycle Theory Help Explain the Dot-Com Boom and Bust?» *Quarterly Journal of Austrian Economics* 6, n.º 2 (verano de 2003): 67-98; Patrick Newman, «The Depression of 1873-1879: An Austrian Perspective», *Quarterly Journal of Austrian Economics* 17, n.º 4 (invierno de 2014): 474-509 y «The Depression of 1920-1921: A Credit Induced Boom and a Market Based Recovery?» *Review of Austrian Economics* (enero de 2016): 1-28.

crisis. En el lado positivo activo, el gobierno debería recortar su presupuesto, sus impuestos y todo tipo de regulaciones y prohibiciones para que se usen productiva y eficientemente más recursos en el sector privado. Si se siguieran estas recomendaciones políticas, se produciría una crisis económica dolorosa, pero breve.

La aproximación política opuesta al laissez faire, que emplea rescates y estímulos monetarios y fiscales genera crisis económicas mucho más dolorosas y prolongadas. Algunos ejemplos de esto son la Gran Depresión, la estanflación de la década de 1970, la(s) década(s) perdida(s) de Japón y la actual crisis financiera. La aproximación política austriaca tiende a dañar relativamente más a los ricos que las clases media y baja, mientras que las aproximaciones políticas ortodoxas tienden a dañar a las clases media y baja y a ayudar a los ricos.

Aunque el interés general del público por la TACE aumentó enormemente después del estallido de la burbuja de la vivienda, fue en buena parte ignorada por los economistas ortodoxos. Al final, algunos economistas empezaron a hacer críticas que eran más bien ocurrencias, como cuando el premio Nobel de economía Paul Krugman calificó a la TACE como «teoría de la resaca». Más recientemente, la TACE ha experimentado múltiples ataques por parte de notables economistas ortodoxos. Esto puede ser una buena señal si se cree en la idea a menudo atribuida a Mahatma Gandhi: «Primero te ignoran, luego se burlan de ti, luego se enfrentan a ti y entonces has ganado».

Críticas de la versión hidráulica de la TACE

La versión hidráulica de la TACE es la descrita por Gottfried Haberler.[5] Podría describirse como una traducción a la ortodoxia de la TACE desarrollada por Mises, Hayek y Rothbard,

---

[5] Gottfried Haberler, *Prosperity and Depression: A Theoretical Analysis of CyclicalMovements* (Lake Success, NY: United Nations, 1937).

con varias divergencias críticas. Aun así, esta versión fue sorprendentemente aprovechada por algunos economistas para criticar la TACE. [6]

Lo esencial de esta teoría es que, si la inversión aumenta en el auge, el consumo debe disminuir y durante el declive, cuando la inversión baja, el consumo debe subir ipso facto. Concluyen que el consumo no aumentó en el declive (bajó significativamente) y, por tanto, la TACE se ha visto refutada por los hechos.

En lugar de contra la TACE, lo críticos están argumentando en contra de una sencilla teoría ortodoxa del ciclo económico de una sobreinversión en dos sectores. Sin embargo, los economistas austriacos no aceptan una teoría de una sobreinversión, sino más bien una teoría de unas malas inversiones. Durante el auge, el consumo no disminuye, sino que aumenta por dos razones. La primera es porque el tipo más bajo de interés desanima el ahorro y anima el consumo y la segunda y más importante es el efecto riqueza o efecto del valor neto superior en salarios, precios de activos, precios de acciones y precios de inmuebles animan a la gente a consumir más. Los consumidores agotan su riqueza ilusoria porque, sobre el papel, se lo pueden permitir.

Cuando la gente agota su riqueza real en realidad está consumiendo su ahorro y su riqueza y esto implica que probablemente habrá menos inversión en conjunto, no más, durante el auge. Durante la fase de declive, el consumo será *relativamente* fuerte, comparado con la inversión de capital, pero, debido al desempleo, los salarios inferiores, un efecto riqueza negativo y un malestar general entre los empresa-

---

[6] Tyler Cowen, «Paul Krugman on Austrian Trade Cycle Theory», *Marginal Revolution*, 14 de octubre de 2008; Bradford DeLong, «I Accept Larry White's Correction...» *Cato Unbound*, 11 de diciembre de 2008; John Quiggin, «Austrian Business Cycle Theory», *Commentary on Australian & World Events from a Social Democratic Perspective*, 3 de mayo de 2009; Bryan Caplan, «What's Wrong with Austrian Business Cycle Theory?» *EconLog*, 2 de enero de 2008.

rios, difícilmente habrá un auge en el consumo. El hecho de que algunos economistas ortodoxos basen sus críticas en una presentación oscura y defectuosa de la TACE podría indicar intenciones maliciosas. Salerno ofrece un análisis en profundidad de esta crítica de la TACE.[7]

La crítica de las expectativas razonables: ¿Por qué no pueden aprender los empresarios?

La TACE se ha criticado sobre la base de la teoría de las expectativas razonables. Los críticos argumentan que no podría engañarse continuamente a los empresarios racionales mediante tipos bajos de interés. Basándose en la experiencia previa de los empresarios y el análisis de las condiciones actuales del mercado, los críticos preguntan: ¿por qué serían sistemáticamente engañados por el banco central?[8]

Como he destacado a lo largo de este libro, las distorsiones en los mercados del crédito debidas a los tipos de interés artificialmente bajos no son algo evidente para un observador casual y la cantidad de distorsión entre el tipo del mercado

---

[7] Joseph T. Salerno, «A Reformulation of Austrian Business Cycle Theory in Light of the Financial Crisis», *Quarterly Journal of Austrian Economics* 15, n.º 1 (primavera de 2012): 3-44.

[8] Esta crítica ya ha sido tratada por varios economistas, como Lucas Engelhardt, «Expansionary Monetary Policy and Decreasing Entrepreneurial Quality», *Quarterly Journal of Austrian Economics* 15 n.º 2 (Verano de 2012): 172-194; Anthony J. Evans y Toby Baxendale, «Austrian Business Cycle Theory in Light of Rational Expectations: The Role of Heterogeneity, the Monetary Footprint, and Adverse Selection in Monetary Expansion», *Quarterly Journal of Austrian Economics* 11, n.º 2: 81-93 (2008); William Barnett II y Walter Block, «Professor Tullock on Austrian Business Cycle Theory», *Advances in Austrian Economics* 8 (2005): 431-443 y Anthony M. Carilli y Gregory M. Dempster, «Expectations in Austrian Business Cycle Theory: An Application of the Prisoner's Dilemma», *Review of Austrian Economics* 14, n.º 4 (2001): 319-330. Para una revisión de estos argumentos, ver Nicolás Cachanosky, «Expectation in Austrian Business Cycle Theory: Market Share Matters», *Review of Austrian Economics* 28, n.º 2 (2015): 151-165.

y el tipo natural no la conoce nadie con precisión. Lo que sí sabemos es que cuando se abandona la torre de marfil y se investiga la economía, se descubre que algunos empresarios, banqueros y analistas del mercado tienen la experiencia necesaria para detectar las posibilidades de dichas distorsiones del mercado.

Esta gente podría actuar con más cautela, abandonar ciertos mercados o reclamar mayores primas de riesgo en sus tratos. El problema para esta gente es que sus competidores están actuando en un mercado en auge en el que aparentemente todos están obteniendo grandes beneficios y ganancias de capital. O te unes a la fiesta o te reemplazan. He visto este efecto desplazamiento en el sector de la construcción, la banca e incluso en la CNBC.

La TACE demuestra que a medida que se expande la cantidad de fondos prestables, entrarán en el mercado prestatarios menos dignos de crédito. Varios economistas han explorado con detalle este argumento de la selección adversa.[9] Los austriacos ven a los empresarios como personas racionales, pero también aprecian que el éxito o fracaso de una empresa depende de muchos factores que no pueden conocerse por adelantado. Las políticas de dinero barato hacen entrar a más empresarios en este proceso, cuyos resultados no se conocen instantáneamente, sino solo cuando estos proyectos de capital a largo plazo están cerca o alcanzan su finalización o poco después de ello.

¿Qué pasó en los pánicos del siglo XIX?

También se ha criticado a la TACE por acusar del ciclo económico a la Reserva Federal, cuando en realidad hubo ciclos

---

[9] Evans y Baxendale, «Austrian Business Cycle Theory in Light of Rational Expectations» y Engelhardt, «Expansionary Monetary Policy and Decreasing Entrepreneurial Quality».

económicos en el siglo XIX, antes de que existiera la Fed. Ya me he ocupado de esta crítica en el capítulo 2 sobre la historia de la maldición de los rascacielos. La TACE en realidad acusa al banco central y al sistema de banca de reserva fraccionaria. Incluso los economistas ortodoxos aceptan que los pánicos desde la Guerra de Secesión hasta la Primera Guerra Mundial los causaron el Primer y Segundo Banco de los Estados Unidos, que fueron pseudobancos centrales.

¿Qué pasó con la predicción de inflación en dobles dígitos de Robert Murphy?

Los críticos de la Escuela Austriaca de economía han estado lanzando venablos contra austriacos como Robert Murphy porque hay muy poca inflación en la economía. Por supuesto, estos críticos hablan acerca del concepto generalizado del nivel precios medido por el IPC.

Ignoremos los problemas del concepto del nivel de precios y todos los problemas técnicos del IPC. Ignoremos asimismo el hecho de que esto tiene poco que ver con la teoría austriaca del ciclo económico, a pesar de lo que a los críticos les gusta sugerir. La noción básica de que más dinero (es decir, inflación) causa precios más altos (es decir, inflación de precios) no es una opinión exclusivamente austriaca. Es visión muy antigua y sostenida generalizadamente por los economistas profesionales y se presenta en casi todos los libros de texto que he examinado.

La visión común se califica a menudo como la teoría cuantitativa del dinero. Solo economistas con una ideología mercantilista o keynesiana se atreven a criticar esta opinión. Sin embargo, solo los austriacos pueden explicar el enigma actual: ¿por qué la impresión masiva de dinero por parte de los bancos centrales del mundo no ha generado precios más altos?

Economistas austriacos como Ludwig von Mises, Benjamin Anderson y F. A. Hayek demostraron que los precios de los productos se mantuvieron estables en la década de 1920, pero que otros precios en la estructura de producción indicaban problemas relacionados con la política monetaria de la Reserva Federal. Mises en particular advertía contra la política del «dólar estable» de Fisher, empleada por la Fed, ya que iba a tener graves ramificaciones. En ausencia de las políticas de dinero barato de la Fed de los felices veinte, los precios probablemente habrían caído a lo largo de esa década.

Así que fijémonos en los precios que la mayoría de los economistas ignoran y veamos qué podemos encontrar. Hay algunos precios a los que evidentemente hay que atender, como el precio del petróleo. A los economistas ortodoxos en realidad no les gusta fijarse en los precios del petróleo: quieren que se eliminen del IPC junto con los precios de los alimentos y Ben Bernanke dice que los precios del petróleo no tienen nada que ver con la política monetaria y que están gobernados por otros factores.

Como economista austriaco, presupongo que, en una economía de libre mercado, sin un banco central, el precio del petróleo sería estable. También presupongo que en la economía real con un banco central el precio del petróleo será inestable y dicho precio reflejará la política monetaria de la forma indicada por la TACE.

Es decir, los tipos de interés artificialmente bajos generados por la Fed animarían a los empresarios a iniciar nuevos proyectos de inversión. Esto a su vez estimularía la demanda de petróleo (cuya oferta es relativamente inelástica a corto plazo), llevando a precios más altos en el petróleo. Como estos empresarios tendrían que pagar precios más altos por petróleo, gasolina y energía (y muchas otras entradas) y como sus clientes disminuirían su demanda de los bienes de los empresarios (para poder pagar una gasolina más cara), algunos de los nuevos proyectos de inversión pasarían de ser

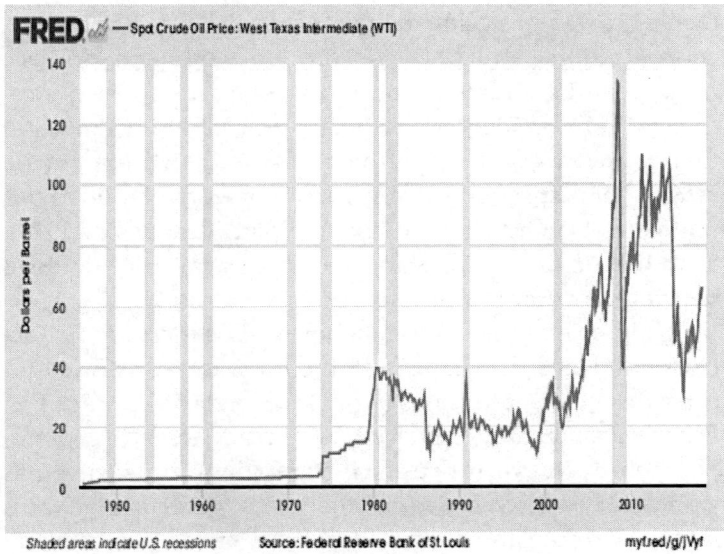

rentables a no serlo. Por tanto, se debería ver que los precios del petróleo aumentan en un auge y disminuyen en un declive. Así es más o menos como funcionan las cosas.

Como se puede ver, el precio del petróleo era muy estable cuando estábamos en el pseudo patrón oro. Los datos también muestran una drástica inestabilidad durante el patrón fiduciario de papel-dólar (después de 1971). Además, en general, el precio del petróleo aparece más o menos como sugieren los austriacos, aunque la política monetaria no es el único determinante de los precios del petróleo y evidentemente no hay una relación numérica estable entre ambas variables.

Otro producto que es notable por su alto precio es el oro, El precio del oro también aumenta en el auge y cae durante el declive. Sin embargo, desde que acabó oficialmente la última recesión en 2009, el precio del oro en la práctica se ha duplicado. La política de tipos cero de interés de la Fed ha hecho que el coste de oportunidad del oro sea extremadamente bajo. La inyección monetaria masiva de la Fed creó un enorme repunte en el precio del oro. No es ninguna sorpresa.

En realidad, aumentaron todos los precios de los productos. El Índice de Precios de la Producción (IPP) muestra un patrón similar al del petróleo o el oro. El IPP era mucho estable bajo el pseudo patrón oro, con mayor volatilidad durante el patrón fiduciario de papel-dólar (después de 1971). El índice tiende a repuntar antes de una recesión y luego deprimirse durante y después de dicha recesión.

Los precios altos parecen la norma. Los mercados de acciones y bonos de EE.UU. están en máximos históricos, o cerca de ellos. Los terrenos agrícolas en Estados Unidos han llegado a su máximo histórico. El mercado del arte contemporáneo en Nueva York está en auge, con récords en ventas y precios. Los mercados inmobiliarios en Manhattan y Washington DC están ambos en máximos históricos, como habían predicho los austriacos. Después de todo, allí es donde se crea el dinero y el lugar donde mucho de este se inyecta en la economía.

Esto ni siquiera considera cuáles serían los precios si la Fed y los bancos centrales mundiales no hubieran actuado como lo hicieron. Los precios de las viviendas serían menores, los precios de los productos serían menores y el IPC y el IPP serían negativos. Las familias con rentas bajas habrían visto un aumento en su nivel de vida. Los ahorradores conseguirían un rédito decente para sus ahorros.

Por supuesto los mercados de acciones y bonos habrían visto precios muy inferiores. Las acciones de los bancos se habrían desplomado y los bancos malos habrían cerrado. Finanzas, fondos de inversión y bancos de inversión se habrían desplomado. Los inmuebles en Manhattan estarían por los suelos, valga la expresión. El mercado para gestores de fondos, operadores de fondos de inversión y banqueros se habría evaporado.

En otras palabras, lo que la Fed elige hacer acaba haciendo más ricos a los ricos y más pobres a los pobres. Si no hubiera adoptado la política monetaria más extremista y antiortodoxa que se recuerda, los pobres habrían experimentado un aumento relativo en su nivel de vida y los ricos habrían experimentado un decrecimiento colectivo relativo en su nivel de vida.

Hay otras razones importantes por las que los precios del consumo no han aumentado al alimón con la oferta monetaria en la forma drástica del petróleo, el oro, las acciones y los bonos. Parece como si las políticas inflacionistas y keynesianas que han seguido Estados Unidos, Europa, China y Japón hubieran generado un entorno económico y financiero en el que los banqueros temieran prestar, los empresarios temieran invertir y todos temieran las monedas que se ven obligados a soportar.

En otras palabras, la razón por la que las predicciones de inflación de precios no se materializaron es que las recetas políticas keynesianas, como los rescates, los paquetes de estímulo y la inflación monetaria masiva, no han funcionado y en realidad han ayudado a que la economía zozobre.

Capítulo 25

RESUMEN Y CONCLUSIÓN: HAY QUE ACABAR CON LA FED

Lo que ha demostrado este libro es que el banco central causa diversos problemas económicos y que la teoría austriaca del ciclo económico (TACE) da una luz científica en lo que, por otro lado, es un fenómeno enormemente complejo. He demostrado que el Índice de los Rascacielos ha predicho la mayoría de las crisis económicas importantes durante más de un siglo. También he demostrado que los economistas austriacos han predicho esas crisis usando la TACE.

Ahora se plantea la pregunta: ¿cuáles son los problemas y qué puede hacerse con ellos? Los dos problemas más evidentes de la banca centralizada y la inflación monetaria que derivan de ellas son los ciclos económicos de auge y declive y la inevitable inflación de precios. Incluido en el proceso de la inflación monetaria y de precios está un proceso degenerativo de desigualdad económica que hoy es muy evidente. Este efecto sobre la desigualdad económica y los canales por los que fluye se describen con mucho detalle por Hülsmann.[1]

La inflación monetaria depende de quiénes consiguen primero el dinero y el crédito y quiénes los consiguen los últimos. Como el dinero fiduciario lo crean los bancos centrales, los bancos privados están en situación de expandir la cantidad de

---

[1] Jörg Guido Hülsmann, «Fiat Money and the Distribution of Incomes and Wealth», en *The Fed at One Hundred: A Critical Review on the Federal Reserve System*, editado por David Howden y Joseph T. Salerno, (Nueva York: Springer, 2014), pp. 127-138.

préstamos que conceden. Los ricos han creado relaciones con los bancos y tienen los inmuebles y los activos para avalar los préstamos. Las grandes empresas ya establecidas y las personas ricas están en situaciones favorables en comparación con los pequeños negocios y las personas con ingresos bajos o medios. Los préstamos permiten a las grandes empresas y a las personas ricas invertir en bienes de capital durante la fase de auge del ciclo económico. De este modo, los bancos centrales crean desigualdades y pobreza artificiales. Este es el principal efecto Cantillon de la redistribución de la riqueza.

Raramente hemos tenido un verdadero «mercado libre» en moneda y banca. Las colonias americanas estaban controladas por las políticas mercantilistas inglesas. La era anterior a la Guerra de Secesión experimentó los ciclos económicos creados y el Primer y Segundo Banco de los Estados Unidos, que eran esencialmente bancos centrales primitivos. Entre el fin del Segundo Banco de los Estados Unidos y el Sistema Bancario Nacional estuvo la era de la «banca libre». Este es el periodo que más se ha acercado a un mercado libre en la moneda y la banca, porque las monedas de oro y plata servían como dinero, la entrada en el negocio bancario era relativamente sencilla y las reservas bancarias se mantenían relativamente altas comparadas con los depósitos a la vista. El gasto público y el intervencionismo del gobierno fueron históricamente muy pequeños. Este periodo experimentó las tasas más altas de crecimiento económico en la historia, pero no fue perfecto, ya que muchas leyes estatales de banca libre contenían disposiciones nocivas que afectaban a la estabilidad bancaria.

Las leyes bancarias nacionales se aprobaron durante la Guerra de Secesión y «regularon» el dinero y la banca hasta la aprobación de la Ley de la Reserva Federal en 1913. La Fed y la Primera Guerra Mundial acabaron en la práctica con el patrón oro clásico y lo reemplazaron con el patrón oro cambio. En 1933, todo el oro de propiedad privada fue confiscado por el gobierno federal y el valor nominal contable del oro de cambió de 20,67$/onza a 35$/onza. El patrón oro de Bretton Woods, tras la Segunda Guerra Mundial permitía a otros bancos centrales convertir 35$ en una onza de oro, pero también permitía a la Fed esencialmente imprimir oro. El acuerdo acabó siendo insostenible cuando otros bancos centrales empezaron a convertir dólares en oro. El presidente Nixon cerró la «ventanilla del oro» el 15 de agosto de 1971.

Desde entonces, el mundo ha seguido un sistema monetario fiduciario, en el que las monedas no son convertibles y los tipos de cambio entre divisas son «flexibles». El poder y autoridad de los bancos centrales ha continuado expandiéndose con el tiempo. Las ofertas monetarias y los balances de los bancos centrales han continuado expandiéndose y el valor de las monedas ha continuado disminuyendo. Por ejemplo, a mediados de 2008 los activos totales de la Reserva Federal eran de menos de 900.000 millones de dólares. Para mediados de 2014, sus activos totales estaban por encima de los 4,4 billones de dólares. La Fed adquirió estos activos adicionales en bonos públicos y valores con respaldo hipotecario imprimiendo dólares electrónicos. Como punto de referencia, medido en oro, el dólar vale hoy menos de dos centavos del dólar anterior a la Fed. El Banco de Japón, el Banco Popular de China, el Banco Central Europeo (BCE) y otros bancos centrales en todo el mundo siguen políticas similares en una guerra de divisas no declarada.

Murphy[2] demuestra que las respuestas de la Fed a la crisis financiera fueron abrumadoras, sin precedentes y de dudosa autoridad legal. Estas repuestas fueron tan indignantes que Murphy califica a Ben Bernanke como el FDR de la política monetaria. A pesar de los esfuerzos de la Fed, Murphy concluye que las políticas no han funcionado. El BCE también se ha extralimitado en vano en su autoridad legal frente a la Unión Europea en respuesta a la crisis europea de deuda.

---

[2] Robert Murphy, «Ben Bernanke, the FDR of Central Bankers», en *The Fed at OneHundred*, editado por Howden y Salerno, pp. 31-42.

¿Han funcionado bien estas políticas? Desde 2018, ha habido un debate constante sobre si la economía se ha recuperado y está creciendo o si está atrapada en una depresión persistente. Hay defensores de ambas opiniones en todo el espectro político y económico. La línea divisoria real depende de la relación que tenga la persona con los poderes fácticos. Los defensores de dichos poderes aseguran que la economía sobrevivió y se recuperó, mientras que sus oponentes por lo general consideran que la economía está quebrada y en regresión.

La batalla entre estas dos opiniones generalmente se libra con series de estadísticas opuestas con respecto al PIB, el desempleo y la inflación de precios. Los economistas austriacos tratan el problema atendiendo a cosas como el gran aumento del gasto público, el gasto financiado con déficit y el valor cuestionable de las inversiones financiadas con tipos de interés artificialmente bajos desde 2008. Los austriacos argumentan que el valor real de mercado del mayor gasto público y las malas inversiones es mucho menor que los dólares gastados. Así que las estadísticas resultantes del PIB son muy dudosas. Este análisis sugiere que la economía de EE.UU. está en regresión desde una perspectiva a largo plazo y que, como consecuencia, nuestra deuda es mucho más profunda.

De hecho, Engelhardt[3] y otros han argumentado que un banco central facilita el proceso de financiación en déficit y la acumulación de una gran deuda nacional. Un banco central siempre puede imprimir dinero para pagar la deuda nacional o para comprarla toda, como está haciendo hoy la Fed con sus diversas políticas de flexibilización cuantitativa. El gobierno de EE.UU. tenía una deuda en torno a los 370.000 millones de dólares al empezar la década de 1970. A finales de 2007, la deuda nacional era de 9,3 billones de

---

[3] Lucas Engelhardt, «Unholy Matrimony: Monetary Expansion and Deficit Spending»,en *The Fed at One Hundred*, editado por Howden y Salerno, pp. 139-148.

dólares y aumentó a más del doble antes de acabar 2015 hasta una deuda de 18,9 billones y continúa creciendo. En 1970, la deuda nacional era el equivalente al 34% del PIB. En 2015, la deuda nacional como porcentaje del PIB era de más del 100%. Una gran deuda nacional es una rémora negativa para la economía y puede incluso llevar a la hiperinflación. Salerno[4] ha demostrado que los bancos nacionales también facilitan guerras caras e innecesarias porque el banco central puede ocultar a los ciudadanos los costes reales de la guerra.

Sin embargo, en el mejor de los casos, hagamos la heroica suposición de que todo gasto público fue realmente valioso (es decir, que un dólar de gasto público adicional produjo un dólar de valor para el consumidor) y que todas esas inversiones realizadas entre 2008 y la actualidad resultarán ser buenas. Si tomamos la medición pública de la economía (es decir, el PIB) y la ajustamos a la medición pública de los aumentos de precios (es decir, el deflactor del PIB) y luego ajustamos esa cifra al aumento de la población, descubrimos que la economía de EE.UU. creció menos de un 4% *a lo largo de todo el periodo* desde 2008 a mediados de 2016. Comparemos esto con los años de la época de la banca libre (1837-62), cuando crecimiento del PIB por cabeza ajustado a la inflación era de un 3% o incluso superior *cada año*. Hay un mundo de diferencia.

No hay ningún misterio en lo que ha creado los males económicos en EE.UU.. En esto, advertimos tres factores importantes. Primero, la cantidad de deuda que se ha acumulado en la economía de EE.UU. es enorme. La cantidad de deuda del gobierno, las empresas y los consumidores ha aumentado en los últimos cuarenta y cinco años y sin duda esto está ligado a la política de eliminación de los tipos de interés y la depreciación de la moneda auspiciadas por la Fed. Tradi-

---

[4] Joseph T. Salerno, «War and the Money Machine: Concealing the Costs of War beneath the Veil of Inflation», *Journal des Economistes et des Etudes Humaines* 6 (Marzo de 1995): 153-173. Reimpreso en Joseph T. Salerno, *Money Sound and Unsound* (Auburn, AL: Mises Institute, 2010).

cionalmente, la cantidad total de deuda en Estados Unidos estaba en torno a 1,5 veces el PIB o menos. Hoy está en torno a 3,5 veces el PIB. En otras palabras, la carga de la deuda es demasiado elevada. Segundo, la tasa de ahorro personal en Estados Unidos ha disminuido drásticamente. Antes de 1971, la tasa media de ahorro personal, medida por el gobierno, llegó a disminuir hasta el 2% durante la burbuja de la vivienda, aunque se ha recuperado hasta una media por encima del 5% desde la crisis financiera. La política de eliminación de tipos de interés de la Fed y la depreciación de la divisa son las causas más importantes, aunque no las únicas, de la baja tasa de ahorro personal. Tercero, la carga regulatoria en la economía de EE.UU. ha aumentado enormemente durante el último medio siglo y la cantidad y la carga de la regulación no han hecho más que acelerarse desde la crisis financiera en la forma de la regulación financiera Dodd-Frank y la Ley de Atención Asequible.

La reducción del ahorro y el aumento en la carga regulatoria han causado la reducción del crecimiento de la productividad. Una falta de crecimiento de la productividad explica el estancamiento en los salarios y la falta de crecimiento en los empleos de salarios altos. Cualquier crecimiento restante de los ingresos se ha visto absorbido por el mayor coste de financiación de la deuda y las prestaciones obligatorias de empleo, como el seguro médico. Todo esto se suma al hecho de que las rentas familiares han permanecido estancadas y en declive durante una década y media. Entretanto, los multimillonarios prosperan.

Con la Fed sobrepasando los cien años de edad en 2014, ha habido muchas evaluaciones sobre el valor general de esta institución. Ha habido algunas reseñas favorables y de encomio desde dentro de la Fed, pero la mayoría de los ajenos a ella han adoptado una postura completamente negativa sobre su misma existencia y el lugar de la banca centralizada en una sociedad sana y libre.

White,[5] por ejemplo, cuestiona la influencia e imparcialidad de la Fed. La Fed gasta enormes recursos en investigación de política económica, especialmente sobre dinero, banca y macroeconomía. Esta financiación, que es al tiempo el palo y la zanahoria, sin duda ha producido un sesgo hacia el statu quo en la investigación académica sobre temas que afectan a la institución de la Fed. Según White:

> La Fed empleaba unos 495 economistas a tiempo completo en 2002. Ese año, contrató a más de 120 economistas académicos de prestigio como consultores e investigadores visitantes y realizó unas 30 conferencias, que llevaron a más de 300 académicos al atril, junto a los economistas de su propia nómina. Publicó más de 230 artículos en sus propias revistas de investigación.
>
> A juzgar por los abstractos recogidos en el número de diciembre de 2002 del e-JEL, aproximadamente el 64% de los artículos sobre política monetaria publicados por economistas residentes en EE.UU. en revistas editadas en EE.UU. aparecen en revistas publicadas por la Fed o tienen como coautor a algún economista en nómina de la Fed.[6]

White pone en perspectiva el tamaño del personal investigador de la Fed, señalando que el número de economistas en nómina de la Fed en 2002 era un 27% mayor que el de macroeconomistas y expertos en dinero y banca empleados en el Top-50 de los departamentos de doctorado en economía en Estados Unidos juntos. La Fed tiene numerosas revistas de investigación que publican un enorme número de artículos, pero los artículos que publican son revisados por personal tanto de los bancos regionales de la Fed como del Consejo de Gobernadores en Washington DC. No cabe duda de que esto crea un importante sesgo contra las críticas a la propia Fed.

---

[5] Lawrence H. White, «The Federal Reserve System's Influence on Research in Monetary Economics», *Econ Journal Watch* 2, n.º 2 (agosto de 2005): 325-354.

[6] Ibíd., p. 235.

White también descubría que la Fed domina los consejos editoriales de las principales revistas académicas especializadas en dinero, banca y macroeconomía. En el momento de su investigación, uno de los dos principales editores del *Journal of Monetary Economics* y ocho de los nueve subeditores (el 82%) tiene una o más relaciones con la Fed. En el *Journal of Money, Credit, and Banking*, los tres editores principales y 37 de los 43 subeditores (el 87%) tienen relaciones con la Fed. Por tanto, la Fed no solo domina la profesión en forma de recursos de palo y zanahoria, sino que actúa casi como un portero universal tanto en las revistas de la Fed como en las que no lo son y tratan sobre dinero, banca y macroeconomía. La Fed no solo es política en defensa de su poder institucional, sino que DiLorenzo[7] ha demostrado que la «independencia» de la Fed frente al proceso político es un mito.

Selgin, Lastrapes y White[8] examinaron el historial de la Fed y lo encontraron deficiente en comparación con el sistema de Banca Nacional. Con la excepción del papel de la Fed en la regulación de los bancos, examinaron sus papeles en el control de la inflación y la deflación, así como la volatilidad de la producción del empleo, el papel de la Fed en la Gran Moderación y la frecuencia y distribución de recesiones, pánicos bancarios y préstamos de último recurso. Luego evaluaron los resultados, comparándolos con experiencias monetarias anteriores usando técnicas empíricas estándar e investigación publicada.

Demostraron que antes de que existiera la Fed el poder adquisitivo del dólar tenía estabilidad a largo plazo. En comparación, la Fed ha producido poderosos estallidos de inflación y deflación y degradado enormemente el valor del dólar a largo plazo. También ha habido una tendencia a una mayor

---

[7] Thomas DiLorenzo, «A Fraudulent Legend», en *The Fed at One Hundred*, editado por Howden y Salerno, pp. 65-74.

[8] George Selgin, William D. Lastrapes y Lawrence H. White, «Has the Fed Been a Failure?» *Journal of Macroeconomics* 34, n.º 3 (Septiembre de 2012): 569-596.

volatilidad y una menor predictibilidad de los cambios en poder adquisitivo del dólar, haciendo más difíciles los planes y contratos a largo plazo. Descubrieron que la menor tasa de inflación que se produjo durante la Gran Moderación debería atribuirse a otros factores distintos de la política monetaria. Finalmente, demostraron que la Fed no ha reducido los pánicos ni mejorado en su función como prestamista de último recurso. En otras palabras, la Fed ha fracasado en igualar o superar los resultados del régimen monetario anterior. El historiador Thomas Woods[9] confirma que los problemas del sistema monetario y bancario anterior a la Fed fueron el resultado de diversas intervenciones públicas, pero aun así era mejor que la Fed. Klein[10] e Israel[11] demuestran que las características institucionales de un banco central son de por sí desestabilizadoras.

Thornton[12] investigaba el papel de la transparencia en la aplicación de la política monetaria de la Fed. La transparencia es la noción de que los bancos centrales revelan información acerca de las preocupaciones, intenciones y políticas al público en general y especialmente a especialistas en los mercados y otros bancos centrales para no sacudir inintencionadamente los mercados con noticias negativas. Generalmente, la transparencia en los bancos centrales ha aumentado en los últimos veinticinco años. La investigación ha demostrado que una mayor transparencia del banco central ha producido efectos

---

[9] Thomas E. Woods, «Does U.S. History Vindicate Central Banking?» en *The Fed at One Hundred*, editado por Howden y Salerno, pp. 23-30.

[10] Peter G. Klein, «Information, Incentives, and Organization: The Microfoundations of Central Banking», en *The Fed at One Hundred*, editado por Howden y Salerno, pp. 149- 162.

[11] Israel, Karl-Friedrich. «The Costs and Benefits of Central Banking», tesis doctoral en el Departamento de Derecho, Economía y Administración de Empresas de la Universidad de Angers, Francia, 2017.

[12] Mark Thornton, «Transparencia o engaño: Qué decía la Fed en 2007», *Quarterly Journal of Austrian Economics* 19, n.º 1 (primavera de 2016): 65-84.

positivos o insignificantes sobre cosas que se pueden medir en números, como mercados bursátiles y tipos de interés. En lugar de un examen estadístico, Thornton revisaba las declaraciones públicas que habían hecho cargos prominentes de la Fed a grupos de especialistas del mercado durante 2007, el año entre la burbuja inmobiliaria y el inicio de la crisis financiera. Descubría que, en estas declaraciones públicas, los cargos de la Fed hacían constantemente declaraciones erróneas que a menudo bordeaban el engaño. El economista Shawn Ritenour [13] ha confirmado que la Fed ha estado usando constantemente esta retórica para promover la visión incorrecta de que resuelve los problemas económicos y no los crea.

A partir del escenario actual y el análisis anterior, ¿qué cambios habría que hacer para crear un entorno económico que produzca una economía estable sin una redistribución artificial de la riqueza? Puede parecer que el lío económico es una telaraña de problemas demasiado grande y enredada como para resolverlo, pero no es así.

Empecemos con cuáles son sus objetivos finales. Debería estar claro que, dado el análisis económico e histórico en este libro, el objetivo en este caso es restablecer los mercados genuinos del dinero y la banca sin regulaciones ni privilegios públicos. Las fuerzas del mercado deberían regular por sí mismas el dinero y la banca, igual que los mercados de las aspirinas, los zapatos y los teléfonos celulares. Las siguientes recomendaciones formuladas a este respecto no deberían considerarse un mero asunto de opinión.

Esta parece una tarea elevada, pero el proceso puede empezarse desde el primer instante. Lo primero que hay que hacer es disolver el Comité Federal de Mercados Abiertos (CFMA) y permitir que el tipo de interés en el mercado de los fondos federales (el tipo de los fondos federales que los

---

[13] Shawn Ritenour, «The Federal Reserve: Reality Trumps Rhetoric», en *The Fed at One Hundred*, editado por Howden y Salerno, pp. 55-64.

bancos cobran a otros bancos para préstamos a corto plazo) lo determinen las fuerzas del mercado. El CFMA consta de los siete miembros del Consejo de Gobernadores en Washington DC (nombrados políticamente), el presidente del Banco de la Reserva Federal de Nueva York y, de forma rotatoria, cuatro presidentes de los doce bancos restantes de distrito de la Reserva Federal. Su trabajo es superfluo en el mejor de los casos. Este comité de planificación central es la fuente de todos los problemas descritos en este libro. Debería disolverse y derogarse su autoridad para establecer los tipos de interés. Debería cerrarse todo el Sistema de la Reserva Federal. Sus funciones legítimas, como la compensación de cheques, deberían privatizarse. El oro de su balance debería usarse para redimir los billetes de la Reserva Federal por «dólares oro» iguales a un peso determinado de dicho metal. Las existencias de bonos del gobierno de EE.UU. en poder de la Fed deberían cancelarse y los demás activos deberían revertir al Tesoro de EE.UU.. Howden y Salerno[14] presentan un plan similar y Salerno[15] concluye que la mayoría de los demás tipos de planes para volver a un «patrón oro» no funcionarían y que un «patrón oro cromado» no estabilizaría el dólar ni la economía.

Todos los impuestos a las ganancias de capital en oro y plata deberían eliminarse junto con los impuestos a cualquier otra cosa que pueda aparecer como un nuevo tipo de dinero: por ejemplo, Bitcoins o cobre. También tendrían que derogarse todas las leyes de moneda de curso legal, de forma que la gente no esté obligada a usar ningún tipo concreto de moneda. Actualmente es posible depositar dólares en bancos de oro y hacer pagos usando una gran diversidad

---

[14] David Howden y Joseph T. Salerno, «A Stocktaking and Plan for a Fed-less Future», en *The Fed at One Hundred*, editado por Howden y Salerno, pp. 163-169.

[15] Joseph T. Salerno, «Will Gold Plating the Fed Provide a Sound Dollar?», en *The Fedat One Hundred*, editado por Howden y Salerno, pp. 75-90.

de medios, como cheques o tarjetas de débito, pero hay que pagar impuestos de ganancias de capital si un pago genera una ganancia de capital. El fondo de garantía de depósitos a la vista debería eliminarse. Este se reemplazaría con los bancos cumpliendo con leyes como las de otras instituciones de depósito, como los almacenes de grano. Para dar préstamos, estarían obligados a usar su propio capital o el dinero recaudado con la venta de bonos. Cobrando tarifas por el uso de depósitos a la vista (es decir, cuentas corrientes) y ofreciendo intereses por los bonos, los bancos reducirían la cantidad de depósitos a la vista y aumentarían sus bonos a largo plazo. Esto ayudaría a resolver el problema permanente de los bancos: tomar prestado a corto plazo, pero prestar a largo. Los bancos serían en la práctica instituciones con reserva al 100%. Probablemente los bancos recibirían una gran cantidad de depósitos y compras de bonos por la ahora en buena parte irrelevante demanda de inversión en oro, ya que los ahorradores en oro no tendrían ninguna razón para guardarlo y sí más razones para invertir en bonos en oro para obtener un interés, en lugar de atesorarlo. La tasa de ahorro personal sin duda aumentaría. Ver Askari (de la Universidad George Washington) y Krichene (del Fondo Monetario Internacional)[16] para una explicación completa de la naturaleza e historia de la reforma del patrón con reserva 100% y la impresionante lista de economistas notables que la apoyan.

Nada de esto sería sencillo ni estaría libre de perturbaciones. Esta economía enormemente apalancada probablemente se enfrentaría a un doloroso proceso de desapalancamiento, concentrado en los sectores que más se beneficiaron del régimen de moneda fiduciaria y banca centralizada. Probablemente habría una oleada masiva de quiebras, desahucios, impagos y otras soluciones legales y empresariales. La

---

[16] Hossein Askari y Noureddine Krichene, «100 Percent Reserve Banking and the Pathto a Single-Country Gold Standard», *Quarterly Journal of Austrian Economics* 19, n.º 1 (primavera de 2016): 29-64.

deuda nacional quedaría en un estado precario y tendría que repudiarse abiertamente en lugar de pasar por el proceso actual de impago mediante inflación. La deuda nacional podría ponerse bajo el control de un custodio legal que realizaría los pagos mediante la venta de activos públicos. Si el Obamacare, Medicaid, Medicare y la Seguridad Social se reformasen drásticamente y fueran reemplazados por instituciones del mercado, el gobierno federal parece que tendría activos suficientes para liquidar la deuda nacional y atender sus obligaciones. El gobierno federal probablemente no sería capaz de obtener crédito nacional, pero obligar a las generaciones futuras a pagar los errores pasados resulta una práctica aborrecible. Tendrían que aprobarse recortes presupuestarios masivos para equilibrar el presupuesto y restablecer una economía de mercado libre de intervención pública. Cuanta más intervención pública se pueda eliminar, mejor será el proceso de ajuste económico y más rápido se ajustará y crecerá la economía.

Este proceso implicaría deflación o precios a la baja. Los economistas ortodoxos tienen una fobia injustificada a la deflación. Creen que la deflación causa crisis económicas de las cuales una economía no puede escapar nunca. Los austriacos han demostrado que la deflación es en realidad el proceso correctivo por el que los precios de los activos y los salarios bajan en relación con los bienes de consumo, creando así oportunidades de beneficio para que los empresarios reorganicen y empleen esos recursos.

Con Estados Unidos pasando a un patrón oro con reserva 100%, el valor del dólar oro se fijaría en un peso en oro. El valor de intercambio aumentaría en relación con otras divisas mundiales y los estadounidenses serían más ricos por el hecho de que sus ingresos y ahorros comprarían más cosas. Sería cada vez más difícil importar bienes a Estados Unidos. Esto generaría presión en otros países para seguir el liderazgo de Estados Unidos al adoptar el patrón oro y otras reformas monetarias. Con Estados Unidos recortando asimismo su gasto militar y regulatorio y vendiendo grandes cantidades de recursos al sector privado, el nivel de vida se recuperaría rápidamente y la economía experimentaría altas tasas de crecimiento económico.

La mayoría de la gente no querría asumir los riesgos imaginados de estas recomendaciones. Los políticos lo saben y lo explotan. Junto con los economistas ortodoxos, tienen multitud de historias de miedo para asustar a todos los demás. Sin embargo, Salerno[17] ha demostrado que las críticas habituales al patrón oro no tienen ninguna base.

La verdad es que la alternativa de no reformar el sistema es muchísimo peor. Al ir empeorando el estatus del dólar como divisa de reserva para otros bancos centrales, aumenta la posibilidad de que algún otro gobierno inicie este proceso de reforma. El gobierno es demasiado grande, la deuda nacional es demasiado alta, el ahorro es demasiado bajo, la oferta monetaria se ha expandido demasiado y el grado de desigualdad artificial amenaza el tejido de la sociedad cooperativa. Estos problemas no harán más que agravarse con el tiempo y acabarán con una hiperinflación, en la que ese tejido acabará en llamas en una hoguera de papel moneda y bonos públicos sin valor.

Los acontecimientos en Washington DC hoy, en 2018, representan un callejón sin salida al enfrentamiento entre el presidente Trump y el *establishment*. Este callejón sin salida sustenta el *statu quo* en un momento en que hay un rumor radical tanto en la izquierda como en la derecha. A pesar de las reformas marginales en impuestos y regulación y a pesar del anuncio de la Fed de invertir sus políticas, nada ha cambiado ni remotamente para tratar la calamidad que tenemos por delante y he explicado a lo largo de este libro.

---

[17] Joseph T. Salerno, «The 100 Percent Gold Standard: A Proposal for Monetary Reform», en Salerno, *Money Sound and Unsound* (Auburn, AL: Mises Institute, 2014), pp. 333-363.

BIBLIOGRAFÍA

Abraham, Jesse M. y Patric H. Hendershott. 1994. «Bubbles in Metropolitan Housing Prices.» NBER Working Paper 4774. National Bureau of Economic Research. Cambridge, MA.

Ali, M. y Kyoung Sun Moon. 2007. «Structural Developments in Tall Building: Current Trends and Future Prospects.» *Architectural Science Review* 50, n.º 3.

Alonzo, William. 1964. *Location and Land Use: Toward a General Theory of Land Rent.* Cambridge, MA: Harvard University Press.

Ames, Nick. 2015. «Elevator Installation Prep Begins at Kingdom Tower.» ConstructionWeekOnline.com. May 10. http://www.constructionweekonline.com/article-33617-elevator-installation-prep- begins-at-kingdom-tower

Anderson, William. 2000. «New Economy, Old Delusion.» *Free Market* 18, n.º 8. Angly, Edward. 1931. *Oh Yeah?* Nueva York: Viking Press.

Arrison, Thomas S., C. Fred Bergsten, Edward M. Graham y Martha Caldwell Harris, eds. 1992. *Japan's Growing Technological Capability: Implications for the U.S. Economy.* Washington, DC: National Academies Press.

Askari, Hossein y Noureddine Krichene. 2016. «100 Percent Reserve Banking and the Path to a Single-Country Gold Standard». *Quarterly Journal of Austrian Economics* 19, n.º 1.

Atack, Jeremy y Robert A. Margo. 1996. «'Location, Location, Location!' The Market for Vacant Urban Land: New York 1835–1900.» NBER Historical Paper 91. National Bureau of Economic Research. Cambridge, MA.

Bagus, Philipp. 2012. «Modern Business Cycle Theories in Light of ABCT.» In *Theory of Money and Fiduciary Media: Essays in Celebration of the Centennial*. Edited by Jörg Guido Hülsmann. Auburn, AL: Mises Institute.

— 2015. *In Defense of Deflation*. New York: Springer.

Baker, Dean. 2002. *Dangerous Minds? The Track Record of Economic and Financial Analysts*. Washington, DC: Center for Economic and Policy Research.

Baker, Dean y David Rosnick. 2005. *Will a Bursting Bubble Trouble Bernanke? Evidence for a Housing Bubble*. Washington, DC: Center for Economic and Policy Research. November. http://www.cepr.net/publications/housing_bubble_2005_11.pdf

Barnett, William II y Walter Block. 2005. «Professor Tullock on Austrian Business Cycle Theory.» *Advances in Austrian Economics* 8.

— 2008. «On Hummel on Austrian Business Cycle Theory.» *Reason Papers* 30.

Barr, Jason. 2010. «Skyscrapers and the Skyline: Manhattan, 1865–2004.» *Real Estate Economics* 38, n.º 3.

— 2012. «Skyscraper Height.» *Journal of Real Estate Finance and Economics* 45, n.º 3.

Barr, Jason. 2013. «Skyscrapers and Skylines: New York and Chicago, 1885– 2007.» *Journal of Regional Science* 53, n.º 3.

Barr, Jason, Bruce Mizrach y Kusam Mundra. 2015. «Skyscraper Height and the Business Cycle: Separating Myth from Reality.» *Applied Economics* 47, n.º 2. http://www.tandfonline.com/doi/abs/10.1080/00036846.2014.967380?journalCode=raec20

Bernanke, Ben S. 2002. «Remarks by Governor Ben S. Bernanke.» Discurso en la Conference to Honor Milton Friedman. University of Chicago, Chicago, IL. November 8. http://www.federalreserve.gov/boarddocs/Speeches/2002/20021108/default.htm

— 2004. *Essays on the Great Depression*. Princeton, NJ: Princeton University Press.

— 2006a. Discurso: Independent Community Bankers of America National Convention and Techworld. Las Vegas, NV. March 8. https:// www.federalreserve.gov/newsevents/speech/bernanke20060308a.htm

— 2006b. «Reflections on the Yield Curve and Monetary Policy.» Remarks before the Economic Club of New York. 20 de marzo. https://www. federalreserve.gov/newsevents/speech/bernanke20060320a.htm

Bhatia, Neha. 2015. «Soaring Upwards.» ConstructionWeekOnline.com, 16 de mayo. Visitado el 26 de mayo de 2015. http://www.constructionweekonline.com/article-33675-soaring-upwards

Block, Walter E. 2010. «Who Predicted the Housing Bubble?» LewRockwell.com, 22 de diciembre. https://www.lewrockwell.com/2010/12/walter-e-block/who- predicted-the-housing-bubble

Bloom, J. L. 1990. *Japan as a Scientific and Technological Superpower*. Springfield, VA: National Technical Information Service.

Bordo, Michael D. 1992. «The Limits of Economic Forecasting.» *Cato Journal* 12. Bordo, Michael D., Peter Rappoport y Anna J. Schwartz. 1992. «Money versus Credit Rationing: Evidence for the National Banking Era, 1880–1914.» In *Strategic Factors in Nineteenth-Century American Economic Growth*. Edited by Claudia Goldin and Hugh Rockoff. Chicago: University of Chicago Press.

Boyle, Elizabeth, Lucas Engelhardt y Mark Thornton, «Is There Such a Thing As a Skyscraper Curse?» *Quarterly Journal of Austrian Economics* 19, n.º 2 (verano 2016): 149–168.

Brady, Nicholas F. 2002. «Every Market Collapse Is Different.» *New York Times*, 11 de agosto.

Brooks, John. 1973. *The Go-Go Years: The Drama and Crashing Finale of Wall Street's Bullish 60s*. New York: Allworth Press.

Bruno, Joe B. 2006. «Former Fed Chair Says Housing Boom Over.» Associated Press, 19 de mayo.

Bureau of the Census. «Price Indexes of New One-Family Houses Sold.» www.census.gov/const/price_sold.pdf

Caballero, Ricardo J. 2010. «Macroeconomics after the Crisis: Time to Deal with the Pretense-of-Knowledge-Syndrome.» *Journal of Economic Perspectives* 24, n.º 4.

Cachanosky, Nicolás. 2015. «Expectation in Austrian Business Cycle Theory: Market Share Matters.» *Review of Austrian Economics* 28, n.º 2.

Cachanosky, Nicolás y Alexander W. Salter. 2017. «The View from Vienna: An Analysis of the Renewed Interest in the Mises-Hayek Theory of the Business Cycle.» *Review of Austrian Economics* 30, n.º 2.

Callahan, Gene y Roger W. Garrison. 2003. «Does Austrian Business Cycle Theory Help Explain the Dot-Com Boom and Bust?» *Quarterly Journal of Austrian Economics* 6, n.º 2.

Cantillon, Richard. [1755] 1931. *Essai sur la Nature du Commerce en Général,* translated and edited by Henry Higgs. London: Cass.

Caplan, Bryan. 2008. «What's Wrong with Austrian Business Cycle Theory?» *EconLog,* 2 de enero. http://http://econlog.econlib.org/archives/2008/01/ whats_wrong_wit_6.html

Capozza, Dennis y Yuming Li. 1994. «The Intensity and Timing of Investment: The Case of Land.» *American Economic Review* 84, n.º 4.

Carilli, Anthony M. y Gregory M. Dempster. 2001. «Expectations in Austrian Business Cycle Theory: An Application of the Prisoner's Dilemma.» *Review of Austrian Economics* 14, n.º 4.

Chau, K. W., S. K Wong, Y. Yau y A. K. C. Cheung. 2006. «Determining Optimal Building Height.» *Urban Studies* 44, n.º 12.

Cheney, David W. y William W. Grimes. 1991. *Japanese Technology Policy: What's the Secret?* Washington, DC: Council on Competitiveness.

Clark, Lindley H., Jr. 1990. «Housing May Be in for a Long Dry Spell.» *Wall Street Journal*, 19 de enero.

Clash, The. *Should I Stay or Should I Go*. 1982. Combat Rock. Epic/Sony Records. Colwell, Peter F. y Roger E. Cannaday. 1988. «Trade-Offs in the Office Market.» In *Real Estate Market Analysis: Methods and Applications*. Editado por John M. Clapp y Stephen D. Messner. New York: Praeger.

Corrigan, Sean. 1999. «Will the Bubble Pop?» *Mises Daily*, October 18. Cowen, Tyler. 2008. «Paul Krugman on Austrian Trade Cycle Theory.» *Marginal Revolution*, October 14. http://www.marginalrevolution.com/marginalrevolution/2008/10/paul-krugman-on.html

Cwik, Paul. 2005. «The Inverted Yield Curve and the Economic Downturn.» *New Perspectives on Political Economy: A Bilingual Interdisciplinary Journal* 1, n.º 1.

— 2008. «Austrian Business Cycle Theory: Corporate Finance Point of View». *Quarterly Journal of Austrian Economics* 11, n.º 1.

DeBenedictis, Luca y Michele DiMaio. 2016. «Schools of Economic Thought and Economists' Opinions on Economic Policy.» *Eastern Economic Journal* 42, n.º 3.

Deden, Anthony. 1999. «Reflections on Prosperity.» *Sage Chronicle*, December 29. DeLong, Bradford. 2008. «I Accept Larry White's Correction....» *Cato Unbound*. 11 de diciembre. http://www.cato-unbound.org/2008/12/11/j-bradford-delong/i-accept-larry-whites-correction

Diamond, Douglas W. y Raghuram G. Rajan. 2009. «The Credit Crisis: Conjectures about Causes and Remedies.» *American Economic Review* 99, n.º 2.

DiLorenzo, Thomas. 2014. «A Fraudulent Legend: The Myth of the Independent Fed.» In *The Fed at One Hundred: A Critical Review on the Federal Reserve System*. Edited by David Howden and Joseph T. Salerno. New York: Springer.

Drabenstott, Mark. 1983. «The 1980s: A Turning Point for U.S. Agricultural Exports?» *Economic Review*, Federal Reserve Bank of Kansas City, April. http://www.kansascityfed.

org/publicat/econrev/ econrevarchive/1983/2q83drab.pdf
Economist. 2000. «Bubble, Bubble.» 25 de marzo.

___ . 2015. «Towers of Babel: Is There Such a Thing as the Skyscraper Curse?» March 28. http://www.economist. com/news/finance-and- economics/21647289-there-such-thing-skyscraper-curse-towers-babel

Ekelund, Robert B., George Ford y Mark Thornton, 2001. «The Measurement of Merger Delay in Regulated and Restructuring Industries.» *Applied Economics Letters* 8, n.º 8.

Ekelund, Robert B., Jr. y Mark Thornton. 1986. «Schumpeterian Analysis, Supply-Side Economics y Macroeconomic Policy in the 1920s.» *Review of Social Economy* 44, n.º 3.

Engelhardt, Lucas. 2012. «Expansionary Monetary Policy and Decreasing Entrepreneurial Quality.» *Quarterly Journal of Austrian Economics* 15 n.º 2.

___ . 2014. «Unholy Matrimony: Monetary Expansion and Deficit Spending.» In *The Fed at One Hundred: A Critical Review on the Federal Reserve System*. Edited by David Howden and Joseph T. Salern. New York: Springer.

— 2015. «Why Skyscrapers? A Spatial Economic Approach.» Unpublished manuscript.

Engelhardt, Lucas y Mark Thornton. 2015. «Skyscraper Height and the Business Cycle: Separating Myth from Reality, a Comment.» Working paper at the Mises Institute.

Evans, Anthony J. y Toby Baxendale. 2008. «Austrian Business Cycle Theory in Light of Rational Expectations: The Role of Heterogeneity, the Monetary Footprint y Adverse Selection in Monetary Expansion.» *Quarterly Journal of Austrian Economics* 11, n.º 2.

Farrell, Chris. 2005. *Deflation: What Happens When Prices Fall*. New York. Fisher, Irving. 1932. *Booms and Depressions: Some First Principles*. New York: Adelphi Company.

French, Doug. 2006. «The Dutch Monetary Environment during Tulipmania.» *Quarterly Journal of Austrian Economics* 9.

— 2014. «Arthur Burns: The Ph.D. Standard Begins and the End of Independence.» In *The Fed at One Hundred: A Criti-*

cal Review on the Federal Reserve System. Edited by David Howden and Joseph T. Salern. New York: Springer.

Friedman, Milton. 1993. «The 'Plucking Model' of Business Cycle Fluctuations Revisited.» Economic Inquiry 31, n.º 2.

— 2005. Interview on Charlie Rose. December 29.

Friedman, Milton y Anna J. Schwartz. 1963. A Monetary History of the United States, 1867–1960. Princeton, NJ: Princeton University Press.

— 1965. The Great Contraction, 1929–1933. Princeton, NJ: Princeton University Press.

Garrison, Roger W. 1996. «Friedman's 'Plucking Model': Comment.» Economic Inquiry 34, n.º 4.

— 2001. Time and Money: The Macroeconomics of Capital Structure. London: Routledge.

— 2005. «The Austrian School: Capital-Based Macroeconomics.» In Modern Macroeconomics: Its Origins, Development and Current State. Edited by Brian Snowden and Howard R. Vane. Aldershot: Edward Elgar.

Glaeser, Edward. 2013. «A Nation of Gamblers: Real Estate Speculation and American History.» National Bureau of Economic Research. Cambridge, MA.

Glaeser, Edward L. y Jesse M. Shapiro. 2001. «Cities and Welfare: The Impact of Terrorism on Urban Form.» NBER Working Paper 8696. National Bureau of Economic Research. Cambridge, MA.

Glassman, James K. y Kevin A. Hassett. 1999. Dow 36,000: The New Strategy for Profiting from the Coming Rise in the Stock Market. New York: Random House.

— 2002. «Dow 36000 Revisited—Hey, Be Patient.» Wall Street Journal, 1 de agosto.

Goldman, David. 2016. «Amazon Shares Plummet as Profit Disappoints.» CNN.com, January 28. http://money.cnn.com/2016/01/28/technology/amazon-earnings

Goodhart, Charles A. E. 1981. «Problems of Monetary Management: The U.K. Experience.» In Inflation, Depression y *Economic Policy in the West*. Editado por Anthony S. Courakis. Lanham, MD: Rowman & Littlefield.

Granitsas, Alkman. 1999. «The Height of Hubris: Skyscrapers Mark Economic Bust.» *Far Eastern Economic Review* 162, n.º 6.

Grant, James. 1996a. The Trouble with Prosperity: The Loss of Fear, the Rise of Speculation y the Risk to American Savings. New York: Random House.

— 1996b. «The Trouble with Prosperity: An Interview with James Grant.» *Austrian Economics Newsletter* 16.

— 2014. *The Forgotten Depression: 1921: The Crash That Cured Itself*. New York: Simon & Schuster.

Greenspan, Alan. 1996. Meeting of the Federal Open Market Committee. 24 de septiembre.

— 2002. «Monetary Policy and the Economic Outlook.» Testimony before the Joint Economic Committee of the US Congress, 17 de abril. http://www. federalreserve.gov/boarddocs/testimony/2002/20020417/default.htm

— 2003a. «Testimony of Chairman Alan Greenspan.» Federal Reserve Board's semiannual monetary-policy report to the Committee on Banking, Housing y Urban Affairs. US Senate. 12 de febrero. https://www. federalreserve.gov/boarddocs/hh/2003/february/testimony.htm

— 2003b. «Testimony of Chairman Alan Greenspan: Aging Global Population.» Testimony before the Special Committee on Aging. US Senate. 27 de febrero.

— 2005a. «Reflections on Central Banking.» Speech given at a symposium sponsored by the Federal Reserve Bank of Kansas City, Jackson.

Hole, WY. August 26. http://www.federalreserve.gov/Boarddocs/ Speeches/2005/20050826/default.htm

— 2005b. «Mortgage Banking.» Speech to the American Bankers Association Annual Convention, Palm Desert, CA. 26 de septiembre. http://www. federalreserve.gov/boarddocs/speeches/2005/200509262/default.htm

Haberler, Gottfried. 1937. *Prosperity and Depression: A Theoretical Analysis of Cyclical Movements*. Lake Success, NY: United Nations.

Halcomb, Darrin R. y Syed Shah Saeed Hussain. 2002. «Asset Price Bubbles: Implications for Monetary, Regulatory y International Policies.» *Chicago Fed Letter* 1816.

Harford, Jarrad. 2005. «What Drives Merger Waves.» *Journal of Financial Economics* 77, n.º 3.

Hassett, Kevin. 2002. *Bubbleology: The New Science of Stock Market Winners and Losers*. New York: Crown Business.

Hayek, F. A. 1972. «The Outlook for the 1970s: Open or Repressed Inflation?» In *Tiger by the Tail: The Keynesian Legacy of Inflation*. Edited by Sudha R. Shenoy. Washington, DC: Cato Institute.

— 1976. *Choice in Currency: A Way to Stop Inflation*. London: Institute for Economic Affairs.

— 1977. *Denationalization of Money: The Argument Refined*. London: Institute for Economic Affairs.

— 1979. *Unemployment and Monetary Policy: Government as Generator of the «Business Cycle.»* Washington, DC: Cato Institute.

Hays, Kathleen. 2005. «Greenspan Steps Up Criticism of Fannie: Fed Chief Says Company and Freddie Mac Have Exploited Their Relationship with the Treasury.» CNN.com. 19 de mayo. http://money.cnn.com/2005/05/19/news/economy/greenspan_fannie

Helsley, Robert y William Strange. 2008. «A Game-Theoretic Analysis of Skyscrapers.» *Journal of Urban Economics* 64, n.º 1.

Hendershott, Patric H. y Edward J. Kane. 1992. «Causes and Consequences of the 1980s Commercial Construction Boom.» *Journal of Applied Corporate Finance* 5, n.º 1.

Henderson, Jason, Brent Gloy y Michael Boehlje. 2011. «Agriculture's Boom- Bust Cycles: Is This Time Different?» *Economic Review* (4th quart.).

Herbener, Jeffrey M. 1999. «The Rise and Fall of the Japanese Miracle.» *Mises Daily*. 20 de septiembre. https://mises.org/library/rise-and-fall-japanese- miracle

— 2014. «Fed Policy Errors of the Great Depression.» In *The Fed at One Hundred: A Critical Review on the Federal Reserve System*. Edited by David Howden and Joseph T. Salern. New York: Springer.

Hershey, Robert D., Jr. 1995. «U.S. Farms Out Compiling of Leading Indicators.» *New York Times*, 8 de septiembre.

Higgs, Robert. 1987. *Crisis and Leviathan: Critical Episodes in the Growth of American Government*. New York: Oxford University Press.

— 1992. «Wartime Prosperity? A Reassessment of the U.S. Economy in the 1940s.» *Journal of Economy History* 52, n.º 1.

— 2005. *Resurgence of the Warfare State: The Crisis Since 9/11*. Oakland, CA: Independent Institute.

Holcombe, Randall G. 1995. *Public Policy and the Quality of Life: Market Incentives versus Government Planning*. Westport, CT: Greenwood Press.

Holcombe, Randall G. y Benjamin Powell, eds. 2009. *Housing America: Building Out of a Crisis*. New Brunswick, NJ: Transactions Publishers.

Howden, David. 2014. «A Pre-History of the Federal Reserve.» In *The Fed at One Hundred: A Critical Review on the Federal Reserve System*. Edited by David Howden and Joseph T. Salern. New York: Springer.

Howden, David y Joseph T. Salern. 2014a. *The Fed at One Hundred: A Critical Review on the Federal Reserve System*. Edited by David Howden and Joseph T. Salern. New York: Springer.

— 2014b. «A Stocktaking and Plan for a Fed-less Future.» In *The Fed at One Hundred: A Critical Review on the Federal Reserve System*. Edited by David Howden and Joseph T. Salern. New York: Springer.

Hoyt, Homer. 1933. *One Hundred Years of Land Values in Chicago: The Relationship of the Growth of Chicago to the Rise in Its Land Values, 1830–1933*. Chicago: University of Chicago Press.

Hughes, A. M. 1997. «The Recession of 1990: An Austrian Explanation.» *Review of Austrian Economics* 10, n.º 1.

Hülsmann, Jörg, Guido. 1999. *Scöne neue Zeichengeldwelt* (Brave New World of Fiat Monies). Postface to Murray Rothbard, *Das Schein-Geld-System* (Gräfelfing) Resch.

— 1997. «Towards a General Theory of Error Cycles.» *Quarterly Journal of Austrian Economics* 1, n.º 4.

— 2000. «Scöne neue Zeichengeldwelt [Brave new world of fiat monies].» 2000. In Murray Rothbard, *Das Schein-Geld-System (Gräfelfing) Resch.*

— 2008. *Deflation and Liberty*. Auburn, AL: Mises Institute.

— 2012. *Theory of Money and Fiduciary Media: Essays in Celebration of the Centennial*. Auburn, AL: Mises Institute.

— 2014. «Fiat Money and the Distribution of Incomes and Wealth.» In *The Fed at One Hundred: A Critical Review on the Federal Reserve System*. Edited by David Howden and Joseph T. Salern. New York: Springer.

Hummel, Jeffrey R. 1979. «Problems with Austrian Business Cycle Theory.» *Reason Papers* 5.

Hunter, William C., George G. Kaufman y Michael Pomerleano, eds.

2003. *Asset Price Bubbles: The Implications for Monetary, Regulatory y International Policies*. Cambridge, MA: MIT Press.

Huxtable, Ada Louise. 1992. *The Tall Building Artistically Reconsidered: The Search for a Skyscraper Style*. Berkeley: University of California Press. *Investors' Business Daily*. 1999. «Edifice Complex.» 6 de mayo.

Israel, Karl-Friedrich. 2017. «The Costs and Benefits of Central Banking.» PhD Dissertation, Department of Law, Economics y Business Administration, University of Angers, France.

Jenkins, Holman W., Jr. 1999–2000. «Of Bulls and Bubbles.» *Policy Review* 98. Johnson, Chalmers, Laura D'Andrea Tyson y John Zysman, eds. 1989. *Politics and Productivity: The Real Story of Why Japan Works*. Cambridge, MA: Ballinger.

Jordan, Jerry L. 1997. Minutes to the Federal Open Market Committee Meeting. 12 de noviembre.

Kaza, Greg. 1999. «Downsizing Detroit: Motown's Lament.» *Chronicles: A Magazine of American Culture*, November 20.

— 2006. «Deflation and Economic Growth.» *Quarterly Journal of Austrian Economics* 9, n.º 2.

— 2010. «Note: Wolverines, Razorbacks y Skyscrapers.» *Quarterly Journal of Austrian Economics* 13, n.º 4.

Keeler, James P. 2001. «Empirical Evidence on the Austrian Business Cycle Theory.» *Review of Austrian Economics* 14, n.º 4.

Kennedy, Robert C. 1869. «Gold at 160, Gold at 130.» *Harper's Weekly*. 16 de octubre. https://www.nytimes.com/learning/general/onthisday/harp/1016.html

Kim, Sukkoo. 2002. «The Reconstruction of the American Urban Landscape in the Twentieth Century.» NBER Working Paper 8857. National Bureau of Economic Research. Cambridge, MA.

Klein, Peter G. 2008. «The Mundane Economics of the Austrian School.» *Quarterly Journal of Austrian Economics* 11, nos. 3–4.

— 2014. «Information, Incentives y Organization: The Microfoundations of Central Banking.» In *The Fed at One Hundred: A Critical Review on the Federal Reserve System*. Editado por David Howden y Joseph T. Salerno. New York: Springer.

Kodama, Fumio. 1991. *Analyzing Japanese High Technologies: The Techno- Paradigm Shift*. London: Pinter Publisher.

Koretz, Gene. 1999. «Do Towers Rise before a Crash?» *Business Week*, 17 de mayo. Kostigen, Thomas. 2006. «Skewed Views: If the Rich Are Doing So Well, How

Much Worse Off Are the Rest of Us?» *MarketWatch*. 23 de mayo.

Krugman, Paul, 2005a. «Running Out of Bubbles.» *New York Times*. 27 de mayo. http://www.nytimes.com/2005/05/27/opinion/27krugman.html

— 2005b. «That Hissing Sound.» *New York Times*. 8 de agosto. http://www. nytimes.com/2005/08/08/opinion/08krugman.html?

— 2011. «Krugman Calls for Space Aliens to Fix U.S. Economy?» *Global Public Square*. 12 de agosto. http://global-publicsquare.blogs.cnn. com/2011/08/12/gps-this-sunday-krugman-calls-for-space-aliens-to-fix-u- s-economy

— 2013. «The Moral Equivalent of Space Aliens.» *New York Times*. May 9. http://krugman.blogs.nytimes.com/2013/05/09/the-moral-equivalent-of- space-aliens

Landau, Sarah Bradford y Carl W. Condit. 1996. *Rise of the New York Skyscraper: 1865–1913*. New Haven, CT: Yale University Press.

Lawrence yrew. 1999a. «The Skyscraper Index: Faulty Towers!» *Property Report*, 15 de enero.

— 1999b. «The Curse Bites: Skyscraper Index Strikes.» *Property Report*, 3 de marzo. Le Roux, P. y Levin, M. 1998 «The Capital Structure and the Business Cycle: Some Tests of the Validity of the Austrian Business Cycle in South Africa.» *Journal for Studies in Economics and Econometrics* 22, n.º 3.

Lereah, David, Inman News. 2004. «Real Estate Prices Post Double Digit Gains.» *Ocala Star-Banner*. 22 de mayo.

Liebowitz, Stan J. 2002. *Rethinking the Network Economy: The Real Forces That Drive the Digital Marketplace*. New York: Amacom.

Liebowitz, Stan J. y Stephen Margolis. 1999. *Winners, Losers, & Microsoft: Competition and Antitrust in High Technology*. Oakland, CA: Independent Institute.

Lloyd, Carol. 2006. «Home Sweet Cash Cow: How Our Houses Are Financing Our Lives.» SFGate.com. 10 de marzo. http://www.sfgate.com/cgi-bin/article. cgi?file=/ gate/archive/2006/03/10/carollloyd.DTL

Loeffler, Gunter. 2013. «Tower Building and Stock Market Returns.» *Journal of Financial Research* 36.

Lucas, Robert E., Jr. 1987. *Models of Business Cycles.* New York: Basil Blackwell.

McCarthy, Jonathan y Richard W. Peach. 2004. «Are Home Prices the Next 'Bubble'?» *FRBNY Economic Policy Review* (diciembre).

McCloskey, Donald. 1992. «The Art of Forecasting: From Ancient to Modern Times.» *Cato Journal* 12.

McCulloch, J. H. 1981. «Misintermediation and Macroeconomic Fluctuations.» *Journal of Monetary Economics* 8.

Macovei, Mihai. 2015. «The Austrian Business Cycle Theory: A Defense of Its General Validity.» *Quarterly Journal of Austrian Economics* 18, n.º 4.

Mayer, Christopher. 2000. «The Meaning of Over-valued.» *Mises Daily.* 30 de marzo.

— 2003. «The Housing Bubble.» *Free Market* 23, n.º 8.

Mises, Ludwig von. [1908] 1981. *The Theory of Money and Credit.* Indianapolis, IN: Liberty Classics.

— 2016. «The Economist Eugen v. Böhm-Bawerk, on the Occasion of the Tenth Anniversary of His Death.» (In *Neue Freie Presse,* Vienna, August 27, 1924). Karl Friedrich Israel, trans. *Quarterly Journal of Austrian Economics* 19, n.º 2.

— [1928] 2006. «Monetary Stabilization and Cyclical Policy [Geldwertstabilisierung und Konjunkturpolitik].» In *The Causes of the Economic Crisis: And Other Essays before and after the Great Depression.* Editado por Percy L. Greaves. Auburn, AL: Mises Institute.

— 1962. *The Ultimate Foundations of Economic Science: An Essay on Method.* Princeton, NJ: D. Van Nostrand.

— 1968–1970. Lecture. The Problems of Inflation. Mises Institute. Auburn, AL. https://mises.org/library/problems-inflation

Mishkin, Frederic S. y Eugene N. White. 2003. «Stock Market Bubbles: When Does Intervention Work?» *Milken Institute Review: A Journal of Economic Policy* 5 (2.º cuarto).

Mulligan, Robert F. 2002. «A Hayekian Analysis of the Term Structure of Production.» *Quarterly Journal of Austrian Economics* 5, n.º 2.

— 2006. «An Empirical Investigation of the Austrian Business Cycle Theory.» *Quarterly Journal of Austrian Economics* 9, n.º 2.

Murphy, Robert P. 2014. «Ben Bernanke, the FDR of Central Bankers.» In *The Fed at One Hundred: A Critical Review on the Federal Reserve System.* Editado por David Howden y Joseph T. Salern. New York: Springer.

Murphy, Ryan H. 2015. «The Plucking Model, the Great Recession y Austrian Business Cycle Theory.» *Quarterly Journal of Austrian Economics* 18, n.º 1.

Murray, Charles. 2000. «Bubble Trouble.» *Research Reports* 67, n.º 11.

Newman, Patrick. 2014. «The Depression of 1873–1879: An Austrian Perspective.» *Quarterly Journal of Austrian Economics* 17, n.º 4.

— 2016. «The Depression of 1920–1921: A Credit Induced Boom and a Market Based Recovery?» *Review of Austrian Economics* (enero). http:// link.springer.com/article/10.1007/s11138-015-0337-5

Norman, Mike. 2003. «Dismal Science May Get a Little Sunnier.» *Special to the Street.* 21 de abril.

Ohanian, Lee E. 2009. «What—or Who—Started the Great Depression?» *Journal of Economic Theory* 144 (octubre).

Ohanian, Lee E. y Harold Cole. 2004. «New Deal Policies and the Persistence of the Great Depression: A General Equilibrium Analysis.» *Journal of Political Economy* 112, n.º 4.

Okun, Arthur. 1970. *The Political Economy of Prosperity.* Washington, DC: Brookings Institution.

Papadakis, Maria. 1988. *The Science and Technology Resources of Japan: A Comparison with the United States*. Washington, DC: National Science Foundation.

Patrick, Hugh. 1986. *Japan's High Technology Industries: Lessons and Limitations of Industrial Policy*. Seattle: University of Washington Press.

Paul, Ron. 2005. «Ron Paul vs. Alan Greenspan.» Testimony before the House Financial Affairs Committee, 20 de julio.

Paul, Ron, Lewis Lehrman y Murray N. Rothbard. 1982. *The Case for Gold: A Minority Report of the U.S. Gold Commission*. Washington, DC: Cato Institute.

Pesek, William, Jr. 1999a. «Want to Know Where the Next Disaster Will Hit? Look Where the World's Biggest Skyscraper's Going Up.» *Barron's*, 17 de mayo.

— 1999b. «To the Sky: Does Chicago Skyscraper Augur a U.S. Market Crash?» *Barron's* 79, n.º 39.

Pierre yrew J., ed. 1987. *A High Technology Gap?: Europe, America y Japan*. New York: New York University Press.

Piketty, Thomas. 2014. *Capital in the Twenty-First Century*. Cambridge, MA: Harvard University Press.

Powell, Benjamin. 2002. «Explaining Japan's Recession.» *Quarterly Journal of Austrian Economics* 5, n.º 2.

Quiggin, John. 2009. «Austrian Business Cycle Theory.» *Commentary on Australian & World Events from a Social Democratic Perspective*. 3 de mayo. http:// johnquiggin. com/index.php/ archives/2009/05/03/austrian-business-cycle- theory

Reisman, George. 1999. «When Will the Bubble Burst?» *Mises Daily*. 18 de agosto.

— 2000. «It May Be Bursting Now y Faulty Economic Analysis May Cost Investors Dearly.» Capitalism.net, 26 de febrero.

Ritenour, Shawn. 2014. «The Federal Reserve: Reality Trumps Rhetoric.» In *The Fed at One Hundred: A Critical Review on the Federal Reserve System*. Edited by David Howden and Joseph T. Salern. New York: Springer.

Robbins, Lionel. 1934. *The Great Depression*. Londres: Macmillan.

Rockwell, Llewellyn H., Jr. 1999. «Stock Market Bailout.» *Free Market* (November).

Roll, Richard. 1992. «Volatility in U.S. and Japanese Stock Markets: A Symposium.» *Journal of Applied Corporate Finance* 5, n.º 1.

Rothbard, Murray N. 1962. *Man, Economy y State*. Auburn, AL: Mises Institute.

— [1963] 2000. *America's Great Depression*. 5th ed. Auburn, AL: Mises Institute.

— 1969a. *Economic Depressions: Their Cause and Cure*. Lansing: Constitutional Alliance of Lansing Michigan.

— 1969b. «Nixon's Decisions.» *Libertarian Forum* 1, n.º 8.

— 1970. «The Nixon Mess.» *Libertarian Forum* 2, n.º 12.

— 1971. «Nixonite Socialism.» *Libertarian Forum* 3, n.º 1.

— 1984. «The Federal Reserve as a Cartelization Device.» In *Money in Crisis: the Federal Reserve, the Economy y Monetary Reform*. Edited by Barry N. Siegel. San Francisco, CA: Pacific Institute for Public Policy Research.

— 1995. *Economic Thought before Adam Smith: An Austrian Perspective on the History of Economic Thought*. Vol. 1. Brookfield, VT: Edward Elgar.

Rouanet, Louis. 2017. «Monetary Policy, Asset Price Inflation and Inequality.» Master's Thesis. School of Public Affairs. Institut d'Etudes Politiques de Paris.

Rubinstein, Dana. 2015. «Where the Transit-Build Costs Are Unbelievable.» *Politico*. 31 de marzo.

Salerno, Joseph T. 1987. «The 100 Percent Gold Standard: A Proposal for Monetary Reform.» In *Supply-Side Economics: A Critical Appraisal*. Edited by Richard H. Fink. Frederick, Maryland: University Publications of America.

— 1988. «Comment on Gordon Tullock, 'Why Austrians are Wrong About Depressions.'» *Review of Austrian Econom-*

ics 3. Reprinted in Joseph T. Salerno, *Money Sound and Unsound*. Auburn, AL: Mises Institute. 2010.

— 1995. «War and the Money Machine: Concealing the Costs of War beneath the Veil of Inflation.» *Journal des Economistes et des Etudes Humaines* 6 (March). Reprinted in Joseph T. Salerno, *Money Sound and Unsound*. Auburn, AL: Mises Institute. 2010.

— 1999. «Money and Gold in the 1920s and 1930s: An Austrian View.» *Freeman* (October): 31–40. Reprinted in Joseph T. Salerno, *Money Sound and Unsound*, 431–49. Auburn, AL: Ludwig von Mises Institute, 2010.

— 2003. «An Austrian Taxonomy of Deflation—with Applications to the U.S.» *Quarterly Journal of Austrian Economics* 6, n.º 4.

— 2004. «Deflation and Depression: Where's the Link?» Mises.org. 6 de agosto. https://mises.org/library/deflation-and-depression-wheres-link

— 2010. *Money Sound and Unsound*. Auburn, AL: Mises Institute.

— 2012. «A Reformulation of Austrian Business Cycle Theory in Light of the Financial Crisis.» *Quarterly Journal of Austrian Economics* 15, n.º 1 (primavera): 3–44.

Salo, Jackie. 2015. «World's Tallest Skyscraper Is Saudi Arabia's Kingdom Tower? Jeddah Building Projected to Break Height Records.» *International Business Times*, December 1. http://www.ibtimes.com/worlds-tallest-skyscraper-saudi-arabias-kingdom-tower-jeddah-building-projected-break-2207083

Samuelson, Paul A. 1966. «Science and Stocks.» *Newsweek*, September 19. Saravia, Jimmy A. 2014. «Merger Waves and the Austrian Business Cycle Theory.» *Quarterly Journal of Austrian Economics* 17, n.º 2.

Saucier, Chantel y Mark Thornton, eds. 2010. Richard Cantillon, *An Essay on Economic Theory*. Auburn, AL: Mises Institute.

Selgin, George. 1992. «Bank Lending 'Manias' in Theory and History.» *Journal of Financial Services Research* 6, n.º 2.

Selgin, George, William D. Lastrapes y Lawrence H. White. 2012. «Has the Fed Been a Failure?» *Journal of Macroeconomics* 34, n.º 3.

Sennholz, Hans. 2000. «Can the Boom Last?» *Mises Daily*. July 31. https://mises. org/library/can-boom-last

Shapiro, Robert. 2004. «Spin Cycle: Why Has the Business Cycle Gone Topsy- Turvy?» Slate.com. 15 de abril.

Shenoy, Sudha R., ed. 1972. *Tiger by the Tail: The Keynesian Legacy of Inflation.*

Washington, DC: Cato Institute.

Shiller, Robert. 1992. «Volatility in U.S. and Japanese Stock Markets: A Symposium.» *Journal of Applied Corporate Finance* 5, n.º 1.

— 2000. *Irrational Exuberance.* Princeton, N.J.: Princeton University Press.

— 2004. «Are Housing Prices a House of Cards?» Project-Syndicate.org. September. http://www.project-syndicate. org/commentary/shiller17

— 2005. *Irrational Exuberance.* 2.ª ed. Princeton, NJ: Princeton University Press.

Shostak, Frank. 1999. «Inflation, Deflation y the Future.» *Mises Daily*. 5 de octubre. https://mises.org/library/inflation-deflation-and-future

— 2003. «Housing Bubble: Myth or Reality?» *Mises Daily*. 4 de marzo. http:// www.mises.org/story/1177

— 2004. «Who Made the Fannie and Freddie Threat?» *Mises Daily*. 5 de marzo. http://www.mises.org/story/1463

Skousen, Mark. 1991. *Economics on Trial: Lies, Myths y Realities.* Homewood, IL: Business One Irvin.

Siegel, Barry N., ed. *Money in Crisis.* San Francisco: Pacific Institute for Public Policy Research.

Spiegel, Matthew. 2002. «2000 A Bubble? 2002 A Panic? Maybe Nothing?» Yale School of Management. New Haven,

CT. http://faculty.som.yale.edu/ MatthewSpiegel/editorial/CrashorPanic.pdf

Sumner, Scott. 2012. «If I buy T-bond, their price rises. If the Fed buys T-bonds, their price (usually) falls.» TheMoneyIllusion blog. 7 de diciembre. http:// www.themoneyillusion.com/?p=18037

Tatsuno, Sheridan. 1986. *The Technopolis Strategy: Japan, High Technology y the Control of the Twenty-First Century.* New York: Prentice Hall Press.

— 1990. *Created in Japan: From Imitators to World-Class Innovators.* New York: Harper & Row Publishers.

Television Post. 2015. «Prince Alwaleed Sells 5.6% Stake in News Corp for $188 Million.» 2 de marzo.

Thornton, Mark. 1998. «Richard Cantillon and the Origins of Economic Theory.» *Journal of Economics and Humane Studies* 8, n.º 1.

— 1999. «Review of *The Synergy Trap: How Companies Lose the Acquisition Game,* by Mark L. Sirower.» *Quarterly Journal of Austrian Economics* 2, n.º 1.

— 2003. «Apoplithorismosphobia.» *Quarterly Journal of Austrian Economics* 6, n.º 4.

— 2004? «The Japanese Bubble Economy.» LewRockwell. com. 23 de mayo de 2004. http://archive.lewrockwell.com/thornton/thornton24.html

— 2004a. «Bull Market?» LewRockwell.com. February 9. http://archive. lewrockwell.com/thornton/thornton11. html

— 2004b. «Surviving GreenSpam.» LewRockwell.com. February 16. https:// www.lewrockwell.com/2004/02/mark-thornton/surviving-greenspam/

— 2004c. «Housing: Too Good to Be True.» *Mises Daily.* June 4. http://www. mises.org/story/1533

— 2004d. «Who Predicted the Bubble? Who Predicted the Crash?» *Independent Review* 9, n.º 1.

— 2005a. «Is the Housing Bubble Popping?» LewRockwell. com. 8 de agosto. http://archive.lewrockwell.com/thornton/thornton27.html

— 2005b. «Skyscrapers and Business Cycles.» *Quarterly Journal of Austrian Economics* 8, n.º 1. https://mises.org/library/skyscrapers-and-business-cycles-4

— 2005c. «What Is the 'Dark Side' and Why Do Some People Choose It?» *Mises Daily*. 13 de mayo. https://mises.org/library/what-dark-side-and-why- do-some-people-choose-it

— 2006. «Cantillon on the Cause of the Business Cycle.» *Quarterly Journal of Austrian Economics* 9, n.º 3.

— 2007. «New Record Skyscraper (and Depression?) in the Making.» *Mises. org Blog*. August 7. https://mises.org/blog/new-record-skyscraper-and- depression-making

— 2009. «The Economics of Housing Bubbles.» In *Housing America: Building out of a Crisis*. Edited by Randall G. Holcombe and Benjamin Powell. New Brunswick, NJ: Transactions Publishers.

— 2010a. «America's Second Great Depression: A Symposium in Memory of Larry Sechrest.» *Quarterly Journal of Austrian Economics* 13, n.º 3.

— 2010b. «The Austrian School on Business Cycles: 100 Years of Being Right.» Lecture. Mises Institute. Auburn, AL. March 12. https://mises.org/ library/austrian-school-business-cycles-100-years-being-right

— 2014. «The Federal Reserve's Housing Bubble and the Skyscraper Curse.» In *The Fed at One Hundred: A Critical Review on the Federal Reserve System*. Editado por David Howden y Joseph T. Salern. New York: Springer.

— 2015. «Where Is the Skyscraper Today?» *Mises Daily*. 24 de febrero. https:// mises.org/library/where-skyscraper-curse-today

— 2016. «Transparency or Deception: What the Fed Was Saying in 2007.» *Quarterly Journal of Austrian Economics* 19, n.º 1.

Timberlake, Richard. 1999. «Money in the 1920s and 1930s.» *Freeman* (abril). Tucker, Jeffrey A. 1994. *Henry Hazlitt: A Giant of Liberty*. Auburn, AL: Mises Institute.

Tyson, Laura D'Andrea y John Zysman. 1989. «Preface: The Argument Refined.» In *Politics and Productivity: The Real Story of Why Japan Works*. Editado por Chalmers Johnson, Laura D'Andrea Tyson y John Zysman. Cambridge, MA: Ballinger Publishing Company.

Tyson, Laura D'Andrea, John Zysman y Giovanni Dosi. 1989. «Trade, Technologies y Development: A Framework for Discussing Japan.» En *Politics and Productivity: The Real Story of Why Japan Works*. Edited by Chalmers Johnson, Laura D'Andrea Tyson y John Zysman. Cambridge, MA: Ballinger Publishing Company. US Congressional Budget Office. 2003. «CBO's Economic Forecasting Record: An Evaluation of the Economic Forecasts CBO Made from January 1976 through January 2001.» Washington, DC: US Congressional Budget Office (octubre).

Vedder, Richard y Lowell Gallaway. 2000. «The Austrian Market Share in the Marketplace for Ideas, 1871–2025.» *Quarterly Journal of Austrian Economics* 3, n.º 1.

Vinzant, Carol. 2002. «Two Schools of Thought on Economics.» *Chicago Tribune*. 3 de septiembre.

Voigt, Kevin. 2010. «As Skyscrapers Rise, Markets Fall.» CNN.com. January 8. http://www.cnn.com/2010/WORLD/asiapcf/01/08/skyscrapers.rise.markets. fall

Wanniski, Jude. 2000. «Letters to Clients.» March 30 to April 19. Wainhouse, C. 1984 «Empirical Evidence for Hayek's Theory of Economic Fluctuations.» In *Money in Crisis*. Edited by B. Siegel. San Francisco: Pacific Institute for Public Policy Research.

White, Lawrence H. 2005. «The Federal Reserve System's Influence on Research in Monetary Economics.» *Econ Journal Watch* 2, n.º 2.

Willis, Carol. 1995. *Form Follows Finance: Skyscrapers and Skylines in New York and Chicago*. New York: Princeton Architectural Press.

Wilson, David. 2016. «Cisco, Apple Fail to Reach $1 Trillion. Is Amazon Next?» Bloomberg.com. May 9. http://www.bloomberg.com/news/articles/2016-05-09/ cisco-apple-fail-to-reach-1-trillion-is-amazon-next-chart

Wood, Christopher. 1992. *The Bubble Economy: Japan's Extraordinary Speculative Boom of the '80s and the Dramatic Bust of the '90s*. New York: Atlantic Monthly Press.

Woods, Thomas E. 2009a. *Meltdown: A Free-Market Look at Why the Stock Market Collapsed, the Economy Tanked y Government Bailouts Will Make Things Worse*. Washington, DC: Regnery Publishing.

___. 2009b. «Warren Harding and the Forgotten Depression of 1920.»
Intercollegiate Review (Fall).

___. 2014. «Does U.S. History Vindicate Central Banking?» In The Fed at One Hundred: A Critical Review on the Federal Reserve System. Edited by David Howden and Joseph T. Salern. New York: Springer.

Zarnowitz, Victor. 1992. *Business Cycles: Theory, History, Indicators y Forecasting*. Chicago: University of Chicago Press.

— 1999. «Theory and History Behind Business Cycles: Are the 1990s the Onset of a Golden Age?» NBER Working Paper 7010. National Bureau of Economic Research. Cambridge, MA.

Zijp, Rudy van. 1993. *Austrian and New Classical Business Cycle Theories: A Comparative Study through the Method of Rational Construction*. Brookfield, VT: Edward Elgar.

Zweig, Jason. 2011. «Super Bowl Indicator: The Secret History.» *Wall Street Journal*. 28 de enero. http://blogs.wsj.com/marketbeat/2011/01/28/super- bowl-indicator-the-secret-history.

ÍNDICE DE NOMBRES

Para más información,
véase nuestra página web
www.unioneditorial.es